LA POÉSIE

INTRODUCTION

CHOIX DE TEXTES

COMMENTAIRES

VADE-MECUM

ET BIBLIOGRAPHIE

par

Hugues Marchal

Maître de conférences à l'université
de Paris III – Sorbonne nouvelle
(UMR 7171)

GF CORPUS

GF Flammarion

Dans la même collection

L'AUTEUR, textes choisis et présentés par Alain Brunn.
LE COMIQUE, textes choisis et présentés par Véronique Sternberg.
LE FANTASTIQUE, textes choisis et présentés par Michel Viegnes.
LA FICTION, textes choisis et présentés par Christine Montalbetti.
LE GENRE LITTÉRAIRE, textes choisis et présentés par Marielle Macé.
L'INTERTEXTUALITÉ, textes choisis et présentés par Sophie Rabau.
LE LECTEUR, textes choisis et présentés par Nathalie Piégay-Gros.
LA MIMÉSIS, textes choisis et présentés par Alexandre Gefen.
LE PERSONNAGE, textes choisis et présentés par Christine Montalbetti.
LE ROMAN, textes choisis et présentés par Nathalie Piégay-Gros.
LE STYLE, textes choisis et présentés par Christine Noille-Clauzade.
LE THÉÂTRE, textes choisis et présentés par Bénédicte Louvat-Molozay.
LE TRAGIQUE, textes choisis et présentés par Marc Escola.

Cet ouvrage est publié sous la direction de Marc Escola.

ISBN : 978-2-0807-3076-3

SOMMAIRE

III
Le propre du poème

IV
Détours et déroutes du sens

V
Travail et trouvaille

INTRODUCTION

En 1887, Stéphane Mallarmé répond à une enquête sur la poésie :

> C'est un coup de poing dont on a la vue, un instant, éblouie ! que votre injonction brusque : – « Définissez la poésie. »
>
> Je balbutie, meurtri :
>
> « La Poésie est l'expression, par le langage humain ramené à son rythme essentiel, du sens mystérieux des aspects de l'existence : elle doue ainsi d'authenticité notre séjour et constitue la seule tâche spirituelle. »
>
> Au revoir, mais faites-moi des excuses [1].

Pourquoi assimiler la demande à une agression appelant des « excuses » ? Parce que toute tentative pour définir la poésie, c'est-à-dire pour lui assigner une limite (« définition » renvoie à *finis*, la « borne »), risque de constituer elle-même un acte de violence, en excluant une partie de ce qui se nomme déjà, ailleurs, *poésie*. Dans son *Grand Dictionnaire universel du XIXe siècle* (1866-1879), Larousse notait déjà qu'« il n'est peut-être pas de mot du dictionnaire plus difficile à définir que celui-là, plus vague, plus insaisissable dans ses divers caractères ». En répondant, Mallarmé s'avoue obligé à un coup de force. Quel rapport établir en effet entre les deux cent cinquante mille vers du *Mahabharata* indien (une épopée qui nécessiterait plus d'un mois pour être récitée), un *haïku* japonais (brève notation bouclée en dix-sept syllabes), les minutieux alexandrins des pièces de Racine, ou un récit en prose comme le *Télémaque* de Fénelon ? Protéiforme, la poésie revêt les aspects les plus divers selon les lieux et les époques. Elle a pu anciennement désigner, voire déborder, l'ensemble de ce que nous nommons aujourd'hui « littérature », et l'on qualifie volontiers de « poétiques » des objets, des lieux ou des sentiments, qui n'ont pas pour cela à être beaux – en témoigne le corps terrible du bagnard Vautrin, qui s'offre, nous dit Balzac, comme « un poème infernal [2] ». L'évolution

1. « Sur la poésie » [1886], *Œuvres complètes*, éd. B. Marchal, Gallimard, « Bibliothèque de la Pléiade », 2003, t. II, p. 657.

2. *Le Père Goriot* [1835], éd. P. Citron, GF-Flammarion, 1966, p. 200.

artistique ultérieure n'a rien simplifié, puisque Blaise Cendrars trouve dans des menus culinaires « la poésie nouvelle [1] », tandis que le Brésilien Eduardo Kac nomme « poèmes » des organismes génétiquement modifiés (voir texte XVIII). Face à des usages aussi variés, nous ne disposons d'aucune définition logiquement valable, c'est-à-dire acceptée par tous, pour circonscrire ce champ hétéroclite. En 1926, observant que certains critiques qualifient d'« anti-poésie » ce que d'autres reçoivent au contraire comme de parfaits poèmes, Valéry conclut que « les prétendues définitions de la Poésie ne sont, et ne peuvent être, que *des documents sur la manière de voir et de s'exprimer de leurs auteurs* [2] ».

Faut-il alors se résoudre à n'aborder qu'au pluriel les poèmes comme les théories qui s'y rattachent et qui peuvent en orienter la lecture ? Le champ poétique a tant exploré voix et formes que la seule attitude rigoureuse paraît consister à y admettre toutes les œuvres qui se sont réclamées de ce nom, et qui ont été désignées ainsi par une partie des institutions (revues, critiques, auteurs, etc.). En somme, selon une formule de Jacques Roubaud, « est poésie ce qui est dit poésie [3] ». Cette posture, adoptée notamment par les frères Schlegel (voir texte XIII), reconnaît que nous ne disposons pas de critère commun pour subsumer la diversité des productions passées et présentes. Mais elle n'a rien d'un abandon conceptuel. Elle force à assumer des contradictions, en acceptant que l'on puisse donner ou refuser le nom de poème à des productions similaires. Et si accueillir toute œuvre au sein de la poésie multiplie les risques de nier l'existence de cette dernière comme pratique littéraire distincte, cette position a l'avantage d'offrir comme définitions de la poésie l'ensemble des acceptions historiquement attestées pour ce mot. Elle montre que le terme, comme toute étiquette de genre, est un nom en débat, mieux : le nom d'un débat.

Dans cette discussion, l'extension donnée à la poésie varie avec celles des mots « littérature », « vers » et « prose » – ce

1. *Le Panama* [1918], *Poésies complètes*, Denoël, 2001, p. 53.

2. Réponse à une « Enquête sur l'anti-poésie » [1926], *Œuvres*, éd. J. Hytier, Gallimard, « Bibliothèque de la Pléiade », 1957, t. I, p. 1834.

3. *La Vieillesse d'Alexandre. Essai sur quelques états du vers français récent* [1978], Paris, Ivréa, 2000, p. 67.

qu'on entend par « poésie » dépendant de la manière dont ces concepts s'articulent relativement les uns aux autres. Par ailleurs, des polémiques secondaires, mais parfois virulentes, et toujours susceptibles d'être convoquées pour distinguer ces quatre notions, portent sur les origines de la pratique poétique, sur ses formes, ses moyens possibles, ses ambitions, ses faillites ou encore ses modalités de réception propres. Quand, dans une formule devenue proverbe, Horace évoque le *genus irritabile vatum* – « la race irritable des poètes [1] » –, il fait entendre à la fois une charge contre la susceptibilité des auteurs, mais aussi un commentaire sur l'instabilité de la poésie elle-même. La définir, c'est accepter de la dé-finir, et s'interroger sur la variété de ses visages. Dans ce volume, on a voulu donner quelques repères fondamentaux pour mesurer les enjeux de ces oppositions, et surtout pour s'orienter dans leur diversité, en proposant un répertoire des principaux arguments mobilisés au fil du temps par les poètes et les théoriciens – autant de propositions qu'il appartiendra au lecteur d'évaluer, pour enrichir ou inquiéter sa propre vision de la poésie.

« J'ai plus de souvenirs que si j'avais mille ans »

La mythologie fait des Muses les filles de Mnémosyne, la mémoire. Cette généalogie fabuleuse rappelle que le poème entretient avec cette faculté une relation privilégiée : la poésie est une *forme-durée*.

Elle s'est longtemps distinguée par la présence de constantes structurelles prédictibles – échos sonores, reprises rythmiques ou parallélismes syntaxiques – qui favorisent à la fois l'identification des textes en tant que poèmes, et leur mémorisation. Dès lors qu'il est verrouillé par des contraintes de symétries diverses, un énoncé inclut en effet une sorte de kit de réparation qui permet de repérer, voire réparer, d'éventuels accidents de transmission : un vers classique, par exemple, donne des indications sur celui qui lui répond, et connaître

1. *Épîtres* II, 2, in *Œuvres*, trad. F. Richard, GF-Flammarion, 1967, p. 253.

l'un des termes à la rime oriente la reconstitution de son pendant. Comme le souligne Michel Butor, « la prosodie est un exemple de contrôle interne. Lorsque nous avons des règles de composition suffisamment strictes nous pouvons savoir si le texte est conservé convenablement ou pas [1] ». Cette résistance à l'oubli ou à l'usure est éprouvée quotidiennement par les écoliers, à qui le poème se présente d'abord comme un texte à *ré*citer. Elle explique encore que proverbes, chansons et énoncés publicitaires empruntent volontiers des patrons associés à la poésie pour imposer leurs ritournelles. Et elle prend une importance tragique quand la mémoire individuelle devient le seul refuge d'une culture menacée de dissolution : Primo Levi en a offert un témoignage bouleversant dans le récit de son internement concentrationnaire (voir texte VII). Aussi est-il tentant de faire de cette qualité un trait caractéristique – pour Valéry, « la poésie se reconnaît à cet effet remarquable par quoi on pourrait bien la définir : qu'elle tend à se reproduire dans sa forme, qu'elle provoque nos esprits à la reconstituer telle quelle [2] ». De fait, pour une longue tradition, le poème aura constitué par excellence un monument, la promesse d'une sauvegarde collective et personnelle contre le temps. Sous ses dehors fragiles, la parole poétique est une forme dure, et qui dure (voir Horace, texte VI). Elle possède, selon Breton, « un très bel avenir de revenant [3] », et le mythe d'Orphée, vainqueur des Enfers et survivant à sa propre mort, peut être lu également en ce sens (voir Ovide, texte IV).

Perpétués par la mémoire orale avant d'être écrits, les textes les plus anciens ont logiquement adopté des formes présentant ces qualités de symétrie : c'est le cas des ouvrages sacrés, comme la Bible, et des épopées, ces longs récits en vers comme l'*Iliade* ou les chansons de geste. Ce constat contribue à associer structure poétique et parole de fondation, d'autant que si plusieurs peuples n'ont ni notation graphique, ni œuvre en prose, on ne connaît presque aucune civilisation

1. *L'Utilité poétique*, Circé, 1995, p. 48.

2. « Avant-propos à la *Connaissance de la déesse* » [1920], *Œuvres*, éd. citée, t. I, p. 1270.

3. Entretien entre A. Breton, F. Ponge et P. Reverdy [1952], in F. Ponge, *Œuvres complètes*, éd. B. Beugnot, Gallimard, « Bibliothèque de la Pléiade », 1999, t. I, p. 691.

ignorant le vers. La poésie apparaît ainsi *avant*. Non seulement elle a précédé la prose – dont on attribue traditionnellement l'invention à un philosophe grec du VIe siècle avant notre ère, Phérécyde de Syros –, mais elle a devancé l'écrit, en tant que technique de transmission et de restitution des énoncés. Puisque les fonctions mémorielles du poème et de la graphie se rejoignent, la poésie est donc apparue comme une écriture qui n'a pas besoin de l'inscription pour préserver son contenu. En permettant la reprise et la diffusion spatio-temporelle des compositions verbales, elle a fondé la littérature définie comme art du langage, et elle a devancé la littérature entendue comme art de la lettre – un excès dont elle n'a jamais cessé de se souvenir, en explorant des formes d'expression hors de l'écriture et même hors du langage (avec la performance, le chant, mais aussi l'usage des calligrammes, ces poèmes-dessins). Ce trait la distingue radicalement des autres « archigenres » que sont pour nous aujourd'hui le roman, le théâtre ou l'essai. Aucun de ces regroupements n'a jamais eu ni l'étendue, ni l'ancienneté de la poésie, et tous se sont d'abord illustrés en son sein, puisque c'est dans des œuvres en vers comme *La Chanson de Roland*, les tragédies d'Eschyle ou les traités d'Empédocle qu'ils ancrent respectivement leur généalogie. Cette histoire rend d'emblée problématique, nous y reviendrons, l'usage même du concept de « genre » au sujet de la poésie. Envisagée sous cet angle, celle-ci n'est en effet rien moins qu'un *médium d'archivage* à part entière.

Elle ne saurait toutefois se réduire à ce rôle de préservation, car elle ne le remplit qu'autant qu'elle assure la vie du langage.

Une parole aventureuse

La composition en vers a longtemps bénéficié, pour des raisons métriques, de « licences » autorisant le maintien de graphies antérieures à la codification de l'orthographe (écrire « encor » ou « encore » permettait ainsi de gagner ou perdre une syllabe). Ce droit au passé de la parole se manifeste aussi dans le recours fréquent à des sens devenus obsolètes, et il se combine à la fonction d'archivage du poème pour faire de la poésie un conservatoire. Pourtant, le poète dispose, plus sans doute que tout autre écrivain, d'un droit inverse à l'innovation et à l'expérimentation linguistiques, qui peut aller, comme chez Michaux, jusqu'à l'invention d'idiomes complets (voir texte XXIII). La poésie est investie d'une tâche d'entretien du langage commun qui cumule la culture d'un passé et sa transformation. Cette vocation est inscrite dans l'étymologie même du terme : en grec, le verbe *poiein* signifie « fabriquer, créer, produire », en parlant d'objets ou d'œuvres de pensée, et, plus largement, « causer, agir ». Cette base très large justifie l'acception actuelle donnée à la *poétique*, entendue comme l'étude des conditions générales de la création, pour des œuvres aussi diverses que le roman ou le cinéma (aussi préfère-t-on parfois employer le vocable de *poétologie* pour désigner l'analyse des poèmes proprement dits). Elle incite également un poète comme Apollinaire à gloser cette origine en expliquant qu'« on ne doit appeler poète que celui qui invente, celui qui crée, dans la mesure où l'homme peut créer. [...] On peut être poète dans tous les domaines : il suffit que l'on soit aventureux et que l'on aille à la découverte [1] ».

Cette fonction de novation a été privilégiée par la modernité. « Le poète, en tant que poète, explique T.S. Eliot, n'a de devoir envers son peuple qu'indirectement ; c'est au *langage* que va son premier devoir, d'abord pour le préserver, puis pour l'étendre et l'améliorer. En exprimant ce que d'autres ressentent, il change aussi cette sensation en la rendant plus consciente ; il rend les gens plus attentifs à ce qu'ils sentent déjà, et ainsi leur apprend quelque chose sur eux-mêmes. [...] Voilà ce que j'entends par fonction sociale de la poésie, au sens large : en proportion de son excellence et de sa vigueur, elle affecte le discours et la sensibilité de toute la nation [2]. » Mais cette extension croisée de la langue et du pensable a été revendiquée de longue date : Du Bellay, par exemple, recommande l'introduction de néologismes dans les

1. « L'esprit nouveau et les poètes » [1918], *Œuvres en prose complètes*, éd. P. Caizergues et M. Décaudin, Gallimard, « Bibliothèque de la Pléiade », 1991, t. II, p. 950.

2. *On Poetry and Poets*, Londres, Faber, 1957, p. 20-22 (nous traduisons, sauf mention contraire).

poèmes (voir texte XXII), et pour Mallarmé, c'est au poète, chargé de donner un nom aux idées nouvelles, que l'« on fait remonter la présentation, en tant qu'explosif, d'un concept trop vierge, à la Société [1] ». Le poète ainsi conçu ne fabrique donc pas seulement des textes ; il poursuit, à travers eux, la création de la langue, ce qui explique les liens, établis notamment par Rousseau (voir texte XXXVI), entre la poésie et les origines mêmes du langage.

Mais la novation poétique n'est pas seulement addition : elle s'accompagne d'une critique des formes établies et cultive l'expression autant par élagage que par greffe. Le poète, d'une certaine manière, fait comme si la langue restait à trouver. Il travaille à la *maîtriser*, et pour la connaître au mieux et pour la tenir à distance. « Le vrai commencement de la poésie, note Yves Bonnefoy, c'est quand ce n'est plus une langue qui décide de l'écriture, une langue arrêtée, dogmatisée, et qui laisse agir ses structures propres ; mais quand s'affirme au travers de celles-ci, relativisées, littéralement démystifiées, une force en nous plus ancienne que toute langue, une force de notre origine, que j'aime appeler la parole [2]. » Si le code usuel doit être ainsi ignoré et refondé, c'est que le poète en signale les limites et les parties mortes. Il constate l'usure des mots et rêve de les rendre mieux adéquats à leurs référents. Conscient que tout lexique est représentation du monde, il se méfie de l'aptitude du langage à limiter les formes possibles de la pensée. L'écart entre les tournures poétiques et les formules usuelles reproduit alors la distance qui se creuse entre la langue et les choses (voir « Métaphore » dans le Vade-mecum). Le poète parle autrement, parce que, selon une phrase célèbre de Mallarmé, il cherche à « rémunérer le défaut des langues » (voir texte XXI). Par l'insolite des formules auxquelles il aboutit, ce travail sur la langue modifie notre perception du réel, et par-là nomme mieux, ne serait-ce que parce qu'il introduit une inquiétude et une ouverture dans la langue. Investie d'un pouvoir de révélation, la poésie, selon D.H. Lawrence, « a pour qualité essentielle, par un effort renouvelé d'attention, de "découvrir" un monde nouveau au sein du monde connu ». L'homme, par sa langue et ses sys-

---

1. *Œuvres complètes*, éd. citée, t. II, p. 71.
2. *Entretiens sur la poésie*, Neuchâtel, Payot-La Baconnière, 1981, p. 34.

tèmes, « édifie de merveilleuses constructions stables entre lui et le chaos sauvage [du monde], mais il blanchit et suffoque graduellement sous ce parapluie. Alors vient un poète, ennemi de la convention, qui donne un coup de couteau dans l'étoffe, et miracle, le spectacle du chaos redevient vision, fenêtre sur le soleil [1] ».

Toutefois, Lawrence ajoute aussitôt que l'éclair cesse dès que le procédé se mue en habitude, appelant une nouvelle déchirure. Une tristesse implicite accompagne ainsi la célébration du travail du texte. Si le poème prend la langue en réparation, sa rénovation ne peut être que provisoire. Jusque dans la joie des figures, « le pourquoi des poètes est la plainte », explique Jean-Luc Nancy, car « la langue échappe à son office, à savoir de faire paraître le monde en tant que monde, et nous souffrons que cela ne paraisse point [2] ». La poésie, selon Jacques Roubaud, est donc « hommage et profanation d'une langue [3] » : en elle, cette dernière se déborde, c'est-à-dire qu'elle ne s'enrichit qu'autant qu'elle s'avoue débordée. Ce constat offre un biais d'interprétation possible de la formule de Ronsard qui fait du poète un être « Farouche, soupçonneux, triste et mélancolique, / Content et non content, mal propre et mal courtois [4] » : le poète est maudit par la conscience que sa parole reste toujours un pis-aller provisoire. Aussi tout un pan de la littérature contemporaine, par-delà la dynamique de rupture des avant-gardes, a-t-il pu, comme le note Jean-Marie Gleize, « éprouver que l'expérience de la poésie c'est l'expérience de l'échec de la poésie [5] ». Cette dernière reste paradoxalement fidèle à sa fonction novatrice et critique en faisant montre d'une infidélité à ses propres acquis. Minant ses frontières génériques, elle se renouvelle, explique Michel Deguy, dans un élan où « faire poème » revient à se montrer « *apte* à décevoir la poésie », à « *ne pas* "faire poème" [...] pour soigner la poésie, ce qu'on remarque

1. « Chaos in poetry », *Selected Critical Writings*, Oxford University Press, « Oxford world's classics », 1998, p. 234-235.
2. « Le débordement du poème », in Virginie Lalucq et Jean-Luc Nancy, *Fortino Sámano (Les débordements du poème)*, Galilée, 2004, p. 87.
3. *Poésie, etcetera : ménage*, Stock, « Versus », 1995, p. 110.
4. « Élégie à J. Grevin » [1561], *Œuvres complètes*, éd. J. Céard *et al.*, Gallimard, « Bibliothèque de la Pléiade », 1994, t. II, p. 1113.
5. *A noir. Poésie et littérarité*, Seuil, 1992, p. 16.

quand on observe qu'à certaines époques la poésie ne passe plus par les poèmes [1] ».

Chercher à penser la poésie en tant que création littéraire spécifique, par opposition aux autres pratiques, relève donc de la gageure, si elle doit se définir par cette double aptitude, très générale, à la conservation mémorielle et à l'instabilité novatrice.

Émois et moi

On comprend dès lors que la nature propre de la poésie ait pu être cherchée dans le statut de son locuteur, c'est-à-dire dans une situation d'énonciation, plutôt que dans un trait commun à des textes aussi divers. Le poète produirait une parole distincte, parce qu'il serait lui-même placé à l'écart de la communauté, en raison d'une sensibilité particulière et innée, ou d'une expérience qui le dessaisirait au contraire de sa personnalité. Qu'elle résulte de la violence des affects ou d'une inspiration aliénante, la poésie, ancrée dans un travail de la *subjectivité*, apparaît comme l'effet de trop ou trop peu de moi.

La théorie antique de l'inspiration, transmise notamment par Platon (voir texte XL), fait du poète le véhicule provisoire d'une force inhumaine : possédé par une sorte de transe, élection ou fardeau, il transmet une parole divine et donc autre, et se rapproche ainsi des prophètes. La Renaissance relie ce transport à la *fureur* des passions qui soulèvent le sujet hors de son plan d'existence usuel, et cette conception trouve des échos dans les liens nombreux proposés entre poésie et ivresse, ou délire. Un même mode de différenciation de la parole par la situation de l'énonciateur sous-tend encore les figures du poète maudit ou du voyant rimbaldien (voir texte XLV). Enfin, cette attention au sujet parlant se trouve également au cœur de la théorisation du *lyrisme*, un concept qui a fortement évolué depuis deux siècles.

1. *Arrêts fréquents* [1990], in *Gisants. Poèmes III*, Gallimard, « Poésie », 1999, p. 163.

Les Grecs identifiaient les poètes « lyriques », tels Pindare et Sapho, sur la base de critères formels. Comme l'indique le renvoi étymologique à la lyre, l'adjectif qualifiait des pièces conçues pour être chantées avec un accompagnement instrumental – d'où l'emploi de mètres précis, qui les marquaient, explique Gustavo Guerrero, d'une « musicalité essentielle [1] ». En ce sens, comme le note Michèle Aquien, toute « la poésie française jusqu'au XVe siècle peut être dite "lyrique" dans la mesure où la musique y occupe une place très importante [2] ». Mais, tandis que les mises en musique effectives de la poésie se raréfiaient, le sens du concept a connu une inflexion considérable, pour en venir à désigner, au début du XIXe siècle, l'expression des émotions du sujet (voir Jakobson, texte XXV). Le locuteur, estime-t-on à la suite de Hegel, « doit se poser comme centre et contenu proprement dit de la poésie lyrique », « prêter des mots à son intériorité » et susciter chez l'auditeur un « même état de l'âme [3] ». On qualifie donc aujourd'hui de « lyrique » un discours caractérisé par une certaine quête de *musicalité* (dans la forme du texte comme dans ses thèmes), et plus encore par l'usage de la *première personne*, et par l'*expression des affects* du locuteur. Ce dernier point a une telle importance qu'Antonio Rodriguez a proposé de parler d'un « pacte lyrique », qui « articule la mise en forme du pâtir humain » et dont l'effet « consiste à faire sentir et ressentir des rapports affectifs au monde [4] ».

Or, en même temps que le sens du mot changeait, le lyrisme a connu une promotion considérable. Comme le signale Dominique Combe, « les distinctions fines entre différents types de poésie – épique, lyrique, satirique, didactique, etc. – autrefois essentielles, semblent s'être estompées derrière l'idée générale de poésie, probablement parce que le "lyrisme" a fini par l'emporter et s'identifier à la poésie même [5] ». Cette évolution

1. *Poétique et poésie lyrique* [1998], trad. G. Guerrero et A.-J. Stéphan, Seuil, « Poétique », 2000, p. 62.

2. *Dictionnaire de poétique*, in M. Aquien et G. Molinié, *Dictionnaire de rhétorique et de poétique*, Le Livre de poche, « La Pochothèque », 1996, p. 580.

3. *Cours d'esthétique*, trad. J.-P. Lefebvre et V. von Schenck, Aubier, 1997, t. III, p. 414.

4. *Le Pacte lyrique*, Mardaga, « Philosophie et langage », 2003, p. 94.

5. *Les Genres littéraires*, Hachette supérieur, 1992, p. 16.

est intervenue, là encore, avec le romantisme. C'est en effet chez des auteurs comme Mme de Staël que le poète devient un être particulièrement sensible au monde et à soi, dont l'œuvre dégage « le sentiment prisonnier au fond de l'âme » (voir texte XIX). En 1828, Leopardi note que le genre lyrique, « expression simple et libre de toute émotion libre et profondément ressentie », est « plus noble et plus *poétique* que tout autre », parce qu'il est « chronologiquement le premier », « présent en chaque homme, même inculte, qui cherche un divertissement ou une consolation dans le chant, par des rythmes ou par l'harmonie [1] ». Et Hegel lie ce « caractère d'épanchement » du sujet à « l'époque moderne, dans laquelle chaque individu s'impartit le droit d'avoir pour lui-même sa propre opinion et sensibilité caractéristique [2] ». Enfin, c'est aussi à cette époque que certains objets ont été qualifiés de *poétiques*, en tant qu'ils plongent leur observateur dans une rêverie particulière : un siècle plus tard, Valéry recensera « les couchers de soleil, les clairs de lune, les forêts et la mer [et] les points critiques de la vie affective », pour expliquer que la poésie proprement dite cherche à susciter une émotion du même ordre, qu'il nomme « sensation d'univers », et qu'il définit comme une « tendance à percevoir un monde, ou système complet de rapports », dans lequel les éléments se trouvent « *musicalisés*, devenus commensurables, résonants l'un dans l'autre [3] ».

L'histoire des théories de l'inspiration et du lyrisme tend ainsi indéniablement à placer la question de la subjectivité au cœur de la définition du discours poétique. Mais cette approche révèle vite ses limites. En effet, réduire la poésie au lyrisme, qui n'est qu'une de ses provinces, revient non seulement à exclure les genres *épique* et *dramatique*, qui reposent sur des intrigues fictionnelles, et la poésie *didactique*, dont le contenu est factuel (voir ces termes dans le Vade-mecum), mais ce mouvement évacue en outre un nombre considérable des thèmes et des fonctions assumés au fil de l'histoire par le poème. Aussi Raymond Queneau a-t-il dénoncé dans la pro-

1. *Zibaldone*, trad. B. Schefer, Allia, 2004, p. 1895.
2. *Cours d'esthétique*, éd. citée, p. 394 et 407.
3. « Propos sur la poésie » [1928], *Œuvres*, éd. citée, t. I, p. 1361-362.

motion du lyrisme le « rapetissement de la poésie et son affadissement [1] ».

Par ailleurs, il est difficile de considérer le lyrisme comme une expression directe de l'auteur. Le sujet lyrique, explique Käte Hamburger, produit « des énoncés de réalité dont [...] l'origine reste essentiellement indécidable, c'est-à-dire impossible à assigner à un sujet réel (le poète) ou fictif (un locuteur imaginaire) [2] ». Contre la vulgate selon laquelle le poète relate une expérience autobiographique, un courant illustré notamment par Stefan George a montré que « le moi lyrique n'est pas un moi au sens empirique », mais la « forme d'un moi [3] ». Surtout, comme toute figure d'auteur, il est le produit d'une construction inscrite dans le texte. C'est pourquoi Valéry déplace vers le poème le site des affects, alors même qu'il relève une analogie entre certaines émotions et l'effet de la poésie, et bien qu'il définisse le lyrisme comme « le développement d'une exclamation [4] ». Le poème est une « machine à produire [un] état poétique », qui n'est pas une condition préalable chez l'auteur, mais un effet sur le lecteur, et qui relève à ce titre d'un travail d'écriture (voir texte XXIV). En somme, l'important n'est pas le saisissement effectif du poète, mais celui de son public. Cette distinction apparaît chez des auteurs aussi anciens que Du Bellay qui, privilégiant la réception, notait déjà : « celui sera véritablement le poète que je cherche en notre langue, qui *me fera* indigner, apaiser, éjouir, doloir, aimer, haïr, admirer, étonner, bref qui tiendra la bride de mes affections, me tournant çà et là à son plaisir [5] ». Faire du poète le producteur d'une expression spontanée, forcée par l'inspiration ou la puissance des sentiments qu'il éprouverait, tend à minimiser le travail de composition mis en œuvre pour obtenir cet effet (voir Valéry, texte XLVI).

---

1. « Lyrisme et poésie », in *Volontés*, 1938, n° 6, p. 1.

2. *Logique des genres littéraires* [1957-1968], trad. P. Cadiot, Seuil, « Poétique », 1986, p. 10.

3. D. Combe, « La référence dédoublée : le sujet lyrique entre fiction et autobiographie », in *Figures du sujet lyrique*, dir. D. Rabaté, PUF, « Perspectives littéraires », 1996, p. 42 et 47.

4. *Tel Quel* [1941], *Œuvres*, éd. J. Hytier, Gallimard, « Bibliothèque de la Pléiade », 1960, t. II, p. 549.

5. *La Défense et illustration de la langue française* [1549], II, 11, éd. J.-C. Monferran, Droz, 2001, p. 170 (orthographe modernisée).

Certes, dans ce cadre, poésie et émotion personnelle restent étroitement liées. Quand Ponge se tourne vers des « choses » réputées prosaïques, car anodines et dépourvues apparemment de toute charge émotive, il nous convie encore à porter un regard sympathique sur des objets qu'il humanise en leur prêtant des sentiments, et, surtout, il déplace la charge pathétique sur ses propres tentatives de description adéquate du monde, attirant l'attention sur « le drame de l'expression » (voir texte XVII). Ainsi, même si sa sensibilité se conçoit davantage comme une expertise langagière, et malgré certaines indéniables réussites pour produire des textes largement impersonnels et dénués d'affects (voir Tzara, texte XLIV), le poète demeure, constate Michel Collot, le manieur d'une « matière-émotion », dans la mesure toutefois où « l'émotion n'est pas un phénomène purement subjectif. Elle est la réponse affective d'un sujet à la rencontre d'un être ou d'une chose du monde extérieur, qu'il peut tenter d'intérioriser en créant un autre objet, source d'une émotion analogue mais nouvelle : le poème », et où elle ne prend corps « qu'à travers la substance des choses et des mots [1] ».

Mais tenter d'ancrer la poésie dans l'expression d'une subjectivité authentique conduit à se heurter aux relations que le poème entretient avec la fiction.

La fabrique des chimères

L'indétermination initiale du concept de *poiein* a en effet longtemps fait de ce dernier une œuvre d'*imagination* [2], soit une des espèces de la fiction : le poète a été conçu comme un forgeur de mondes – cette approche se reflète encore dans certains usages courants de l'adjectif « poétique », employé comme synonyme d'« irréel » ou « imaginaire ». Comme le note August Schlegel, « dans les présentations des autres arts, on appelle poétique ce qui nous élève au-dessus de la réalité

1. *La Matière-émotion*, PUF, « Écriture », 1997, p. 2-3.
2. Voir G. Genette, *Fiction et diction* [1991], Seuil, « Points », 2004, et T. Todorov, « La notion de littérature », *Les Genres du discours*, Seuil, « Poétique », 1978, p. 13-26.

commune dans un monde de la fantaisie ; poésie en ce sens signifie donc de manière générale l'invention artistique, l'acte merveilleux par lequel celle-ci enrichit la nature [1] ».

Ce lien avec l'imaginaire a deux conséquences majeures pour la réflexion littéraire. D'une part, un tel constat amène Platon, dans la *République*, à une sévère condamnation : la poésie entendue comme fiction ou imitation trompe son public, lui faisant croire à des illusions, et doit donc être exclue de la cité philosophique parfaite. Pour Plutarque, qui incite à en encadrer strictement la lecture, « il n'y a pas de poésie sans mensonge [2] ». Ses défenseurs, renversant l'argument, estiment qu'en assumant ce contenu fictif, elle se fait au contraire parole sincère, ce qui explique l'existence d'une opposition traditionnelle entre la poésie et la rhétorique, entendue comme art de manipuler par le discours. « En se livrant aux prestiges de la poésie, on sait qu'on est trompé, et on consent à l'être ; au lieu que par les artifices de l'éloquence proprement dite, on est trompé sans le savoir, sans le vouloir, et malgré soi [3] », écrit par exemple Marmontel – une analyse partagée par Kant (voir texte VIII).

D'autre part, et sur un plan tout différent, l'assimilation entre poésie et fiction est mobilisée pour refuser d'identifier la forme versifiée et le poème. Elle sert à dévaloriser le travail des rimailleurs, ces poètes qui se contenteraient de fignoler des vers sans souci suffisant de leur contenu fictionnel. Comme l'explique Thomas Sébillet, à la suite d'Aristote (voir texte XI), il n'est « pas assez que le vers ait ses nombres et syllabes pour faire nommer son auteur poète [4] » ; ce dernier doit être forgeur de fable. Cette posture permet notamment de contrecarrer les tentatives de régulation formelle de législateurs comme Malherbe : il serait inacceptable de laisser la liberté d'un *poiein* entendu comme fabrication de réalités nouvelles se plier aux exigences d'une conception strictement formelle du texte (voir Régnier, texte X). On ne saurait donc penser avec

---

1. *Leçons sur l'art et la littérature* [1801-1802], in P. Lacoue-Labarthe et J.-L. Nancy, *L'Absolu littéraire*, Seuil, 1978, p. 349.
2. *L'Art de lire la poésie*, in *Traités sur l'éducation*, trad. D. Houpert-Merly, L'Harmattan, 1995, p. 83.
3. *Éléments de littérature*, éd. S. Le Méhanèze, Desjonquères, 2005, p. 459.
4. *Art poétique français* [1548], in *Traités de poétique et de rhétorique à la Renaissance*, éd. F. Goyet, Le Livre de poche, 1990, p. 58.

Jean Cohen que, jusqu'à une époque récente, « le vers étant en effet une forme conventionnelle et strictement codifiée du langage, le poème avait une sorte d'existence juridique qui ne prêtait pas à contestation [1] ». Dans ces débats, la poésie ne se fonde pas sur l'usage d'une forme versifiée ; ce sont les termes de « fiction » et « poésie » qui se recoupent. Leur théorisation se mène de front, et l'imagination, « reine des facultés » selon Baudelaire, apparaît comme l'une des qualités essentielles d'un poète qui, « en décrivant ce qui est, [...] se dégrade et descend au rang de professeur ; [alors que] racontant le possible, il reste fidèle à sa fonction [2] ».

Pourtant, ce lien entre poésie et fiction pèche par défaut et par excès. Une telle approche exclut une partie considérable des textes les plus traditionnellement considérés comme poétiques, et pourtant non fictionnels. Si le théâtre en vers, encore appelé « poème dramatique », et l'épopée répondent à ce critère, son application conduit en revanche à écarter la poésie didactique et satirique, ainsi que d'autres textes au contenu autobiographique, comme certaines œuvres de Villon ou *Chêne et chien* de Raymond Queneau, et, surtout, cette fois, le lyrisme tout entier, s'il doit être entendu comme l'expression sincère et directe du locuteur. De fait, Aristote, dans la *Poétique*, n'évoque que les deux premières formes. Pour tenter de concilier cette exigence d'invention et l'existence des autres genres poétiques, les théoriciens du classicisme ont cherché à démontrer leur nature fictive. L'accent a alors été mis sur le travail d'affabulation déployé par les auteurs didactiques ou satiriques, à travers l'usage de contes ou d'exemples, tandis que le texte lyrique a pu se voir défini comme la « fable d'une pensée », l'imitation d'un affect et non son expression immédiate [3]. Or on a vu que le romantisme a privilégié cette dernière acception, en la généralisant et en imposant une exclusion symétrique de l'épopée et des autres genres : c'est un exemple des conflits frontaux qui prennent place entre des conceptions de la poésie que débordent les pratiques effectives.

---

1. *Structure du langage poétique* [1966], Champs-Flammarion, 1978, p. 8.

2. « Victor Hugo » [1861], *L'Art romantique*, éd. L.J. Austin, GF-Flammarion, 1968, p. 312.

3. Voir G. Genette, *Introduction à l'architexte* (repris à la suite de *Fiction et diction*, éd. citée, p. 34).

Inversement, les frontières de la poésie, si on la définit par la fiction, risquent de se dissoudre dans celles, plus vastes, de la littérature d'invention : on ne voit guère, sur une telle base, comment ne pas faire entrer dans son champ la prose fictionnelle ; de fait, de nombreux auteurs ont parlé de poésie à propos de textes devenus étrangers à ce domaine pour le lecteur actuel. *Les Aventures de Télémaque* (1699), dans lesquelles Fénelon a donné une suite en prose à l'*Odyssée* d'Homère, furent très tôt qualifiées de « poème en prose », et Fielding, auteur anglais de *Tom Jones* (1749), assimile ce roman à un « poème prosaïque, historique et héroïque [1] ».

Ce risque de dilution explique le recours à des critères associant la poésie à un travail formel spécifique. En somme, si le poète reste, selon Vico, celui dont le « domaine est l'impossibilité croyable [2] », l'émerveillement qu'il suscite se déplace alors de la fiction à la facture, et de l'objet évoqué au texte. Le poète apparaît comme un écrivain superlatif. Condillac a une formule significative : le poète « doit écrire avec plus d'art [3] ». Mais les autres champs littéraires ont également prétention à l'excellence en la matière. Aussi a-t-on pu voir dans l'emploi du vers le critère différentiel cherché, dans la mesure où il semble tout particulièrement marquer la poésie, et accroître les difficultés de composition.

Vers et prose

Commentant les liens étroits entre les origines de la poésie et l'emploi mnémotechnique du vers, Hegel indique : « nous devons établir une distinction essentielle entre une poésie originelle, qui se situe *avant* le déploiement de la prose habituelle et artistiquement riche et développée, et d'autre part l'approche et la langue poétiques qui se développent au sein

1. *Tom Jones*, éd. M. Battestin et F. Bowers, The Modern Library Classics, 2002, p. 152.

2. *La Science nouvelle* [1725], trad. C. Trivulzio, Gallimard, « Tel », 1993, p. 135.

3. *Cours d'étude pour l'instruction du Prince de Parme*, Genève, Duvillard et Nouffer, 1780, p. 263.

d'une existence et d'un langage prosaïques déjà entièrement achevés. La première est poétique de manière non intentionnelle dans la représentation mentale et la façon de parler ; la seconde, en revanche, est informée du domaine dont elle doit se détacher pour venir s'installer sur le libre sol de l'art, et se déploie pour cette raison contre le prosaïque, dans une différenciation consciente [1] ». Cette opposition, qui distingue la poésie de la prose entendue comme langage courant, puis comme écriture sans art, tenue à distance par le poème, obéit à une équation fréquente : dans un compromis entre fiction et versification, la plupart des poéticiens du classicisme ont considéré que, si les poèmes devaient s'écrire en vers, il fallait y distinguer une sorte de sous-ensemble plus spécifiquement poétique, regroupant les textes versifiés *et* fictionnels. Pourtant cette restriction au vers est étrangère à de nombreuses traditions : ainsi, « la poésie sanskrite ne s'est jamais limitée à la littérature versifiée : bien au contraire, le vocable *kavya* [« poème »] désigne aussi des ouvrages en prose, soumis aux mêmes impératifs que les *kavyas* en vers [2] ». Et ce refus fait sens : la prose n'offre pas moins un espace de *création formelle* que le vers. Aussi, en Occident, cet équilibre instable est-il devenu intenable quand une poésie n'employant plus le vers, et affirmant pourtant répondre à des exigences esthétiques égales, s'est pleinement imposée.

En France, des tentatives de ce type apparaissent dès la Renaissance : Marot, par exemple, inclut une « épître en prose » dans *L'Adolescence clémentine*. Mais les conditions de cette évolution se mettent vraiment en place au XVIIIe siècle, sous l'impulsion des traductions de poésies étrangères, et de la légitimation littéraire du roman. Alors même que la poésie est souvent réputée intraduisible, en raison du lien étroit qui s'y manifeste entre les éléments sémantiques et sonores (voir le commentaire du texte XXVI), Batteux, par exemple, donne sans trop de peine l'équivalent, en prose, des figures de style dont traite, en hexamètres latins, Vida (voir texte XXXV). Continuer à éprouver des sensations jugées poétiques à la lecture de textes privés de leur conformation auditive initiale, et

1. *Cours d'esthétique*, éd. citée, t. III, p. 223-224.

2. M.-C. Porcher, *Figures de style en sanskrit*, Paris, Collège de France, 1978, p. 7.

même de l'assise du vers, oblige à s'interroger sur une poéticité propre à la prose, ou aux seuls sujets traités. On publie donc *en tant que poèmes* des textes en prose directement composés en français et assumés comme tels, ou présentés comme des traductions d'œuvres étrangères : c'est ainsi que Parny mystifie le public en forgeant ses *Chansons madécasses* (1787), prétendument malgaches, faites de brefs paragraphes. Parallèlement, on reconnaît à certains passages de Rousseau, ou plus tard de Chateaubriand, des effets jugés similaires à ceux du vers, dans des pauses descriptives de tonalité lyrique, qui conduisent à parler de *prose poétique* (voir Chateaubriand, texte XIV). Aussi de nouvelles propositions théoriques engagent-elles à exploiter en prose certains traits d'écriture traditionnellement associés aux vers, mais accessibles à tout discours, et désormais présentés comme suffisants pour qu'il y ait poésie. Pour Marmontel, il s'agit du rythme (voir texte XII). Pour Houdar de La Motte, des figures (voir texte XXXIV).

Cette fuite hors du vers s'intensifie avec le romantisme. En Angleterre, Wordsworth récuse la distinction entre poème et prose, en rappelant que « la seule antithèse stricte » oppose vers et prose ; « et encore ne s'agit-il pas, en vérité, d'une antithèse *stricto sensu* ; car les vers ou les passages mesurés viennent si naturellement quand on écrit de la prose qu'il serait quasiment impossible de les éviter quand bien même cela serait souhaitable [1] ». Pour l'Italien Leopardi, « le poétique, dans toute l'extension du terme, n'implique nullement l'idée ou la nécessité du vers ni de la moindre mélodie [2] ». En France, Mme de Staël affirme le statut de poètes des grands prosateurs et orateurs (voir texte XIX), et en 1863, Littré note dans son dictionnaire que si la poésie est l'« art de faire des ouvrages en vers », elle désigne aussi les « qualités qui caractérisent les bons vers, et qui peuvent se trouver ailleurs que dans les vers ». Cette effervescence théorique prépare le public à l'apparition d'un genre poétique venu occuper de concert avec la prose poétique le champ ainsi ouvert : le *poème en prose*, imposé en France par Baudelaire. Si, en 1859, ce dernier reconnaît qu'un roman comme *Mademoiselle de Maupin*, de Gautier, « court pour ainsi

---

1. Préface aux *Ballades lyriques* [1800], trad. D. Peyrache-Leborgne et S. Vige, José Corti, « Romantiques », 1997, p. 103.
2. *Zibaldone* [note de 1821], éd. citée, p. 799.

dire dans le même lit que la Poésie, mais sans toutefois se confondre absolument avec elle, privé qu'il est du double mouvement du rythme et de la rime [1] », dans les années qui suivent, la présence de ces deux éléments cesse de lui paraître indispensable. Il publie en revue, sous le titre de *Petits poèmes en prose* (réunis en 1869), des exemples d'« une prose poétique, musicale sans rythme et sans rime » (voir texte XV). De nécessaire mais non suffisant, le vers s'avère facultatif. Il n'est plus pour le poète, qui enrichit ainsi considérablement sa palette formelle, qu'un instrument parmi d'autres, de sorte qu'en 1900 Jules Renard peut ironiser : « *Poésies* : beau titre pour un livre de prose [2]. » Enfin, le vers lui-même s'assouplit tout au long du XIXe siècle, s'ouvrant, sous le nom de *vers libre* ou de *vers libéré*, à des variations de longueur et à l'effacement de la rime. Comme Pierre Louÿs le résume en 1917, on aura donc vu les modernes, d'un point de vue formel, « 1. Briser le vers autant que possible. 2. Rythmer la prose de plus en plus. 3. Trouver ainsi le point de contact entre le vers et la prose [3] ».

Dès lors, les deux approches fictionnelle et métrique se sont conjuguées pour rendre poreuse la délimitation du champ poétique. Non seulement l'attention à la fabulation a incité à y inclure la prose d'imagination, mais, hors de la fiction comme du vers, des textes autrefois exclus ont été intégrés à cet ensemble. D'où d'autres tentatives pour comprendre la nature propre de la poésie, autour de critères dont aucun n'échappe à un risque de confusion avec le fait littéraire dans son ensemble.

L'extase des sens

Le *Kamasutra*, célèbre traité érotique, range la poésie parmi les jouissances humaines. De fait, pour Wordsworth, quelque forme qu'elle affecte, « le but de la poésie est de produire un état de sensibilité inséparable d'un surcroît de

1. « Théophile Gautier » [1859], *L'Art romantique*, éd. citée, p. 245.
2. *Journal*, Robert Laffont, « Bouquins », 1990, p. 463.
3. A. Gide, P. Louÿs, P. Valéry, *Correspondance à trois voix*, Gallimard, 2004, p. 1309.

plaisir [1] ». Cette thèse répandue permet de chercher les traits différentiels du poétique dans l'effet visé. Le poète, explique Condillac, « affiche qu'il veut plaire, et s'il instruit, il paraît cacher qu'il en ait le projet », tandis que le prosateur « au contraire affiche qu'il veut instruire, et s'il plaît, il ne paraît pas en avoir formé le dessein », de sorte que nous « distinguons [le poème] de la prose au plaisir qu'il nous fait » [2]. Or cette volupté poétique a pour particularité d'inclure une dimension explicitement *physique* : s'il séduit par l'habileté avec laquelle la langue est maniée, le poème s'adresse aussi de manière privilégiée aux sensations. Pour gloser une formule de McLuhan, son message est un massage [3].

Ce trait explique que la poésie soit souvent rattachée à des arts non verbaux. En premier lieu, elle se rapproche de la musique, en tant qu'art du son. Cette proximité est attestée par les liens historiques étroits qui unissent poème, chant et accompagnement instrumental. Elle repose en outre sur une parenté structurelle, leurs compositions étant également marquées par le retour de traits identiques – une cyclicité inscrite dans l'étymologie de termes comme « vers » (du latin *versus*, « retour ») ou « strophe » (du grec *strophé*, mouvement circulaire effectué par le chœur), et au contraire niée dans celle du mot « prose » (du latin *prorsum*, « aller de l'avant »). Aussi ses qualités mélodiques sont-elles communément mises en avant pour évaluer le poème, et l'identifier comme tel. La poésie, explique Étiemble, est « art de contraindre continûment le langage à intéresser immédiatement l'oreille [4] », tandis que pour Aragon, qui intitule ses critiques de poésie *Chroniques du bel canto*, « il n'y a d'autre problème de la poésie que d'entendre le chant [5] ». Mais l'ouïe n'est pas le seul sens flatté. Certains poètes explorent les ressources visuelles de la page : ils jouent de la typographie, comme Tzara (voir texte XLIV) ; leurs œuvres nouent des liens étroits avec des images, comme

1. Préface aux *Ballades lyriques*, éd. citée, p. 91.

2. *Cours d'étude pour l'instruction du Prince de Parme*, éd. citée, p. 262 et 276.

3. Voir M. McLuhan et Q. Fiore, *The Medium is the Massage : an Inventory of Effects*, New York, Bantham Books, 1967.

4. *Poètes ou faiseurs ?* (*Hygiène des lettres*, t. IV), Gallimard, « NRF », 1966, p. 18.

5. *Chroniques du bel canto*, Skira, 1947, p. 208.

dans la culture extrême-orientale ou dans les emblèmes de la Renaissance ; elles prennent la forme d'un dessin, comme les *Calligrammes* d'Apollinaire ; ou enfin elles quittent entièrement le domaine des mots pour proposer sous le nom de poèmes de purs tracés graphiques, comme les *Mouvements* de Michaux. Par ailleurs, le poème est souvent comparé à un mets délectable (voir Lucrèce, texte II). Enfin, renvoyant cette fois aux sensations que nous avons de notre propre corps, des auteurs comme André Spire ont étudié l'impact organique du poème sur le récepteur en comparant son articulation à une gymnastique heureuse, dont la perception fait partie intégrante de notre plaisir. De manière générale, le poème s'impose de satisfaire *les sens* comme *au sens*. Ce double souci éclaire une célèbre remarque de Mallarmé, rapportée par Valéry : « Ce n'est point avec des idées que l'on fait des vers. C'est avec des *mots* » (voir texte XXIV). Les idées véhiculées poétiquement sont rendues indissociables de leur actualisation sensorielle ; le poète est aussi attentif à la signification qu'à la matière du langage.

Ces deux niveaux de l'expression entrent donc en négociation lors de la composition, de sorte que l'intention sémantique initiale, si tant est qu'elle ait été d'emblée déterminée et que le moteur premier de l'écriture n'ait pas été le désir de tester une forme, subit une forte évolution. D'où la boutade de Gide : « la prose, c'est quand on sait d'abord ce qu'on va dire ; les vers, c'est quand on ne le sait qu'après [1] ». Pour s'en tenir à la seule dimension sonore, le poème tend à adopter des tours inattendus, des inversions et un lexique rare ou approximatif, afin de présenter le schéma rythmique ou les échos recherchés. Davantage, l'échange avec le lecteur peut sembler perturbé par ce processus. L'élaboration sensorielle du texte rend malléable le projet de communication initial et induit dans l'œuvre un tremblé sémantique, autant de traits que rassemble Jean-Luc Nancy quand il définit la poésie en notant : « Plus qu'un accès au sens, c'est un accès de sens [2]. »

Cette tension entre forme et message a pu conduire à associer la poésie à un « primat du signifiant [3] ». La formule est

---

1. A. Gide, P. Louÿs, P. Valéry, *Correspondance à trois voix*, éd. citée, p. 529.
2. *Résistance de la poésie*, William Blake and Co, 1997, p. 11.
3. M. Aquien, *Dictionnaire de poétique*, éd. citée, p. 424.

pleinement justifiée quand le travail formel permet de compenser, voire d'inverser, les connotations propres aux thèmes abordés. Opération cosmétique, la poésie propose alors un traitement du signe où le caractère douloureux ou abject du contenu se voit compensé, et comme racheté, par les rapports d'ordre et de nécessité dans lesquels entre simultanément la matière signifiante : c'est le cas dans les sonnets pathétiques, mais mélodieux, de Louise Labé (voir texte III). Il en va de même quand le thème de certains poèmes paraît pur prétexte à orchestration, ou quand l'attention à la physique du langage, poussée à son extrême, conduit au rejet de tout code (voir « Oralité » dans le Vade-mecum). Artaud ne compose-t-il pas des agencements de phonèmes dont la signification, entre babil et Babel, partition et formule magique, est d'ordre connotatif ou émotionnel ? De plus, admettre qu'en poésie le signifiant puisse prendre le pas sur le signifié permet de justifier opacité et faillite du sens, pour en faire précisément des signaux de poéticité, puisque la résistance pénible qu'elles opposeront à la compréhension du lecteur l'invitera justement à suspendre sa quête interprétative, pour se livrer à une réception purement sensible et faire l'expérience heureuse de ce que Jean-Pierre Verheggen nomme « ouïssance [1] ». Jules Renard rappelle ainsi aux esprits chagrins critiquant l'obscurité de certains poèmes : « Qu'y a-t-il à comprendre dans un vers ? Absolument rien. [...] c'est trop exiger de vouloir qu'une musique ait un sens, beaucoup de sens [2]. » Enfin, une telle approche a conduit à valoriser le poème comme un lieu d'expression privilégié pour l'inconscient pulsionnel, en considérant que l'en deçà du sens donnait à entendre la psyché d'un locuteur délivré de ses censures [3].

Pourtant, l'apparente défense de la poésie par un prosateur aussi ironique que Renard ne doit pas faire illusion. Affirmer qu'un vers n'offre rien ou guère à comprendre revient à généraliser des cas limites et risque de dénier à la poésie toute valeur aussi bien que toute séduction sémantiques, en recon-

1. *Artaud Rimbur* [1990], in *Ridiculum vitae*, Gallimard, « Poésie », 2001, p. 55.
2. *Journal*, éd. citée, p. 17.
3. Voir J. Kristeva, *Révolution du langage poétique* [1974], Seuil, « Points », 1985.

duisant une longue tradition critique, qui a vu dans l'importance accordée aux sens le signe d'une incapacité à communiquer l'information. La poésie, trop sensorielle ou trop polysémique, trahirait la logique du signe en arrêtant l'attention sur la matière verbale et en optant pour une justesse de son ou de ton au détriment de la justesse du fond. Sartre (voir texte XXVII) y diagnostique même un refus d'utiliser le langage, malgré l'existence de poèmes fondés sur une articulation étroite du travail formel et de la génération d'un message effectif. Le plaisir poétique ne s'obtiendrait qu'au détriment d'un asservissement de la parole, la quête de l'effet sensoriel se muant en carcan pour la pensée (voir Houdar, texte XXXIV). Aussi de nombreux poètes ont-ils récusé cette analyse. Ils insistent au contraire sur la fertilité intellectuelle des contraintes qui nous rappellent à la conformation sensible de l'énoncé, et sur l'intelligence qui naît du trouble qu'elles instaurent. Plutôt que le travestissement d'une pensée préalablement fixée, les exigences du mètre ou de la rime peuvent être tenues pour un moteur d'invention : elles favorisent l'apparition d'agencements textuels et sémantiques inattendus. Aux détracteurs des vers, tel Louÿs qui les qualifie plaisamment de « sales petites lignes inégales qui sont si difficiles à faire et qui ne disent rien [1] », Claudel rétorque que, grâce à la rime, l'écriture devient interrogation : « la parole humaine ne retentit pas dans le vide », mais s'offre comme « une sommation au silence », qui « provoque quelque chose d'égal ou de comparable à elle-même [2] ». Il rattache également le cours régulièrement interrompu de la poésie au rythme même de notre esprit : « On ne pense pas de manière continue, pas davantage qu'on ne sent de manière continue. Il y a des coupures, il y a interruption du néant. [...] Tel est le vers essentiel et primordial, l'élément premier du langage, antérieur aux mots eux-mêmes : une idée isolée sur du blanc [3]. » Et Claudel d'expliquer que l'interruption permet de

---

1. A. Gide, P. Louÿs, P. Valéry, *Correspondance à trois voix*, éd. citée, p. 615.

2. « Réflexions et propositions sur le vers français » [1925], *Œuvres en prose*, éd. J. Petit et C. Galpérine, Gallimard, « Bibliothèque de la Pléiade », 1965, p. 7.

3. *Ibid.*, p. 5.

donner au texte suspendu un impact considérable, en l'ouvrant à une pluralité de sens. Là où la syntaxe et le contexte, liant les termes, nous permettent de réduire les acceptions et les fonctions disponibles, la poésie, définie par cet espacement, les rend à cette palette pleine : « le dernier mot prononcé, et avec lui toute la rame des vocables précédents qui y sont attelés, devient comme un poing qui heurte un mur et qui rayonne », et le lecteur est obligé de « passer de la position passive à la position active » pour s'interroger sur cette « espèce d'hémorragie du sens inclus [1] ». Enfin pour Ponge, le poète ambitionne d'« opérer la confusion de la raison et de la *réson* [...], du raisonnement et du résonnement [2] ». Il n'y a donc ni tension forcée, ni simple coexistence ou ajout d'un ornement formel plaisant, mais bien possibilité d'une collaboration entre les différents niveaux du texte. Loin de se désémantiser, le texte trouve dans son ancrage physique une force d'incarnation et d'évidence qui se communique à son contenu ; « l'effet de sens, explique Algirdas Julien Greimas, apparaît ici comme un effet des sens : le signifiant sonore – et, dans une moindre mesure, graphique – entre en jeu pour conjuguer ses articulations avec celles du signifié, en provoquant de ce fait une illusion référentielle et en nous invitant à assumer comme vrais les propos tenus par le discours poétique qui voit ainsi sa sacralité fondée sur sa matérialité ». On peut donc estimer que c'est la « corrélation du plan de l'expression et du plan du contenu qui définit la spécificité de la sémiotique poétique [3] ».

Un discours densifié

Pour Valéry, les exigences simultanées de la forme sensible et du sens président au choix de chaque terme du poème : le poète compose ainsi depuis « un moment de [s]on fonctionnement au point duquel idées, rythmes, images, souvenirs ou inventions ne [sont] que des *équivalents* », et le lecteur est

1. *Ibid.*, p. 6.
2. *Pour un Malherbe* [1965], in *Œuvres complètes*, éd. B. Beugnot, Gallimard, « Bibliothèque de la Pléiade », 2002, t. II, p. 154.
3. *Essais de sémiotique poétique*, Larousse, 1972, p. 7.

invité à nouer une relation identique avec un texte qui se révèle « organisation complète [1] » de la parole. Or cette intrication fait du poème, selon Greimas, un discours caractérisé « par sa *densité*, en entendant par là le nombre de relations structurales qu'exige la construction de l'objet poétique [2] ».

Les mots séparés par la syntaxe sont réunis par leur texture sonore ou leur position accentuée, et cette structure invite le lecteur à suivre des parcours alternatifs, dont l'exemple le plus net est fourni, en vers, par les mots à la rime, qui fonctionnent par rappel et dessinent ainsi au sein du poème un autre parcours logique, cette fois vertical. La rime, explique Aragon, « trace des chemins entre les mots, elle lie, elle associe les mots d'une façon indestructible, fait apercevoir entre eux une nécessité qui, loin de mettre la raison en déroute, donne à l'esprit un plaisir [3] ». La linéarité de la lecture est ainsi mise en cause, ce qui a conduit à parler pour le poème d'une réception tabulaire, comparable à celle qu'offre une toile, sur laquelle le regard circule librement pour rattacher des éléments distants. Il en résulte une multiplication des lectures – c'est-à-dire des liaisons possibles – dont l'emploi des rimes brisées donne un exemple saillant. Ces rimes, qui interviennent à la fin des vers, mais aussi en leur sein, peuvent en effet permettre de reconstruire un poème différent en lisant successivement les fragments ainsi formés, comme dans ce texte du sieur des Accords (1549-1590), où la suite des deux colonnes d'hémistiches offre un sens contraire à celle des vers :

Je n'aimai onc, Anne, ton accointance ;
À te déplaire je quiers incessamment
Je ne veux onc à toi prendre alliance
Ennui te faire est tout mon pensement [4].

---

1. « Fragments des mémoires d'un poème » [1937], *Œuvres*, éd. citée, t. I, p. 1475 et 1483.

2. *Essais de sémiotique poétique*, éd. citée, p. 17.

3. « Sur une définition de la poésie », *Les Yeux d'Elsa*, Seghers, 1942, p. 150.

4. Cité in L.-M. Quicherat, *Traité de versification française* [1838], Hachette, 1850, p. 469 (nous introduisons l'italique pour distinguer la première série d'hémistiches).

Cette mise en variation du texte opère également sur le plan syntaxique. La poésie tend à se montrer avare en liaisons : elle répugne à expliciter la structure de ses enchaînements, et elle juxtapose plus qu'elle ne subordonne les parties de son discours. La rareté des connecteurs logiques, au bénéfice des mots pleins, force à tester simultanément, pour la phrase comme pour le sens, des possibilités d'agencement qui ne s'excluent pas, mais se cumulent. Apollinaire, en ôtant sur épreuves la ponctuation d'*Alcools* (1913), ou André du Bouchet, dont les textes dispersent quelques mots ou groupes de mots dans l'espace de la page, obligent à différents parcours de lecture. D'une certaine manière, la poésie est ainsi une écriture de l'épars, mais pour le philosophe Martin Heidegger, elle se rapproche par là de l'économie même de l'esprit, en rendant jeu et plasticité aux idées : « la libération du langage des liens de la grammaire, en vue d'une organisation plus originelle de ses éléments, note-t-il, est réservée à la pensée et à la poésie [1] ».

Une même culture de l'équivoque marque le traitement, polysémique, du lexique. Selon Roland Barthes, « le consommateur de poésie, privé du guide des rapports sélectifs, débouche sur le Mot, frontalement, et le reçoit comme une quantité absolue, accompagnée de tous ses possibles. [...] Chaque mot poétique est ainsi un objet inattendu, une boîte de Pandore d'où s'envolent toutes les virtualités du langage [2] ». Ainsi, quand Baudelaire fait de la chevelure un « pavillon de ténèbres tendues » (voir texte XV), il la compare à la fois à une tente, dans laquelle il entrerait, et à un étendard : les sens s'additionnent. Leopardi note donc que « la beauté du discours et de la poésie consiste à susciter en nous des groupes d'idées, à permettre à notre esprit d'errer dans la multitude des conceptions, dans ce qu'elles ont de vague, de confus, d'indéterminé, d'imprécis. Cet effet s'obtient grâce à des mots appropriés qui expriment une idée composée de plusieurs parties et liée à de nombreuses idées concomitantes [3] ». Cette logique cumulative culmine avec

---

1. *Lettre sur l'humanisme* [1946], trad. R. Munier, in *Questions III et IV*, Gallimard, « Tel », 1990, p. 67.

2. *Le Degré zéro de l'écriture* [1953], *Œuvres complètes*, éd. E. Marty, Seuil, 1993, t. I, p. 164.

3. *Zibaldone* [29 juin 1821], éd. citée, p. 608.

l'emploi d'images dans lesquelles une réalité sert à convoquer un autre référent. Désigner les affres de la passion par le vocabulaire du feu, comme le fait Louise Labé (voir texte III), suscite dans l'esprit du lecteur la double image d'une épreuve sentimentale et d'un bûcher réel. Si la douleur est le trait commun justifiant ce rapprochement, une partie des autres idées liées au feu contamine la notion de passion amoureuse : une telle construction évoque dans l'esprit du lecteur un « étrange objet », explique Sartre, et fait du mot « un microcosme » (voir texte XXVII). C'est pourquoi Vida compare l'effet des figures au jeu des reflets sur l'eau : le lecteur se plaît à « voir plusieurs images qui se présentent sous un même mot. Semblable au voyageur qui [...] regarde l'onde claire et paisible, et dans l'onde les vertes forêts, les prairies émaillées que le cristal liquide lui répète [1] ». En construisant une hésitation prolongée entre deux réalités, mieux, en installant ce qui reste propre à l'une dans la convocation de l'autre, la figure, explique Valéry, inscrit au cœur du discours des « mouvements stationnaires », et ce trouble indique que l'effort de catégorisation analogique (le relevé du même) peut également s'appréhender comme un processus de décatégorisation où la « pluralité est tâtonnement [2] ». Aussi a-t-on pu rapprocher, là encore, la poésie de la logique de l'inconscient, également marqué par l'emploi de la condensation : le poète, explique René Char, « doit tenir la balance égale entre le monde physique de la veille et l'aisance redoutable du sommeil, les lignes de la connaissance dans lesquelles il couche le corps subtil du poème, allant indistinctement de l'un à l'autre de ces états différents de la vie [3] ».

Tous ces procédés, tant syntaxiques que sémantiques, tendent à faire de la poésie ce qu'Umberto Eco nomme une « œuvre ouverte » : elle repose sur une « *possibilité de significations multiples* [4] » dont le déploiement implique la collabora-

---

1. *Art poétique* [1527], in *Les Quatre poëtiques [...] avec les traductions et des remarques par M. l'abbé Batteux*, Paris, Saillant et Nyon, 1771, t. II, p. 143.

2. *Cahiers* [1911-1912], éd. J. Robinson, Gallimard, « Bibliothèque de la Pléiade », 1974, t. II, p. 932 et 54.

3. « Seuls demeurent » [1945], *Œuvres complètes*, Gallimard, « Bibliothèque de la Pléiade », 1983, p. 156.

4. *L'Œuvre ouverte* [1962], trad. C. Roux de Bézieux, Seuil, « Points », 1979, p. 88.

tion du lecteur. Et le cumul de ces facteurs explique qu'on reproche souvent au poème sa difficulté d'interprétation. Mais ces tours lui sont-ils propres ?

Altération et identité du langage

Une tradition durable a voulu séparer l'emploi poétique de la parole et les autres usages du langage : Leopardi, comme Hegel, estime qu'« une langue véritablement poétique » doit être « distincte de la langue prosaïque [1] ». De fait, certains termes, comme « onde », « coursier » ou « azur », restent aujourd'hui ressentis comme « poétiques », et les interdits pesant sur certains mots à l'époque classique (comme « nez », « vache » ou « poire ») ont même pu conduire à l'établissement de dictionnaires du lexique poétique. Mais cette distinction n'a jamais valu que pour les registres poétiques eux-mêmes élevés, et elle a été battue en brèche, notamment, par Hugo (voir texte XVI). La situation générale est mieux résumée par cette remarque de Claudel : « Dans mes Psaumes, j'ai essayé de styliser, d'élever à la dignité poétique le langage familier, le langage de tous les jours. C'est le même et pas le même [2]. » La poésie n'est pas liée à l'emploi d'une langue réservée, mais à un emploi différent de la langue commune – ce qui, là encore, la distingue de la notion de « genre ».

Aussi Jean Cohen a-t-il postulé que « le poète ne parle pas comme tout le monde. Son langage est anormal, et cette anormalité lui confère un style [3] ». Pour ce critique, ce style devait pouvoir se mesurer en termes d'écart. Mais, outre la difficulté posée par la détermination d'un hypothétique seuil comparatif (Cohen propose d'utiliser le discours scientifique, alors que ce dernier n'est certainement pas moins déterminé que la poésie par des « écarts » anormaux avec l'usage), aucun des traits qui ont pu être évoqués précédemment n'appartient exclusivement au poète. La minutie de la composition et

1. *Zibaldone* [15 octobre 1822], éd. citée, p. 1136.
2. *Journal* [2 septembre 1948], éd. J. Petit et F. Varillon, Gallimard, « Bibliothèque de la Pléiade », 1969, t. II, p. 653.
3. *Structure du langage poétique*, éd. citée, p. 12.

l'intégration de réseaux d'échos complexes sont revendiquées par d'autres écrivains. Là où Valéry ou Breton ont dénoncé dans le roman l'emploi de détails inutiles et un manque général de motivation, par rapport à la poésie, marquée par la multiplicité des réseaux de correspondances dans lesquels mots et sons doivent s'intégrer (voir « Récit » dans le Vademecum), Julien Gracq explique que « le mécanisme romanesque est tout aussi précis et subtil que le mécanisme d'un poème, seulement, à cause des dimensions de l'ouvrage, il décourage le travail critique exhaustif que l'analyse d'un sonnet parfois ne rebute pas. [...] Mais si le roman en vaut la peine, c'est ligne à ligne que son aventure s'est courue, ligne à ligne qu'elle doit être discutée, si on la discute. Il n'y a pas plus de "détail" dans le roman que dans aucune œuvre d'art, bien que sa masse le suggère [1] ». Il en va de même de l'emploi des figures. Ronsard explique que le poète doit brosser des « peintures relevées et quasi séparées du langage commun, les ornant et enrichissant de Figures, Schèmes, Tropes, Métaphores, Phrases et Périphrases éloignées presque du tout, ou pour le moins séparées de la prose triviale et vulgaire (car le style prosaïque est ennemi capital de l'éloquence poétique) [2] ». Et pour Pierre Reverdy, « le propre du poète est de penser et de se penser en images [3] ». Pourtant ces tours se retrouvent non seulement dans d'autres genres littéraires – notamment la prose oratoire, caractérisée par l'usage de rythmes et d'ornementations similaires –, mais aussi dans le parler le plus commun, comme l'explique Genette (voir texte XXXIX). Aussi Jean Cohen concède-t-il que le propre de la poésie ne tient pas à ces traits, mais à leur accumulation : « La prose littéraire [...] fait un large emploi des procédés qui caractérisent le poème. Entre poésie et prose romanesque, la différence est moins qualitative que quantitative. C'est par la fréquence de l'écart que se distinguent ces deux genres littéraires. Et la différence de fréquence peut être aussi petite

1. *En lisant en écrivant*, José Corti, 1980, p. 121.

2. « Préface sur *La Franciade* », in *Œuvres complètes*, éd. J. Céard *et al.*, Gallimard, « Bibliothèque de la Pléiade », 1993, t. I, p. 1161-1162 (orthographe modernisée).

3. « La fonction poétique » [1950], *Cette émotion appelée poésie*, Flammarion, 1974, p. 56.

qu'on le voudra [1]. » Autant dire que la valeur de cette méthode se réduit comme peau de chagrin.

La même analyse vaut pour les approches liant étroitement la poésie et l'autoréférentialité, faisant de ce discours une écriture auto-allégorique, qui parlerait avant tout d'elle-même. Si Alfred Glauser a identifié en poésie une *désécriture* marquée par « les traces d'un auteur qui s'interroge sur la facture de son œuvre [et] insère dans la trame un commentaire [2] », le procédé n'affecte pas tous les poèmes, et là encore, il est aussi largement illustré au théâtre ou dans le roman.

On comprend que, faute d'outils pour distinguer rigoureusement la poésie de ces autres pratiques d'écriture, plusieurs auteurs proposent de lui redonner une acception englobant l'ensemble de la création verbale. Quand Mallarmé déclare que « toute prose d'écrivain fastueux, soustraite [au] laisser-aller en usage, ornementale, vaut en tant qu'un vers rompu [3] », ou quand Prigent définit la poésie comme « une sorte de radicalisation de la question de la *littérature* » (voir texte XXIX), la frontière n'est plus une limite générique ou quantitative, mais un seuil qualitatif : comme chez Condillac, la poésie désigne un degré d'élaboration littéraire supérieur, accessible à chaque genre. Aussi Shelley pose-t-il que « les parties d'une œuvre peuvent être poétiques, sans que, dans son ensemble, l'œuvre soit un poème. Une phrase isolée peut être considérée comme un tout, bien qu'elle se trouve au milieu d'un ensemble de parties mal intégrées ; même un mot isolé peut être une étincelle d'inextinguible pensée [4] ».

Ce parcours, nourri de tensions, peut sembler insatisfaisant, mais il reflète fidèlement la diversité des modèles disponibles. La poésie, note Jean-Marie Gleize, existe « désormais sans définition, ou, si l'on préfère, ouverte à une infinité de définitions possibles, ce qui rend évidemment difficile d'en parler, d'en parler généralement, en tant que "la" poésie. "La poésie" n'existe pas, n'existe plus, ce qui ne signifie pas, bien

---

1. *Structure du langage poétique*, éd. citée, p. 22.
2. *Écriture et désécriture du texte poétique*, Nizet, 2002, p. 12.
3. *La Musique et les Lettres* [1894], *Œuvres complètes*, éd. citée, t. II, p. 64. Voir aussi le texte XXI.
4. *Défense de la poésie* [1840], trad. F. El-Etr, La Délirante, 1980, p. 15.

sûr, le tarissement de la pratique poétique, mais simplement que la poésie vit son état de crise, sans doute *de* son état de crise, un état critique et autocritique permanent qui est certainement sa seule définition possible aujourd'hui [1] ». Le constat n'empêche nullement l'appréciation, l'analyse et la comparaison des créations offertes par la tradition et par la création contemporaine, quitte à déterminer au cas par cas les attendus de chaque auteur. Nous ne sommes pas dépourvus d'outils pour cela, puisque certains critiques associent le poème, ou, plus largement, la tonalité poétique telle qu'elle apparaît dans un essai ou un roman, à la présence de certains traits fréquemment conjugués, mais non forcément co-présents. On pourra ainsi, avec Michèle Aquien, repérer trois « caractères fondamentaux du langage poétique », d'une grande efficacité opératoire [2] : la *densité*, la *cyclicité de l'expression* (un trait qui englobe les questions de rythme, de musicalité, de structure, mais aussi les pratiques de lecture tabulaire du texte) et l'*attention au signifiant* – une formule qui recoupe les réflexions de Jakobson sur la fonction poétique (voir texte XXV) ou les remarques de Valéry sur le caractère doublement sensible et sémantique de la composition. Ou encore, à la suite de Jean-François Puff, on rattachera à la poésie « tout poème retenant *au moins un trait* distinctif d'un poème tel qu'il réunirait en lui *tous les traits* du poétique », tout en reconnaissant que ce « chimérique ur-poème » ne peut former qu'un « objet possible, purement conceptuel », dont l'une des « propriétés les plus étranges est de posséder des traits contradictoires [3] ». Ces approches, pragmatiques et modestes, ont le mérite de préserver la complexité des motifs critiques associés à la poésie. Surtout, elles respectent la conscience aiguë que cette dernière n'aura cessé d'avoir de sa propre diversité historique, de son ouverture au renouvellement, et donc de son aptitude à proposer à ses lecteurs une multiplicité de contrats, et de plaisirs. C'est cette conscience, et cette confiance, qui animent Wordsworth quand il note en 1800 :

---

1. *A noir. Poésie et littérarité*, éd. citée, p. 102.
2. *Dictionnaire de poétique*, éd. citée, p. 424-430.
3. « Pourquoi ça prend en prose », *Formes poétiques contemporaines*, n° 4, 2006, p. 139-140.

Ce signe ou symbole que comporte le langage versifié doit avoir suscité des attentes très différentes à différentes périodes de la littérature : par exemple, à l'époque de Catulle, Térence et Lucrèce et à celle de Stace ou de Claudien. Je n'entreprendrai pas de déterminer la valeur exacte de la promesse que, par le fait d'écrire en vers, les auteurs font de nos jours à leurs lecteurs ; mais de nombreuses personnes se rendront compte, j'en suis certain, que je n'ai pas respecté les termes de cet engagement volontaire. Ceux qui sont accoutumés aux ornements voyants et à la phraséologie creuse de bien des auteurs modernes devront sans doute, s'ils persistent jusqu'au bout de leur lecture, lutter contre un sentiment d'étrangeté et de gêne. Ils chercheront partout la poésie et seront amenés à se demander de quel droit ces tentatives peuvent s'arroger ce titre [1].

La poésie, jusque dans l'énigme qu'elle pose, continue à obéir à la définition lapidaire et synthétique de Saint-John Perse : artisan de surprise, « poète est celui-là qui rompt pour nous l'accoutumance [2] ».

1. Préface aux *Ballades lyriques*, éd. citée, p. 63-64.
2. « Poésie » [1960], in *Amers*, Gallimard, « Poésie », 1970, p. 170.

I

PLAISIRS ET PUISSANCES DU VERBE

I

LAMARTINE

VIBRATIONS ET CARESSES

Alphonse de Lamartine, préface aux *Méditations poétiques* [1849], éd. G. Lanson, Hachette, 1922, t. II, p. 348-373.

Trente ans après leur parution, Lamartine ajoute une préface autobiographique à ses *Méditations poétiques* de 1820. Il y explique son attrait pour les vers, cherche à éclairer le phénomène poétique, et offre ainsi un texte fondamental pour comprendre l'approche romantique du lyrisme, qui continue, à bien des égards, à façonner notre vision de la poésie. Lamartine assimile le poète, caractérisé par sa *sensibilité*, à une corde dont les fibres entrent en résonance avec les rythmes du monde, pour émettre un chant tout à la fois singulier et universel, qui soumet à son tour les auditeurs à l'expérience d'une pulsation verbale et sensible.

Cette théorie s'expose à travers quatre souvenirs. Lamartine peint la façon dont sa famille, réunie à chaque veillée pour écouter les vers lus par son père, était liée presque organiquement par ces sons et ces rythmes. Puis il rapporte une visite à un vieux versificateur, avec le même souci de restituer un regard « naïf », c'est-à-dire non prévenu, sur le phénomène poétique : tout en reconnaissant la médiocrité des compositions du poète, il évoque la manière dont « langue de musique », vers et souvenirs gourmands s'associèrent alors dans son esprit. Dans un troisième temps, il raconte comment, après être resté longtemps dégoûté par l'apprentissage scolaire, puis par le caractère inauthentique de ses premières compositions, il parvint enfin à rendre « cette espèce de chant intérieur qu'on appelle poésie ». Enfin, il compare le poète à une harpe faite de cheveux mis à vibrer dans le vent.

Bien qu'au fil de ces pages Lamartine associe souvent le vers à la tristesse, et même s'il souligne la distance entre mots et musique, cette préface insiste sur la *jouissance physique et sensible* suscitée chez l'auditeur par cette « danse des mots dans l'oreille ». Ici, la poésie constitue à la fois une harmonie et une euphorie, une friandise sensuelle et un moyen particulier d'accueillir le monde, en se joignant à son concert.

J'étais né impressionnable et sensible. Ces deux qualités sont les deux premiers éléments de toute poésie. Les choses extérieures à peine aperçues laissaient une vive et profonde empreinte en moi ; et quand elles avaient disparu de mes yeux, elles se répercutaient et se conservaient présentes dans ce qu'on nomme *l'imagination*, c'est-à-dire la mémoire, qui revoit et qui repeint tout en nous. Mais de plus, ces images ainsi revues et repeintes se transformaient promptement en sentiment. Mon âme animait ses images, mon cœur se mêlait à ces impressions. J'aimais et j'incorporais en moi ce qui m'avait frappé. J'étais une glace vivante qu'aucune poussière de ce monde n'avait encore ternie, et qui réverbérait l'œuvre de Dieu ! De là à chanter ce cantique intérieur qui s'élève en nous, il n'y avait pas loin. Il ne me manquait que la voix. Cette voix que je cherchais et qui balbutiait sur mes lèvres d'enfant, c'était la poésie. Voici les plus lointaines traces que je retrouve au fond de mes souvenirs presque effacés des premières révélations du sentiment poétique qui allait me saisir à mon insu, et me faire à mon tour chanter des vers au bord de mon nid, comme l'oiseau.

J'avais dix ans ; nous vivions à la campagne. Les soirées d'hiver étaient longues. La lecture en abrégeait les heures. Pendant que notre mère berçait du pied une de mes petites sœurs dans son berceau, et qu'elle allaitait l'autre sur un long canapé de velours d'Utrecht rouge et râpé, à l'angle du salon, mon père lisait. Moi je jouais à terre à ses pieds avec des morceaux du sureau que le jardinier avait coupé pour moi dans le jardin ; je faisais sortir la moelle du bois à l'aide d'une baguette de fusil. J'y creusais des trous à distances égales, j'en refermais aux deux extrémités l'orifice, et j'en taillais ainsi des flûtes que j'allais essayer le lendemain avec mes camarades les enfants du village, et qui résonnaient mélodieusement au printemps sous les saules au bord du ruisseau, dans les prés.

Mon père avait une voix sonore, douce, grave, vibrante, comme les palpitations d'une corde de harpe, où la vie des entrailles auxquelles on l'a arrachée semble avoir laissé le gémissement d'un nerf animé. [...] Il lisait dans un grand et beau volume relié en peau et à tranche dorée (c'était un volume des œuvres de Voltaire) la tragédie de *Mérope*. Sa voix changeait d'accents avec le rôle. C'était tantôt le tyran cruel, tantôt la mère tremblante, tantôt le fils errant et persécuté ; puis les larmes de la reconnaissance, puis les soupçons de l'usurpateur, puis la fureur, la désolation, le coup de poignard, les larmes, les sanglots, la mort, le livre qui se refermait, le long silence qui suit les fortes commotions du cœur.

Tout en creusant mes branches de sureau, j'écoutais, je comprenais, je sentais ; ce drame de mère et de fils se déroulait précisément tout entier dans l'ordre d'idées et de sentiments le plus à la portée de mon intelligence et de mon cœur. Je me figurais Mérope dans ma mère ; moi dans le fils disparu et reconnu retombant dans ses bras, arraché à son sein. De plus, ce langage cadencé comme une danse des mots dans l'oreille, ces belles images qui font voir ce qu'on entend, ces hémistiches qui reposent le son pour le précipiter ensuite plus rapide, les consonances de la fin des vers qui sont comme des échos répercutés où le même sentiment se prolonge dans le même son, cette symétrie des rimes qui correspond matériellement à je ne sais quel instinct de symétrie morale cachée au fond de la nature, et qui pourrait bien être une contre-empreinte de l'ordre divin, du rythme incréé de l'univers ; enfin, cette solennité de la voix de mon père, qui transfigurait sa parole ordinairement simple, et qui me rappelait l'accent religieux des psalmodies du prêtre le dimanche dans l'église de Milly ; tout cela suscitait vivement mon attention, ma curiosité, mon émotion même. Je me disais intérieurement : « Voilà une langue que je voudrais bien savoir, que je voudrais bien parler quand je serai grand. » Et quand neuf heures sonnaient à la grosse horloge de noyer de la cuisine, et que j'avais fait ma prière et embrassé mon père et ma mère, je repassais en m'endormant ces vers, comme un homme qui vient d'être ballotté par les vagues sent encore, après être descendu à terre, le roulis de la mer, et croit que son lit nage sur les flots [...].

Une autre impression de ces premières années confirma, je ne sais comment, mon inclination d'enfant pour les vers [...] [1]. Le vieillard, enchanté d'avoir un auditeur inattendu, lut à mon père un fragment de poème interrompu. C'était la description d'une fontaine sous des châtaigniers, au bord de laquelle des jeunes filles déposent leurs cruches à l'ombre, et cueillent des pervenches et des marguerites pour se faire des couronnes ; un mendiant survenait, et racontait aux jeunes bergères l'histoire d'Aréthuse, de Narcisse, d'Hylas, des dryades, des naïades, de Thétis, d'Amphitrite et de toutes les nymphes qui ont touché à l'eau douce ou à l'eau salée [2]. Car ce vieillard était de son temps, et en ce temps-là aucun poète ne se serait permis d'appeler les choses par leur nom. Il fallait avoir un dictionnaire mythologique à son chevet, si l'on voulait rêver des vers. Je suis le premier qui ait fait descendre la poésie du Parnasse, et qui ait donné à ce qu'on nommait la muse, au lieu d'une lyre à sept cordes de convention, les fibres mêmes du cœur de l'homme, touchées et émues par les innombrables frissons de l'âme et de la nature.

Quoi qu'il en soit, mon père, qui était trop poli pour s'ennuyer de mauvais vers au foyer même du poète, donna quelques éloges aux rimes du vieillard, siffla ses chiens, et me ramena à la maison. Je lui demandai en chemin quelles étaient donc ces jolies lignes égales, symétriques, espacées, encadrées de roses, liées de rubans, qui étaient sur la table. Il me répondit que c'étaient des vers, et que notre hôte était un poète. Cette scène me fit une longue impression ; et depuis ce jour-là, toutes les fois que j'entendais parler d'un poète, je me représentais un beau vieillard assis près d'une fenêtre ouverte à large horizon, dans une maisonnette au bord de grands bois, au murmure d'une source, aux rayons d'un soleil d'été tombant sur sa plume, et écrivant entre ses oiseaux et son chien des histoires merveilleuses, dans une langue de musique dont les paroles chantaient comme les cordes de la harpe de ma mère, touchées par les ailes invisibles du vent dans le jardin de Milly. Une telle image, à laquelle se mêlait sans doute le

1. Lamartine raconte ici comment il accompagna son père chez un vieux versificateur.

2. Figures mythologiques mises en scène notamment dans *Les Métamorphoses* d'Ovide.

souvenir des pêches, du pain bis, de la bonne servante, des pigeons privés [1], du chien caressant, était de nature à me donner un grand goût pour les poètes, et je me promettais bien de ressembler à ce vieillard et de faire ce qu'il faisait quand je serais vieux. [...]

Ce furent là mes premières notions et mes premiers avant-goûts de poésie. Ils s'effacèrent longtemps et entièrement sous le pénible travail de traduction obligée des poète grecs et latins qu'on m'imposa ensuite comme à tous les enfants dans les études de collège. Il y a de quoi dégoûter le genre humain de tout sentiment poétique. La peine qu'un malheureux enfant se donne à apprendre une langue morte et à chercher dans un dictionnaire le sens français du mot qu'il lit en latin ou en grec dans Homère, dans Pindare ou dans Horace, lui enlève toute la volupté de cœur ou d'esprit que lui ferait la poésie même, s'il la lisait couramment en âge de raison. Il cherche, au lieu de jouir. [...] Ce ne fut donc qu'après mes études terminées que je commençai à avoir quelques vagues pressentiments de poésie. C'est Ossian, après le Tasse [2], qui me révéla ce monde des images et des sentiments que j'aimais tant depuis à évoquer avec leurs voix. J'emportais un volume d'Ossian sur les montagnes : je le lisais où il avait été inspiré, sous les sapins, dans les nuages, à travers les brumes d'automne, assis près des déchirures des torrents, aux frissons des vents du nord, au bouillonnement des eaux de neige dans les ravins. Ossian fut l'Homère de mes premières années ; je lui dois une partie de la mélancolie de mes pinceaux. C'est la tristesse de l'Océan. [...] C'est le livre non écrit de la rêverie, dont les pages sont couvertes de caractères énigmatiques et flottants avec lesquels l'imagination fait et défait ses propres poèmes, comme l'œil rêveur avec les nuées fait et défait ses paysages.

Je n'écrivais rien pour moi-même encore. Seulement, quand je m'asseyais au bord des bois de sapins, sur quelque

---

1. Apprivoisés.

2. Ossian : figure de légende, ce barde écossais du IIIe siècle, auquel James MacPherson (1736-1796) attribua un vaste ensemble de chants épiques et lyriques (qu'il présenta comme des traductions du gaélique, mais qui sont en partie au moins une supercherie), exerça après 1760 une influence considérable sur les poètes européens. Le Tasse (1544-1595) est l'auteur de *La Jérusalem délivrée*.

promontoire des lacs de la Suisse, ou quand j'avais passé des journées entières à errer sur les grèves sonores des mers d'Italie, et que je m'adossais à quelque débris de môle ou de temple pour regarder la mer ou pour écouter l'inépuisable balbutiement des vagues à mes pieds, des mondes de poésie roulaient dans mon cœur et dans mes yeux ; je composais pour moi seul, sans les écrire, des poèmes aussi vastes que la nature, aussi resplendissants que le ciel, aussi pathétiques que les gémissements des brises de mer dans les têtes des pins-lièges et dans les feuilles des lentisques, qui coupent le vent comme autant de petits glaives, pour le faire pleurer et sangloter dans des millions de petites voix. La nuit me surprenait ainsi, sans pouvoir m'arracher au charme des fictions dont mon imagination s'enchantait elle-même. Oh ! quels poèmes, si j'avais pu et si j'avais su les chanter aux autres alors comme je me les chantais intérieurement ! Mais ce qu'il y a de plus divin dans le cœur de l'homme n'en sort jamais, faute de langue pour être articulé ici-bas. L'âme est infinie, et les langues ne sont qu'un petit nombre de signes façonnés par l'usage pour les besoins de communication du vulgaire des hommes. Ce sont des instruments à vingt-quatre cordes pour rendre les myriades de notes que la passion, la pensée, la rêverie, l'amour, la prière, la nature et Dieu font entendre dans l'âme humaine. Comment contenir l'infini dans ce bourdonnement d'un insecte au bord de sa ruche, que la ruche voisine ne comprend même pas ? Je renonçais à chanter, non faute de mélodies intérieures, mais faute de voix et de notes pour les révéler. [...] Je passais huit ans sans écrire un vers.

Quand les longs loisirs et le vide des attachements perdus me rendirent cette espèce de chant intérieur qu'on appelle poésie, ma voix était changée, et ce chant était triste comme la vie réelle. Toutes mes fibres attendries de larmes pleuraient ou priaient, au lieu de chanter. Je n'imitais plus personne, je m'exprimais moi-même pour moi-même. Ce n'était pas un art, c'était un soulagement de mon propre cœur, qui se berçait de ses propres sanglots. Je ne pensais à personne en écrivant çà et là ces vers, si ce n'est à une ombre et à Dieu. Ces vers étaient un gémissement ou un cri de l'âme. Je cadençais ce cri ou ce gémissement dans la solitude, dans les bois, sur la mer ; voilà tout. Je n'étais pas devenu plus poète, j'étais devenu plus sensible, plus sérieux et plus vrai. C'est là le véritable art : être touché ; oublier tout art pour atteindre le souverain art, la nature [...].

L'idéal d'une vie humaine a toujours été pour moi celui-ci : la poésie de l'amour et du bonheur au commencement de la vie ; le travail, la guerre, la politique, la philosophie, toute la partie active qui demande la lutte, la sueur, le sang, le courage, le dévouement, au milieu ; et enfin le soir, quand le jour baisse, quand le bruit s'éteint, quand les ombres s'étendent, quand le repos approche, quand la niche est faite, une seconde poésie ; mais la poésie religieuse alors, la poésie qui se dégage entièrement de la terre et qui aspire uniquement à Dieu, comme le chant de l'alouette au-dessus des nuages [...].

Une naïve et touchante image de ces deux natures de poésie et des deux natures de sons que rend l'âme du poète aux différents âges me revient de loin à la mémoire au moment où j'écris ces lignes.

Quand nous étions enfants, nous nous amusions quelquefois, mes petites sœurs et moi, à un jeu que nous appelions la *musique des anges*. Ce jeu consistait à plier une baguette d'osier en demi-cercle ou en un arc à angle très aigu, à en rapprocher les extrémités par un fil semblable à la corde sur laquelle on ajuste la flèche, à nouer ensuite des cheveux d'inégales grandeurs aux deux côtés de l'arc, comme sont disposées les fibres d'une harpe, et à exposer cette petite harpe au vent. Le vent d'été, qui dort et qui respire alternativement d'une haleine folle, faisait frissonner le réseau, et en tirait des sons d'une ténuité presque imperceptible, comme il en tire des feuilles dentelées des sapins. [...] Nous nous servions habituellement, pour ce jeu, des longs cheveux fins, jeunes, blonds et soyeux, coupés aux tresses pendantes de mes sœurs ; mais un jour, nous voulûmes éprouver si les anges joueraient les mêmes mélodies sur des cordes d'un autre âge, empruntées à un autre front. Une bonne tante de mon père [...] se prêta à notre enfantillage, et coupa avec ses ciseaux une longue mèche de ses cheveux, qu'elle nous livra. Nous en fîmes aussitôt une seconde harpe, et, la plaçant à côté de la première, nous les écoutâmes toutes deux chanter. Or, soit que les fils fussent mieux tendus, soit qu'ils fussent d'une nature plus élastique et plus plaintive, soit que le vent soufflât plus doux et plus fort dans l'une des petites harpes que dans l'autre, nous trouvâmes que les esprits de l'air chantaient plus tristement et plus harmonieusement dans les cheveux blancs que dans les cheveux blonds d'enfant ; et depuis ce jour, nous importunions souvent notre tante pour qu'elle laissât dépouiller par nos mains son beau front.

Ces deux harpes dont les cordes rendent un son si différent selon l'âge de leurs fibres, mais aussi mélodieux à travers le réseau blanc qu'à travers le réseau blond de ces cordes vivantes, ces deux harpes ne sont-elles pas l'image puérile, mais exacte, des deux poésies appropriées aux deux âges de l'homme ?

II

LUCRÈCE

UNE PAROLE DE MIEL

Lucrèce, *De la nature*, trad. H. Clouard, GF-Flammarion, 1964, p. 42-43.

Selon la légende, alors que ce poète était encore un nourrisson, des abeilles vinrent déposer du miel sur les lèvres de Pindare, annonçant la douceur future de ses chants. Lucrèce (*ca.* 98-55 av. J.-C.) reprend cette image dans son épopée didactique en vers : la forme et l'invention poétiques rendent plaisantes les leçons les plus ardues. Elles séduisent le lecteur de son traité philosophique et scientifique sur la nature, à la façon dont le sucre, dans une potion médicamenteuse, transforme un soin désagréable en jouissance gustative.

Mais cette puissance séductrice du poème est ambivalente : si Lucrèce ou La Fontaine cherchent à plaire pour instruire, le même effet peut servir à blesser ou à communiquer des erreurs. Au XVIIIe siècle, Houdar de La Motte le reprochera à Apollon : « Sans la rime, sans la mesure, / La plus éloquente imposture / Ne porte qu'un coup impuissant ; [...] Mais dès que tu la favorises / Et qu'à ses lâches entreprises / Tu prêtes le charme des vers, / Aussitôt de ses cent trompettes / La messagère des poètes / Va l'annoncer à l'univers » (« Ode sur l'abus de la poésie », *Œuvres complètes* [1754], Slatkine Reprints, 1970, t. I, p. 128).

Et maintenant, apprends les vérités qui me restent à te découvrir, tu vas entendre de plus claires révélations. Je n'ignore pas l'obscurité de mon sujet ; mais d'un coup de son thyrse [1] un grand espoir de gloire a frappé mon cœur, il m'a pénétré du doux amour des Muses ; et dans l'enthousiasme je parcours sur la cime des Piérides [2] une région que nul mortel encore n'a foulée. J'aime puiser aux sources vierges, j'aime cueillir des fleurs inconnues et en tresser pour ma tête une couronne unique dont les Muses n'ont encore ombragé le front d'aucun poète. C'est que, tout d'abord, grandes sont les leçons que je donne ; je travaille à dégager l'esprit humain des liens étroits de la superstition. C'est aussi que sur un sujet obscur je compose des vers brillants de clarté qui le parent tout entier des grâces de la poésie. N'est-ce pas une méthode légitime ? Les médecins, quand ils veulent faire prendre aux enfants l'absinthe amère, commencent par dorer d'un miel blond et sucré les bords de la coupe ; ainsi le jeune âge imprévoyant, ses lèvres trompées par la douceur, avale en même temps l'amer breuvage et, dupé pour son bien, recouvre force et santé. Ainsi, moi-même aujourd'hui, sachant que notre doctrine est trop amère à qui ne l'a point pratiquée et que le vulgaire recule d'horreur devant elle, j'ai voulu te l'exposer dans le doux langage des Muses et, pour ainsi dire, l'imprégner de leur miel : heureux si je pouvais, tenant ainsi ton esprit sous le charme de mes vers, te faire pénétrer tous les secrets de la nature et jusqu'aux lois selon lesquelles la nature est formée.

---

1. Bâton ou javelot orné de vigne et de lierre, attribut de Dionysos, que portaient dans leur délire les Bacchantes ou Ménades. Cette comparaison, usuelle, entre inspiration et transports bachiques renvoie à l'*Ion* de Platon (voir texte XL).

2. Nom de jeunes filles qui rivalisèrent avec les Muses (Ovide, *Métamorphoses*, V), employé ici pour désigner les déesses elles-mêmes.

III

LABÉ

L'INVERSION PAR LA FORME

Louise Labé, *Sonnets* [1555], éd. F. Rigolot, GF-Flammarion, 1986, p. 122.

Dans ce sonnet, Louise Labé (*ca.* 1516-1566) range la récitation poétique – l'usage du « luth plaintif » et de la « voix » – parmi les outils que son amant, le poète Olivier de Magny, a utilisés pour la séduire. Mais, à son tour, elle use de ce charme : la douleur de la passion, qui réduit l'amante à un cri (ce « ô » qui déchire quinze fois le texte), se coule dans le moule harmonieux d'un poème aux codes de composition stricts. La mise en forme agit ainsi sur le contenu pathétique comme une sorte d'*inverseur* partiel : si elle permet au locuteur d'assagir sa douleur tout en la rendant éminemment communicable, elle transforme sa réception en plaisir. Musset résumera cette tension dans un passage célèbre de sa « Nuit de Mai ». Les larmes, versifiées, deviennent beauté : « Les plus désespérés sont les chants les plus beaux, / Et j'en sais d'immortels qui sont de purs sanglots » (*Poésies nouvelles*, GF-Flammarion, 2000, p. 83). Baudelaire, dans son projet d'épilogue des *Fleurs du Mal*, évoquera pour sa part une transmutation alchimique ou miraculeuse des réalités basses en paroles élevées : « Ô vous, soyez témoin que j'ai fait mon devoir / Comme un parfait chimiste et comme une âme sainte, / [...] Tu m'as donné ta boue et j'en ai fait de l'or ». Enfin, pour le grand poète romantique Shelley, « la poésie est un miroir qui embellit ce qui est déformé » (*Défense de la poésie*, éd. citée, p. 15).

Moins contradiction ou idéalisation que condensation, une telle opération impose dans le sonnet de Louise Labé la double figure d'une locutrice mise à la torture, et simultanément parfaite maîtresse de sa parole. Elle donne à mesurer au lecteur la puissance de saturation sémantique et émotive de la poésie jusque dans son avant-dernier vers, où le reproche à l'amant, qui la meurtrit, cache encore, pour qui sait *écouter* le texte, une invitation : « mon cœur t'attend ».

Ô beaux yeus bruns, ô regards destournez,
Ô chaus soupirs, ô larmes espandues,
Ô noires nuits vainement atendues,
Ô jours luisans vainement retournez :

Ô tristes pleins, ô désirs obstinez,
Ô temps perdu, ô peines despendues,

Ô mile morts en mile rets tendues,
Ô pires maus contre moi destinez.

Ô ris, ô front, cheveus, bras, mains et doits !
Ô lut pleintif, viole, archet et vois !
Tant de flambeaus pour ardre une femmelle !

De toy me plein, que tant de feus portant,
En tant d'endrois d'iceus mon cœur tatant,
N'en est sur toy volé quelque estincelle.

IV

OVIDE

UNE VERTU ENCHANTERESSE

Ovide, *Les Métamorphoses*, XI, 1-66,
trad. J. Chamonard, GF-Flammarion,
1966, p. 275-277.

Une longue tradition rapproche poète et magicien. Pour Baudelaire, « il y a dans le mot, dans le *verbe*, quelque chose de *sacré*, qui nous défend d'en faire un jeu de hasard. Manier savamment une langue, c'est pratiquer une espèce de sorcellerie évocatoire » (« Théophile Gautier » [1859], *L'Art romantique*, éd. citée, p. 250). De son côté, Valéry rapporte que « par le rapprochement insolite, étrangement chantant et comme *stupéfiant* des mots, – par l'éclat musical du vers et sa plénitude singulière », Mallarmé donnait « l'impression de ce qu'il y eut de plus puissant dans la poésie originelle : *la formule magique* » (*Œuvres*, éd. citée, t. I, p. 649). Comme si son pouvoir sur les mots s'étendait aux réalités qu'ils nomment, et comme si sa capacité à ébranler ses auditeurs fléchissait l'ensemble de la création, le poète semble pouvoir modifier l'ordre du monde.

Dans la mythologie antique, le poète Amphion participe en civilisateur à la construction de la ville de Thèbes : il soulève les pierres au seul son de sa lyre. Autre héros lyrique majeur, associé par les Grecs à des *mystères* religieux, le Thrace Orphée meut et émeut, par ses chants, roches, bêtes et hommes. Quand son épouse Eurydice meurt, il descend aux Enfers d'où il obtient de la ramener, en séduisant monstres et dieux par son art. Malheureusement, trop impatient, il se retourne pour la voir, sans respecter l'ordre imposé d'attendre de revenir à l'air libre, et il la perd ainsi définitivement. Ce deuil

l'incite à rejeter désormais toute amante, un dédain dont les Ménades (ou Bacchantes) se vengent en le mettant en pièces – sans pourtant parvenir à faire cesser sa voix, car la tête du poète continue de chanter.
Échec ou succès ultime face à la mort, éloge d'un pouvoir de transgression des lois universelles ou sanction du refus de s'y plier, le mythe d'Orphée fait écho, par son ambivalence, aux jugements ambigus qui traitent des poètes. De nombreuses œuvres littéraires et picturales en ont évoqué des épisodes : Ovide (43 av. J.-C.-17 apr. J.-C.) en propose l'une des versions les plus célèbres dans ses *Métamorphoses*, achevées vers l'an 10 de notre ère.

Tandis que par de tels récits inspirés le chantre de Thrace entraîne à sa suite les forêts, les animaux sauvages, les rochers, voici que les femmes des Cicones [1], la poitrine couverte, dans leur délire, de peaux de bêtes, du haut d'un tertre aperçoivent Orphée accompagnant son chant sur sa lyre dont il frappe les cordes. L'une d'elles, agitant sa chevelure dans l'air léger : « le voilà, dit-elle, le voilà : c'est l'homme qui nous méprise » ; et elle lança sa lance contre la bouche aux doux sons du chantre aimé d'Apollon ; mais la pointe garnie de feuilles n'y laissa que sa marque, sans faire de blessure. Une autre, pour projectile, prend une pierre qui, une fois lancée, fut, dans l'air même, arrêtée par l'harmonieux concert de la voix et de la lyre et vint, comme suppliant qu'il lui pardonnât sa folle tentative, tomber aux pieds d'Orphée. Cependant, les attaques se multiplient avec une audace qui ne connut bientôt plus de bornes : Erinys [2] règne dans toute son aveugle fureur. Tous les projectiles auraient pourtant été rendus inoffensifs par le chant d'Orphée ; mais l'immense clameur, la flûte de Bérécynthe [3] au pavillon coudé, les tambourins, les battements de mains, les hurlements des Bacchantes couvrirent le son de la cithare. Alors enfin les rochers se rougirent du sang du chantre qu'ils n'entendaient plus.

Tout d'abord ce fut sur les oiseaux innombrables, les serpents, le troupeau des bêtes sauvages, que retenait jusqu'à ce moment encore, frappés d'admiration, la voix du chanteur, que les Ménades s'acharnèrent, car ils attestaient le triomphe

1. Habitants de la Thrace.
2. Déesse de la fureur criminelle.
3. Ville de Phrygie.

remporté par Orphée. Puis, les mains ensanglantées, elles se tournent contre Orphée lui-même et se rassemblent, comme les oiseaux s'ils voient s'aventurer en plein jour l'oiseau de nuit, et comme, dans l'amphithéâtre, autour du cerf condamné à périr, au matin, dans l'arène, les chiens dont il est la proie ; elles fondent sur le chantre inspiré, lui jettent leurs thyrses garnis de feuilles vertes et faits pour un tout autre usage ; les unes brandissent contre lui des mottes de terre, d'autres des branches arrachées à un arbre, quelques-unes des pierres. Et, pour que les armes ne fissent pas défaut à leur fureur, il se trouva que des bœufs retournaient la terre sous l'effort de la charrue et que, non loin de là, préparant la récolte à force de sueurs, des paysans aux bras vigoureux creusaient le sol dur de leurs champs. À la vue de la troupe des Ménades, ils s'enfuient et abandonnent leurs instruments de travail. À travers les champs désertés gisent en désordre çà et là sarcloirs, lourdes herses, longs hoyaux. Après s'en être emparées, après avoir mis en pièces les bœufs qui les menaçaient de leurs cornes, les Ménades forcenées reviennent en courant consommer la perte du chantre divin. Il tend les mains, il prononce des mots pour la première fois, à cette heure, sans effet, sa voix n'éveille plus d'émotion ; ces femmes sacrilèges l'achèvent. Et par cette bouche, hélas ! ô Jupiter, qu'avaient écoutée les rochers et comprise les bêtes sauvages, son âme s'exhala et fut emportée par les vents.

Tu fus, Orphée, pleuré par les oiseaux affligés, par la troupe des bêtes sauvages, par les durs rochers, par les forêts qu'entraînèrent souvent tes chants. Laissant choir ses feuilles, l'arbre, la tête rase, prit ton deuil ; les fleuves aussi, dit-on, furent grossis de leurs propres larmes ; les Naïades et les Dryades [1] prirent des voiles assombris de noir et laissèrent épars leurs cheveux. Les membres d'Orphée gisent dispersés. Tu reçois sa tête, ô Hèbre, et sa lyre ; et – prodige ! – tandis qu'elle est emportée au milieu de ton fleuve, cette lyre plaintivement fait entendre je ne sais quels reproches, plaintivement la langue privée de sentiments murmure, plaintivement répondent les rives. Et maintenant emportés à la mer, ces restes abandonnent le fleuve de leur patrie et prennent posses-

1. Esprits des fontaines et des bois. Un peu plus loin, l'Hèbre est un fleuve, et Lesbos, l'une des îles grecques.

sion du rivage de Méthymne, à Lesbos. Là, un affreux serpent veut s'en prendre à ce visage exposé à découvert sur une plage étrangère, à ces cheveux couverts de gouttelettes de la rosée marine. Enfin Phœbus survient. Il écarte le reptile qui se préparait à mordre et convertit en pierre sa gueule grande ouverte, durcissant, tel qu'il se trouvait, l'écartement béant des mâchoires. L'ombre d'Orphée descend sous la terre ; les lieux qu'ils avaient vus auparavant, il les reconnaît tous ; il parcourt, en quête d'Eurydice, les champs réservés aux âmes pieuses, il la trouve, il la serre passionnément dans ses bras. Là, tantôt ils errent tous deux, réglant leur pas l'un sur l'autre, tantôt elle le précède et il la suit, tantôt, marchant le premier, il la devance ; et Orphée, en toute sécurité, se retourne pour regarder son Eurydice.

V

LAUTRÉAMONT

IMPRÉCATIONS ET MALÉDICTIONS

Isidore Ducasse, comte de Lautréamont,
Les Chants de Maldoror [1869], I, éd. J.-L. Steinmetz,
GF-Flammarion, 1990, p. 99-100.

Isidore Ducasse (1846-1870) publie sous le pseudonyme de Lautréamont *Les Chants de Maldoror*, un long poème en prose, divisé en six chants, qui multiplie les pastiches et collages de textes divers (comme, ici, peut-être, le passage sur les grues). Clamant une « haine irrémédiable » contre l'humanité, son locuteur, Maldoror, nous met en garde dès ces deux « strophes » d'ouverture : au lieu du miel de Lucrèce (voir texte II), son texte offre des « émanations mortelles ». La maîtrise ensorcelante de la parole, cette bonne diction, peut ainsi produire une malédiction, et faire du texte l'équivalent d'une arme et d'un « poison ».

Par-delà la parodie des invocations traditionnelles aux Muses, Maldoror retrouve le ton menaçant des anathèmes, nous rappelant que la puissance surnaturelle associée au poète peut relever de la magie noire, et que l'invective et la satire sont aussi des genres poétiques (voir « Satire » dans le Vade-mecum). Qu'il ferme le livre, en vieil oiseau prudent, ou poursuive sa lecture, en requin au « museau hideux », le destinataire se voit d'emblée injurié et moqué…

Plût au ciel que le lecteur, enhardi et devenu momentanément féroce comme ce qu'il lit, trouve, sans se désorienter, son chemin abrupt et sauvage, à travers les marécages désolés de ces pages sombres et pleines de poison ; car, à moins qu'il n'apporte dans sa lecture une logique rigoureuse et une tension d'esprit égale au moins à sa défiance, les émanations mortelles de ce livre imbiberont son âme comme l'eau le sucre. Il n'est pas bon que tout le monde lise les pages qui vont suivre ; quelques-uns seuls savoureront ce fruit amer sans danger. Par conséquent, âme timide, avant de pénétrer plus loin dans de pareilles landes inexplorées, dirige tes talons en arrière et non en avant. Écoute bien ce que je te dis : dirige tes talons en arrière et non en avant, comme les yeux d'un fils qui se détourne respectueusement de la contemplation auguste de la face maternelle ; ou, plutôt, comme un angle à perte de vue de grues frileuses méditant beaucoup, qui, pendant l'hiver, vole puissamment à travers le silence, toutes voiles tendues, vers un point déterminé de l'horizon, d'où tout à coup part un vent étrange et fort, précurseur de la tempête. La grue la plus vieille et qui forme à elle seule l'avant-garde, voyant cela, branle la tête comme une personne raisonnable, conséquemment son bec aussi qu'elle fait claquer, et n'est pas contente (moi, non plus, je ne le serais pas à sa place), tandis que son vieux cou, dégarni de plumes et contemporain de trois générations de grues, se remue en ondulations irritées qui présagent l'orage qui s'approche de plus en plus. Après avoir de sang-froid regardé plusieurs fois de tous les côtés avec des yeux qui renferment l'expérience, prudemment, la première (car, c'est elle qui a le privilège de montrer les plumes de sa queue aux autres grues inférieures en intelligence), avec son cri vigilant de mélancolique sentinelle, pour repousser l'ennemi commun, elle vire avec flexibilité la pointe de la figure géométrique (c'est peut-être un triangle, mais on ne voit pas le troisième côté que forment dans l'espace ces curieux oiseaux de passage), soit à bâbord, soit à tribord, comme un habile capitaine ; et, manœuvrant avec des ailes qui ne paraissent pas plus grandes que celles d'un moineau, parce qu'elle n'est pas bête, elle prend ainsi un autre chemin philosophique et plus sûr.

Lecteur, c'est peut-être la haine que tu veux que j'invoque dans le commencement de cet ouvrage ! Qui te dit que tu n'en renifleras pas, baigné dans d'innombrables voluptés, tant que tu voudras, avec tes narines orgueilleuses, larges et maigres, en te renversant de ventre, pareil à un requin, dans l'air beau et noir, comme si tu comprenais l'importance de cet acte et l'importance non moindre de ton appétit légitime, lentement et majestueusement, les rouges émanations ? Je t'assure, elles réjouiront les deux trous informes de ton museau hideux, ô monstre, si toutefois tu t'appliques auparavant à respirer trois mille fois de suite la conscience maudite de l'Éternel ! Tes narines, qui seront démesurément dilatées de contentement ineffable, d'extase immobile, ne demanderont pas quelque chose de meilleur à l'espace, devenu embaumé comme de parfums et d'encens ; car, elles seront rassasiées d'un bonheur complet, comme les anges qui habitent dans la magnificence et la paix des agréables cieux.

VI

HORACE/MALHERBE

UN MONUMENT DURABLE

Horace, *Odes*, III, 30, *Œuvres*, trad. F. Richard, GF-Flammarion, 1967, p. 107-108.

François Malherbe, *Œuvres poétiques*, éd. M. Simon, GF-Flammarion, 1972, p. 81 (orthographe modernisée).

Fragile en apparence, le poème versifié se confie à la mémoire humaine pour traverser le temps. De nombreux textes célèbrent cette résistance, qui préserve à la fois le chant, le souvenir de son auteur et celui de son sujet. Comme l'explique Marcel Détienne, « même après le déclin de sa fonction liturgique, [elle a permis que le poète] demeure pour la noblesse guerrière et aristocratique un personnage tout-puissant : seul, il accorde ou refuse la mémoire » (*Les Maîtres de vérité dans la Grèce archaïque* [1967], Le Livre de poche, « Références », 2006, p. 83). Aussi le poète latin Horace consacre-t-il une de ses odes à affirmer avec fierté la solidité indestructible de sa composition.

Ce lieu commun a souvent été repris : les vers peuvent défendre la mémoire des objets les plus divers. Du Bellay offre l'immortalité à son chat, en lui donnant pour épitaphe : « Que pleust à Dieu petit Belon, / Que j'eusse l'esprit assez bon, / De pouvoir en quelque beau style / Blasonner ta grace gentile, / D'un vers aussi mignard que toy : / Belaud, je te promets ma foy / Que tu vivrois, tant que sur terre / Les chats aux rats feront la guerre. » Dans son « Ode au feu roy sur l'heureux succès du voyage de Sedan », Malherbe (1555-1628), justifiant ses gages de poète officiel, promet cette gloire à Henri IV, à la fin d'un poème célébrant sa récente victoire à Sedan (1606) et l'incitant à poursuivre en Italie ses campagnes. À l'écriture des victoires, « imprim[ées] » par le souverain sur la contrée conquise, répond l'édification du chant, qui renoue par ailleurs avec une posture prophétique.

J'ai achevé un monument plus durable que l'airain, plus haut que la ruine royale des Pyramides. Mais la pluie ne rongera pas mon œuvre, l'impétueux Aquilon [1] ne pourra pas la détruire, non plus que l'innombrable suite des années et la fuite du temps. Je ne mourrai pas tout entier ; la majeure partie de moi-même évitera Libitine [2]. Je grandirai, toujours rajeuni par les louanges de la postérité, tant que le Pontife montera au Capitole, accompagné par la Vierge silencieuse. On dira que, né dans le pays où gronde le violent Aufide [3], où, pauvre en eau, Daunus régna sur des peuples agrestes, je me suis élevé au-dessus de mon humble condition, et j'ai le premier accommodé les chants éoliens aux cadences italiennes [4]. Revêts-toi, Melpomène [5], d'une fierté due à mes mérites, et veuille ceindre du delphique laurier ma chevelure.

HORACE.

Va, Monarque magnanime,
Souffre à ta juste douleur
Qu'en leurs rives [6] elle imprime
Les marques de ta valeur ;
L'astre dont la course ronde
Tous les jours voit tout le monde
N'aura point achevé l'an,

1. Dieu des vents du nord, froids et violents.
2. Déesse des funérailles.
3. Rivière ou torrent de Venouse.
4. C'est-à-dire transposé en langue latine certains modèles lyriques grecs, le dialecte éolien étant notamment associé à Sappho.
5. Voir « Muses » dans le Vade-mecum.
6. Les rives des États italiens.

Que tes conquêtes ne rasent
Tout le Piémont, et n'écrasent
La couleuvre de Milan.

Ce sera là que ma lyre,
Faisant son dernier effort,
Entreprendra de mieux dire
Qu'un cygne près de sa mort [1] ;
Et se rendant favorable
Ton oreille incomparable,
Te forcera d'avouer,
Qu'en l'aise de la victoire,
Rien n'est si doux que la gloire
De se voir si bien louer.

Il ne faut pas que tu penses
Trouver de l'éternité
En ces pompeuses dépenses
Qu'invente la vanité :
Tous ces chefs-d'œuvre antiques
Ont à peine leurs reliques ;
Par les Muses seulement
L'homme est exempt de la Parque ;
Et ce qui porte leur marque
Demeure éternellement.

Par elles traçant l'histoire
De tes faits laborieux,
Je défendrai ta mémoire
Du trépas injurieux ;
Et quelque assaut que te fasse
L'oubli par qui tout s'efface,
Ta louange, dans mes vers,
D'amarante [2] couronnée,
N'aura sa fin terminée
Qu'en celle de l'univers.

MALHERBE.

1. Allusion à la beauté légendaire du chant que le cygne ne lancerait qu'au moment de son agonie.
2. Plante symbole d'immortalité.

VII

PRIMO LEVI

DANTE AUX ENFERS

Primo Levi, *Si c'est un homme* [1947],
trad. M. Schruoffeneger, © Robert Laffont, 1987,
pour la trad. fr. ; Pocket, 1990, p. 119-123.

Après la Seconde Guerre mondiale, le philosophe Theodor Adorno a demandé si la poésie restait possible après Auschwitz : les grâces musicales du verbe paraissaient en effet bien dérisoires, voire obscènes, face à l'horreur concentrationnaire et à la violence que la civilisation s'était infligées à elle-même. Pourtant l'Italien Primo Levi (1919-1987), ancien déporté, place sans ambiguïté la poésie du côté de la résistance à l'oppression. Il raconte comment, au Lager d'Auschwitz, il a récité un extrait de *L'Enfer* de Dante – le discours d'Ulysse, qui clôt le chant XXVI – pour répondre au désir du jeune Jean Pikolo, qui souhaitait apprendre sa langue. Aux prisonniers démunis, le poème, même imparfaitement reconstitué, s'offre comme un fragment préservé du monde extérieur. Il leur apporte le souvenir de la liberté de « la haute mer ouverte ». Il permet, *via* le commentaire et la traduction, l'exercice d'un travail volontaire qui nie les conditions avilissantes qui leur sont imposées. Et surtout, il affirme leur dignité d'hommes au sein même de l'enfer : « *fati non foste a viver come bruti* » (« vous ne fûtes pas faits pour vivre comme des bêtes brutes »), promet, par-delà les siècles, Dante. À la fois souvenir autobiographique et analyse textuelle, ce passage fait du poème un bien inaliénable, que les déportés retrouvent quand tout leur est retiré.

… Qui est Dante ? Qu'est-ce que *La Divine Comédie* ? Quelle étrange sensation de nouveauté on éprouve à tenter d'expliquer brièvement ce qu'est *La Divine Comédie*, la structure de l'enfer, le *contrappasso* [1]. Virgile représente la Raison, Béatrice la Théologie.

Jean est tout ouïe, et je commence lentement, avec application [2] :

1. La loi du talion, qui proportionne le châtiment infernal au crime.
2. L'auteur-protagoniste cite de mémoire et s'éloigne donc parfois légèrement du texte original (cette note et celles qui suivent sont celles du traducteur).

« *Lo maggior corno della fiamma antica*
Cominciò a crollarsi mormorando,
Pur come quella cui vento affatica.
Indi, la cima in qua e in là menando
Come fosse la lingua que parlasse
Mise fuori la voce, e disse : Quando [1]... »

Là je m'arrête et essaie de traduire. Un désastre : pauvre Dante et pauvre français ! Tout de même l'expérience ne s'annonce pas trop mal : Jean admire la bizarre similitude de la langue et même me suggère le terme approprié pour rendre « *antica* ».

Et après « *Quando* » ? Rien. Un trou de mémoire. « *Prima che sí Enea la nominasse* [2]. » Nouveau blanc. Un autre fragment inutilisable me revient à l'esprit : « ... *la pietá Del vecchio padre, né'l debito amore Che dovera Penelope far lieta* [3]... », mais est-ce que c'est bien ça ?

« ... *Ma misi me per l'alto mare aperto* [4]. »

Ce vers-là, si, j'en suis sûr, je me fais fort de l'expliquer à Pikolo, de lui faire voir pourquoi « *Misi me* » n'est pas « je me mis [5] » : c'est beaucoup plus fort, plus audacieux que cela, c'est rompre un lien, se jeter délibérément sur un obstacle à franchir ; nous la connaissons bien, cette impulsion. « *L'alto mare aperto* » : Pikolo a voyagé en mer, il sait ce que cela veut dire... c'est quand l'horizon se referme sur lui-même, dégagé, rectiligne, uni, et qu'il n'y plus dès lors que l'odeur de la mer : douces choses férocement lointaines.

Nous voilà arrivés au Kraftwerk, l'endroit où travaille le Kommando des poseurs de câbles. Il doit y avoir l'ingénieur

---

1. Le plus haut dard de cette flamme antique En murmurant commença de vibrer, Comme un flambeau que tourmente le vent ; Puis çà et là agitant sa crête Comme s'il fût la langue qui parlait, Il émit au-dehors une voix et nous dit : « Quand... ».
2. Avant qu'Enée ainsi ne l'eût nommée.
3. ... la pitié De mon vieux père ou cet amour juré Qui devait réjouir le cœur de Pénélope...
4. ... Mais je repris la mer, la haute mer ouverte.
5. « *Misi me* » : littéralement, « je me mis moi-même », la tournure grammaticale soulignant l'intervention de la volonté, comme l'indique le commentaire qui suit.

Levi. Le voilà, on ne voit que sa tête qui dépasse de la tranchée. Il me fait un signe de la main, c'est un homme de valeur, je ne l'ai jamais vu découragé, je ne l'ai jamais entendu parler de nourriture.

« *Mare aperto* ». « *Mare aperto* ». Je sais que ça rime avec « *diserto* » : « … *quella compagna Picciola, dalla qual non fui diserto* [1] », mais je ne me rappelle plus si ça vient avant ou après. Et puis le voyage, le téméraire voyage au-delà des colonnes d'Hercule, que c'est triste, je suis obligé de le raconter en prose : un sacrilège. Je n'en ai sauvé qu'un vers, mais qui mérite qu'on s'y arrête :

« … *Acciò che l'uom piú oltre non si metta* [2]. »

« *Si metta* » : il fallait que je vienne au Lager pour m'apercevoir que c'est le même tour que tout à l'heure : « *e misi me* ». Mais je n'en parle pas à Jean, je ne suis pas sûr que ce soit une remarque importante. Il y aurait tant de choses à dire, et le soleil est déjà haut, midi approche. Je suis pressé, furieusement pressé.

J'y suis, attention, Pikolo, ouvre grand tes oreilles et ton esprit, j'ai besoin que tu comprennes :

« *Considerate la vostra semenza*
Fatti non foste a viver come bruti
Ma per seguir virtute e conoscenza [3]. »

Et c'est comme si moi aussi j'entendais ces paroles pour la première fois : comme une sonnerie de trompettes, comme la voix de Dieu. L'espace d'un instant, j'ai oublié qui je suis et où je suis.

Pikolo me prie de répéter. Il est bon, Pikolo, il s'est rendu compte qu'il est en train de me faire du bien. À moins que, peut-être, il n'y ait autre chose : peut-être que, malgré la traduction plate et le commentaire sommaire et hâtif, il a reçu le message, il a senti que ces paroles le concernent, qu'elles concernent tous les hommes qui souffrent, et nous en particulier ; qu'elles nous concernent nous deux, qui osons nous

1. … avec cette poignée D'amis qui ne m'avaient jamais abandonné.
2. … Afin que nul n'osât se hasarder plus loin.
3. Considérez quelle est votre origine : Vous n'avez pas été faits pour vivre comme des brutes, Mais pour ensuivre et science et vertu.

arrêter à ces choses-là avec les bâtons de la corvée de soupe sur les épaules.

« *Li mei compagni fec'io sí acuti* [1]... »

... et je m'efforce, mais en vain, d'expliquer tout ce qu'il y a dans cet « *acuti* ». Ici encore une lacune, irréparable cette fois. « ... *lo lume era di sotto della luna* [2] » ou quelque chose comme ça ; mais avant ?... Aucune idée, « *keine Ahnung* » comme on dit ici. Que Pikolo m'excuse, j'ai oublié au moins quatre tercets.

– Ça ne fait rien, vas-y tout de même.

« ... *Quando mi apparve una montagna, bruna*
Per la distanza, e aparvemi alta tanto
Che mai veduta non ne avevo alcuna [3]. »

Oui, oui, « *alta tanto* », et pas « *molto alta* », proposition consécutive. Et les montagnes, quand on les voit au loin... les montagnes... oh ! Pikolo, Pikolo, dis quelque chose, parle, ne me laisse pas penser à mes montagnes qui apparaissaient, brunes dans le soir, quand je revenais en train, de Milan à Turin !

Assez, il faut continuer, ce sont des choses qu'on pense mais qu'on ne dit pas. Pikolo attend et me regarde.

Je donnerais ma soupe d'aujourd'hui pour pouvoir trouver la jonction entre « *non ne avevo alcuna* » et la fin. Je m'efforce de reconstruire le tout en m'aidant de la rime, je ferme les yeux, je me mords les doigts : peine perdue, le reste est silence. D'autres vers me traversent l'esprit : « ... *la terra lagrimosa diede vento* [4]... », non, c'est autre chose. Il est tard, il est tard, nous voilà aux cuisines, il faut conclure :

« *Tre volte il fe' girar con tutte l'acque,*
Alla quarta levar la poppa in suso
Et la prora ire in giú, come altrui piacque [5]... »

---

1. J'avais si fort excité mes amis...
2. La face de la lune avait reçu le jour.
3. Quand se montra, bleui par la distance, Un sommet isolé qui me parut plus haut Qu'aucun des monts que j'avais jamais vus.
4. ... De la terre des pleurs un grand vent s'éleva...
5. Par trois fois dans sa masse elle la fit tourner : Mais à la quarte fois, la poupe se dressa Et l'avant s'abîma, comme il plût à quelqu'un...

Je retiens Pikolo : il est absolument nécessaire et urgent qu'il écoute, qu'il comprenne ce « *come altrui piacque* » avant qu'il ne soit trop tard ; demain lui ou moi nous pouvons être morts, ou ne plus jamais nous revoir ; il faut que je lui dise, que je lui parle du Moyen Âge, de cet anachronisme si humain, si nécessaire et pourtant si inattendu, et d'autre chose encore, de quelque chose de gigantesque et que je viens d'entrevoir à l'instant seulement, en une fulgurante intuition, et qui contient peut-être l'explication de notre destin, de notre présence ici aujourd'hui...

VIII
KANT

LA ROYAUTÉ DE L'IMAGINATION

Emmanuel Kant, *Critique de la faculté de juger* [1790], trad. A. Renaut, GF-Flammarion, 1995, p. 314-316.

Si les qualités sensibles ou mnémotechniques de la poésie sont souvent mises en avant pour la distinguer des autres formes littéraires, de nombreux auteurs lui attribuent en outre une suprême aptitude à l'invention d'objets. « La poésie, dans un sens général, peut être définie comme "l'expression de l'imagination" », écrit ainsi Shelley (*Défense de la poésie*, éd. citée, p. 7). Pour Aragon, de même, c'est cette faculté qui crée le « stupéfiant image », « poésie en barre » qui, « venu[e] des limites de la conscience, des frontières de l'abîme », nous fait « accéder à des désirs nouveaux, insensés », et passe, telle une drogue, « secrètement sous les yeux des gardiens, sous la forme de livres, de poèmes » (*Le Paysan de Paris* [1926], Gallimard, « Folio », 1972, p. 81-82).

Kant (1724-1804) s'appuie sur le même constat pour placer la poésie au sommet des arts : non seulement l'esprit y prend conscience de son pouvoir de création fictionnelle, mais ses résultats lui permettent de dépasser les seules données matérielles ou logiques pour gagner un terrain « suprasensible ». Loin d'y voir une forme de manipulation du lecteur, le philosophe loue au contraire ce contrat de fabulation, passé entre le poète et son public, comme le signe d'une parole franche. Il l'oppose au discours des orateurs, qui, pour leur part, mettent la force du langage au service d'une intention de manipulation. Et tout en estimant que la poésie n'atteint pas à la même force émotionnelle que la pure musique, il la situe au-dessus d'elle, dans la mesure où elle offre préci-

sément une alliance entre verbe et harmonie.
Cette distinction entre éloquence et poésie doit bien sûr être nuancée, à la lueur des liens nombreux qui rattachent fonction sociale du poète et rhétorique (voir textes II, VI et XXVIII). Mais l'emploi du terme par Kant reflète l'usage de son époque, et une répartition différente des genres littéraires : la poésie, selon une approche héritée d'Aristote (voir texte XI), désigne encore ici l'ensemble des textes d'invention – au théâtre, dans le récit, comme dans les vers – pour s'opposer, précisément, aux arts oratoires. On comprend mieux ce qui motive l'éloge philosophique : ainsi conçue, la poésie apparaît bien comme le domaine privilégié de la libre imagination, et comme une parole qui, paradoxalement, se fait « loyale » en ce qu'elle s'affirme « simple jeu ».

De tous les beaux-arts, c'est la poésie qui revendique le premier rang : elle est redevable presque entièrement, quant à son origine, au génie, et c'est elle qui accepte le moins d'être guidée par les préceptes et les exemples. Elle élargit l'esprit en rendant l'imagination libre et en fournissant, à l'intérieur des limites d'un concept donné et parmi la diversité infinie des formes susceptibles de s'accorder avec lui, celle qui combine la présentation de ce concept avec une plénitude de pensée à laquelle nulle expression, dans le langage, n'est entièrement adéquate, et qui s'élève ainsi, esthétiquement, jusqu'à des Idées. Elle fortifie l'esprit en lui faisant éprouver son libre pouvoir, autonome et indépendant de la détermination naturelle, de contempler et de juger la nature en tant que phénomène selon des points de vue qu'elle ne présente pas d'elle-même dans l'expérience, ni pour les sens, ni pour l'entendement, et ainsi de s'en servir en vue du suprasensible et pour ainsi dire comme schème de celui-ci. Elle joue avec l'apparence, qu'elle produit à volonté, sans pour autant tromper en se servant de celle-ci, car elle définit elle-même son activité comme un simple jeu qui peut cependant être utilisé par l'entendement et pour sa propre entreprise conformément à une fin [1].

---

1. Kant, un peu plus haut, a déjà noté : « Le *poète* annonce seulement un *jeu* divertissant avec des Idées, et pourtant il en procède tant de choses pour l'entendement que c'est comme si le poète avait eu pour seule intention de s'acquitter de la tâche de celui-ci » (*Critique de la faculté de juger*, éd. citée, p. 308).

L'éloquence, dans la mesure où l'on entend par là l'art de persuader, c'est-à-dire (en tant qu'*ars oratoria*) l'art d'abuser par la beauté de l'apparence, et non pas simplement l'art de bien parler (la qualité d'élocution et le style), est une dialectique n'empruntant à la poésie que ce qui est nécessaire pour gagner les esprits, avant qu'il y ait exercice du jugement, en faveur de l'orateur et pour s'emparer de leur liberté ; en ce sens, on ne peut la conseiller ni pour les tribunaux, ni pour les chaires. {Car} le simple concept clair de ce genre d'affaires humaines, associé à une présentation vivante à travers des exemples et en évitant de heurter les règles qui assurent l'harmonie du langage, et celles qui garantissent la convenance de l'expression pour les Idées de la raison (ensemble de règles dont la réunion définit la bonne élocution) a déjà en soi une influence suffisante pour qu'il ne soit pas nécessaire de surcroît d'y ajouter les machines de la persuasion – lesquelles, puisqu'elles peuvent être utilisées aussi bien pour embellir que pour voiler le vice et l'erreur, ne peuvent être entièrement disculpées du soupçon secret qui les accuse de constituer une supercherie de l'art. Dans la poésie, tout se passe avec loyauté et sincérité. Elle déclare vouloir pratiquer un simple jeu divertissant de l'imagination s'accordant, certes suivant la forme, avec des lois de l'entendement ; et elle n'exige pas que l'entendement soit circonvenu par la présentation sensible et pris dans ses filets.

Après la poésie, je placerais, *s'il s'agit de l'attrait et du mouvement de l'esprit*, l'art qui, parmi ceux du discours, se rapproche le plus de la poésie et qui peut même très naturellement s'y associer, à savoir la *musique*. Car bien qu'elle ne parle que par pures sensations et sans concepts, et que par conséquent elle ne laisse pas derrière elle, comme fait la poésie, quelque chose pour la réflexion, la musique émeut pourtant l'esprit d'une manière plus diverse et, quoique ce soit simplement de façon passagère, de manière plus intime ; mais il est vrai qu'elle est davantage jouissance que culture (le jeu sur les pensées qui se trouve ainsi suscité parallèlement est simplement l'effet d'une association quasi mécanique), et elle a, si on la juge selon la raison, moins de valeur que chacun des autres beaux-arts.

II

DU VERS AU DIVERS

IX

BOILEAU

ENFIN MALHERBE VINT

Nicolas Boileau, *Art poétique* [1674], I, v. 131-162, éd. S. Menant, GF-Flammarion, 1998, p. 90-91.

On connaît l'étonnement ravi du *Bourgeois gentilhomme* de Molière, quand son maître de philosophie lui explique la distinction entre vers et prose : « Il y a plus de quarante ans que je dis de la prose sans que j'en susse rien, et je vous suis le plus obligé du monde de m'avoir appris cela » (*Œuvres complètes*, GF-Flammarion, 1965, t. IV, p. 88). Face à cette conception de la prose comme parole inconsciente d'elle-même, le vers apparaît comme une expression deux fois réglée : outre les lois ordinaires de la langue, il s'assujettit à d'autres contraintes.

Celles-ci doivent-elles être codifiées ? Boileau (1636-1711) en dresse la liste, genre par genre, dans les quatre chants de son *Art poétique*, un poème didactique souvent perçu comme un manifeste du classicisme. Après avoir déploré : « Durant les premiers ans du Parnasse françois, / Le caprice tout seul faisait toutes les lois » (v. 113-114), il compose ici l'éloge de Malherbe, qu'il présente comme un législateur en matière esthétique et un défenseur de la pureté de la langue et des vers. Les interdits qu'il énonce à cette occasion – et, plus largement, toutes les entreprises similaires de codification – furent souvent attaqués, au nom de la liberté de la création (voir Mathurin Régnier, texte X, et Hugo, texte XVI). Mais Boileau n'ignore pas ces exigences : si son *Art poétique* est l'exposé d'une norme, il traduit la même année le *Traité du sublime* de Longin, et défend ainsi, à bien des égards, un art de l'exception, qui emploie « l'Extraordinaire, le Surprenant, et [...] le Merveilleux dans le discours » (*Traité du sublime*, Le Livre de poche, 1995, p. 71).

Enfin Malherbe vint, et, le premier en France,
Fit sentir dans les vers une juste cadence,
D'un mot mis en sa place enseigna le pouvoir,
Et réduisit la muse aux règles du devoir.
Par ce sage écrivain la langue réparée
N'offrit plus rien de rude à l'oreille épurée.
Les stances avec grâce apprirent à tomber,
Et le vers sur le vers n'osa plus enjamber.
Tout reconnut ses lois ; et ce guide fidèle
Aux auteurs de ce temps sert encor de modèle.
Marchez donc sur ses pas ; aimez sa pureté,
Et de son tour heureux imitez la clarté.
Si le sens de vos vers tarde à se faire entendre,
Mon esprit aussitôt commence à se détendre,
Et, de vos vains discours prompt à se détacher,
Ne suit point un auteur qu'il faut toujours chercher.
Il est certains esprits dont les sombres pensées
Sont d'un nuage épais toujours embarrassées ;
Le jour de la raison ne le saurait percer.
Avant donc que d'écrire apprenez à penser.
Selon que notre idée est plus ou moins obscure,
L'expression la suit, ou moins nette, ou plus pure.
Ce que l'on conçoit bien s'énonce clairement,
Et les mots pour le dire arrivent aisément.
Surtout qu'en vos écrits la langue révérée
Dans vos plus grands excès vous soit toujours sacrée.
En vain vous me frappez d'un son mélodieux,
Si le terme est impropre, ou le tour vicieux ;
Mon esprit n'admet point un pompeux barbarisme,
Ni d'un vers ampoulé l'orgueilleux solécisme [1].
Sans la langue, en un mot, l'auteur le plus divin
Est toujours, quoi qu'il fasse, un méchant écrivain.

---

1. Un *barbarisme* est une erreur caractéristique d'un locuteur étranger. Il consiste à inventer une forme inexistante, obtenue souvent par transposition d'un terme admis dans une autre langue, et Boileau vise sans doute ainsi les conseils d'emprunts linguistiques formulés par Du Bellay (voir texte XXII). Un *solécisme*, par opposition, consiste à employer une forme existante, mais dans un sens erroné ou de façon contraire aux règles de grammaire ou de syntaxe en vigueur. Boileau le qualifie d'« orgueilleux » car il identifie cet écart à un rejet individuel de la loi commune.

X

MATHURIN RÉGNIER

CONTRE LES RIMEURS

Mathurin Régnier, « Satire IX » [1608], *Œuvres complètes*, éd. G. Raibaud, Nizet, Société des textes français modernes, 1982, p. 91-107 (orthographe modernisée).

Si Pope (voir texte XLII) dénonce la médiocrité d'une inspiration sans technique, Régnier (1573-1613) s'élève contre les dangers inverses d'un excessif souci formel. La satire qu'il dédie au poète et prosateur René Rapin, présenté comme un partisan de l'innovation, vise Malherbe. Au nom du respect de la langue (voir Boileau, texte IX), celui-ci avait notamment condamné la coordination inusuelle utilisée par Desportes dans le vers « Mon teint pâle et ma voix, mon œil pleurant sans cesse ». Contre lui, Régnier défend le droit de chacun à la faute volontaire, à la « licence » linguistique ou métrique : il montre en somme qu'interdire tout écart imposerait – reproche que Jean Cohen adressera aux classiques – « une esthétique antipoétique » (*Structure du langage poétique*, éd. citée, p. 19).

Surtout, Régnier rappelle l'égale importance poétique de la conception du sujet et de l'organisation de l'œuvre, face au « polissage » phonétique et métrique du vers, qu'il refuse de considérer comme un gage suffisant de poéticité. Un texte parfaitement versifié, mais manquant des autres qualités, resterait pour lui hors de la poésie – une conception qui rejoint celle d'Aristote (voir texte XI). Ronsard, dans la préface de *La Franciade*, avait déjà défendu cette approche complète du travail poétique : « il y a autant de différence entre un poète et un versificateur, qu'entre un bidet [mauvais cheval] et un généreux coursier de Naples, et pour mieux les comparer, entre un vénérable prophète et un charlatan [...]. Ces versificateurs se contentent de faire des vers sans ornement, sans grâce et sans art, et leur semble avoir beaucoup fait pour la République, quand ils ont composé de la prose rimée. Au contraire, le poète héroïque invente et forge arguments tous nouveaux » (*Œuvres*, Gallimard, « Bibliothèque de la Pléiade », 1993, t. I, p. 1164-1165). Et à la fin du XIXe siècle, Jules Renard notera encore : « Des vers, des vers, et pas une ligne de poésie » (*Journal*, éd. citée, p. 276).

La satire de Régnier illustre avec verve les conflits qui opposent diverses conceptions de la poésie, au cours des âges ou à une même époque, puisque son auteur insiste avant tout sur les limites d'une réforme qui cherche à corriger des exemples antérieurs en fonction de critères de poéticité nouveaux, ou à imposer à tous une règle commune.

Rapin, le favori d'Apollon et des Muses,
Pendant qu'en leur métier jour et nuit tu t'amuses,
Et que d'un vers nombreux [1] non encore chanté,
Tu te fais un chemin vers l'immortalité,
Moi qui n'ai ni l'esprit ni l'haleine assez forte,
Pour te suivre de près et te servir d'escorte,
Je me contenterai sans me précipiter [2],
D'admirer ton labeur ne pouvant l'imiter
[...] Contraire à ces rêveurs dont la Muse insolente
Censurant les plus vieux, arrogamment se vante
De réformer les vers non les tiens seulement,
Mais veulent déterrer les Grecs du monument,
Les Latins, les Hébreux et toute l'Antiquaille [3],
Et leur dire à leur nez qu'ils n'ont rien fait qui vaille.
Ronsard en son métier n'était qu'un apprentif [4],
Il avait le cerveau fantastique et rétif,
Desportes n'est pas net, Du Bellay trop facile,
Belleau ne parle pas comme on parle à la ville,
Il a des mots hargneux, bouffis et relevés [5]
Qui du peuple aujourd'hui ne sont plus approuvés.
[...] Pensent-ils des plus vieux offensant la mémoire,
Par le mépris d'autrui s'acquérir de la gloire,
Et pour quelque vieux mot, étrange ou de travers,
Prouver qu'ils ont raison de censurer leurs vers,
« Alors qu'une œuvre brille et d'art, et de science,
La verve quelquefois s'égaye en la licence [6] ».
Il semble en leurs discours hautains et généreux,
Que le Cheval volant [7] n'ai pissé que pour eux,
Que Phébus à leur ton accorde sa vielle,

---

1. Mesuré, rythmé à l'antique, avec alternance de syllabes brèves et longues.

2. Sans, comme Icare, vouloir voler trop haut et finir par causer ainsi sa propre chute.

3. Antiquaille : mot familier, mais non péjoratif.

4. Apprenti. Régnier résume ici, au style indirect libre, les attaques de Malherbe contre les poètes de la Pléiade (Ronsard, Du Bellay, Rémy Belleau) et son propre oncle Philippe Desportes.

5. Hargneux : « hernieux » (ici, fig.), au sens de boursouflés ; relevés : emphatiques.

6. Horace, *Art poétique*, v. 289.

7. Pégase (voir « Muses » dans le Vade-mecum).

Que la Mouche du Grec leurs lèvres emmielle [1],
Qu'ils ont seuls ici-bas trouvé la Pie au nid,
Et que des hauts esprits le leur est le zénith :
Que seuls des grands secrets ils ont la connaissance, [...]
Qu'eux tout seuls du bien dire ont trouvé la méthode,
Et que rien n'est parfait s'il n'est fait à leur mode.
Cependant leur savoir ne s'étend seulement
Qu'à regratter [2] un mot douteux au jugement,
Prendre garde qu'un *qui* ne heurte une diphtongue [3],
Épier si des vers la rime est brève ou longue,
Ou bien si la voyelle à l'autre s'unissant,
Ne rend point à l'oreille un vers trop languissant :
Et laissent sur le vert [4] le noble de l'ouvrage,
Nul aiguillon divin n'effleure leur courage,
Ils rampent bassement faibles d'inventions,
Et n'osent peu hardis tenter les fictions,
Froids à l'imaginer, car s'ils font quelque chose,
C'est proser de la rime, et rimer de la prose
Que l'art lime et relime et polit de façon
Qu'elle rende à l'oreille un agréable son.
Et voyant qu'un beau feu leur cervelle n'embrase,
Ils attifent leurs mots, enjolivent leur phrase,
Affectent leur discours tout si relevé d'art,
Et peignent leurs défauts de couleurs et de fard.
Aussi je les compare à ces femmes jolies,
Qui par les affiquets [5] se rendent embellies,
Qui gentes en habits et sades [6] en façons,
Parmi leur point coupé [7] tendent leurs hameçons,
Dont l'œil rit mollement avec affèterie,
Et de qui le parler n'est rien que flatterie :

---

1. Allusion à Pindare : voir commentaire du texte II.
2. Raturer.
3. Parce qu'on aurait alors deux voyelles à la fin et au début d'un mot, hiatus prohibé par la métrique.
4. Selon les éditions critiques du texte, on peut comprendre « laissent sur le sol (du pré) » ou « ne portent pas à maturité (comme un fruit vert) » ; dans les deux cas, le sens est : « négligent ».
5. Ornements, bijoux ou objets de parure attachés au vêtement.
6. Gentilles.
7. Point coupé : ouvrage de lingerie proche de la dentelle.

De rubans piolés s'agencent proprement [1],
Et toute leur beauté ne gît qu'en l'ornement,
Leur visage reluit de céruse et de peautre [2],
Propres en leur coiffure un poil ne passe l'autre. [...]
S'ils ont l'esprit si bon, et l'intellect si haut,
Le jugement si clair, qu'ils fassent un ouvrage,
Riche d'inventions, de sens, et de langage,
Que nous puissions draper comme ils font nos écrits,
Et voir comme l'on dit, s'ils ont si bien appris,
Qu'ils montrent de leur eau, qu'ils entrent en la carrière. [...]
Mais Rapin, à leur goût si les vieux sont profanes,
Si Virgile, le Tasse, et Ronsard sont des ânes,
Sans perdre en ces discours le temps que nous perdons,
Allons comme eux aux champs et mangeons des chardons.

XI

ARISTOTE

LA FICTION PLUTÔT QUE LE VERS

Aristote, *Poétique*, 47b et 51a-b, trad. R. Dupont-Roc et J. Lallot, © Seuil, 1980, pour la trad. fr., p. 35 et 65-67.

Redécouverte en Europe à la fin du XVe siècle, la *Poétique* d'Aristote (*ca.* 384-322 av. J.-C.) a exercé une influence telle que « jusqu'à l'époque romantique, on ne peut guère envisager de réflexion critique sur la poésie qui ne soit, d'une façon ou d'une autre, une prise de position par rapport aux théories aristotéliciennes », note Michel Magnien dans son édition du traité (Le Livre de poche, 1990, p. 81).
Le texte, qui nous est parvenu probablement mutilé, aborde essentiellement les œuvres tragiques et épiques, sans que l'on puisse savoir si l'original incluait d'autres formes poétiques. Cependant, la position adoptée par Aristote incite à penser qu'il refusait de ranger le lyrisme, entendu comme expression des passions du locuteur, ou les genres didactiques, dans la poésie. En effet, le philosophe n'identifie pas cette dernière à l'usage de la forme versifiée, mais à la *mimesis* – un terme que l'on peut traduire par « imitation », « représentation », ou par « fiction ». Le poète crée donc par la fable qu'il traite, non par sa

1. Se parent élégamment de rubans bariolés.
2. « Céruse » et « peautre » (de l'italien *peltro*, « étain ») sont des fards.

manière de parler – du moins l'usage du vers ou du mètre semble-t-il un critère insuffisant pour assurer qu'il y ait poésie. S'ils expriment directement leurs affects ou transposent exactement des faits, les auteurs de textes lyriques ou savants, qui sont seulement façonneurs de formes, semblent devoir être ignorés au profit de ceux qui fabriquent vers et fable tout à la fois. Mais on mesure les difficultés posées par une telle approche : « le champ de la fiction [devenant] coextensif à celui de la poésie comme création », note Gérard Genette, n'est-on pas en droit, comme le proposait déjà en 1670 Huet, d'estimer que si « le poète est plus poète par les fictions qu'il invente que par les vers qu'il compose, on peut mettre les faiseurs de romans au nombre des poètes » (G. Genette, *Fiction et diction*, éd. citée, p. 97) ?

Les gens se contentent d'accoler le mot « poète » au nom du mètre et nomment les uns « poètes élégiaques », les autres « poètes épiques » ; c'est qu'ils les appellent poètes non en raison de la représentation, mais tous sans distinction en raison du recours au mètre. En effet on a coutume d'appeler ainsi ceux qui exposent en mètres un sujet de médecine ou d'histoire naturelle ; et pourtant il n'y a rien de commun à Homère et à Empédocle [1] sinon le mètre, si bien qu'il est légitime d'appeler l'un poète et l'autre naturaliste plutôt que poète. [...]

De ce que nous avons dit, il ressort clairement que le rôle du poète est de dire non pas ce qui a lieu réellement, mais ce qui pourrait avoir lieu dans l'ordre du vraisemblable ou du nécessaire. Car la différence entre le chroniqueur et le poète ne vient pas de ce que l'un s'exprime en vers et l'autre en prose (on pourrait mettre en vers l'œuvre d'Hérodote [2], ce ne serait pas moins une chronique en vers qu'en prose) ; mais la différence est que l'un dit ce qui a eu lieu, l'autre ce qui pourrait avoir lieu ; c'est pour cette raison que la poésie est plus philosophique et plus noble que la chronique : la poésie traite plutôt du général, la chronique du particulier. Le « général », c'est le type de chose qu'un certain type d'homme fait ou dit vraisemblablement ou nécessairement. C'est le but que poursuit la poésie, tout en attribuant des noms aux personnages.

1. Empédocle : philosophe et médecin grec (*ca.* 484-424) ; il nous reste environ 400 vers de lui.

2. Voyageur et historien (*ca.* 484-425), Hérodote est considéré comme le fondateur de l'Histoire.

Le « particulier », c'est ce qu'a fait Alcibiade [1] ou ce qui lui est arrivé. [...]

Il ressort clairement de tout cela que le poète doit être poète d'histoires plutôt que de mètres, puisque c'est en raison de la représentation qu'il est poète.

XII

MARMONTEL

HARMONIE DE LA PROSE

Jean-François Marmontel, *Éléments de littérature* [1787], éd. S. Le Ménahèze, Desjonquères, 2005, p. 1162-1164.

Marmontel (1723-1799), collaborateur de l'*Encyclopédie* et secrétaire de l'Académie française, propose une théorie de la poésie fidèle sur bien des points aux héritages classiques, et pourtant novatrice. Ses *Éléments de littérature* reflètent une époque qui a vu le recul du théâtre rimé et de l'épopée au profit du drame et du roman, et qui s'est accoutumée à lire en prose de nombreuses traductions de poésie étrangère. La prise en compte de traditions variées permet à Marmontel de souligner les limites de postures fondées sur des corpus strictement nationaux.

Pour définir la poésie, il conteste à la fois le primat exclusif de la fiction et le critère métrique. Pour lui, la poésie consiste plus largement en « une imitation en style harmonieux, tantôt fidèle, tantôt embellie, de ce que la nature, dans le physique et dans le moral, peut avoir de plus capable d'affecter, au gré du poète, l'imagination et le sentiment » (*Poétique française*, 1763). Aussi, annonçant les expériences romantiques et la rupture baudelairienne (voir textes XIV, XV et XIX), Marmontel défend-il, comme ici, la possibilité d'une poésie en prose, dans une approche qui privilégie rythme et effet sur le lecteur, et qui refuse de limiter ces propriétés aux seuls vers.

Après avoir recherché tous les moyens de perfectionner nos *vers* du côté du rythme qui leur est propre, j'en reviens à ce sentiment dont je ne puis me détacher, que, quelque charme qu'aient pour nous de beaux *vers*, on ne doit pas les regarder comme une forme inséparable du langage poétique.

1. Homme d'État athénien (*ca.* 450-404).

Aristote l'a dit : c'est le fond des choses, non la forme des *vers*, qui fait le poète et qui constitue la poésie. Or, si le charme des *vers* d'Horace n'était pas de l'essence de la poésie ; si on la concevait dénuée de cette cadence harmonieuse et imitative qui animait tout, qui exprimait tout, exigera-t-elle des *vers* sans rythme, et dont le mouvement irrégulier n'imite jamais presque rien ?

Un *vers* italien, un *vers* allemand, un *vers* anglais n'a ni cadence ni mesure sensible pour une oreille française ; un *vers* français n'en a guère plus pour l'oreille de nos voisins ; personne, même aujourd'hui, ne peut dire qu'il sente bien distinctement le rythme du *vers* sénaire des Anciens [1], du *vers* de Térence et d'Euripide. Il n'y aurait donc pour nous ni poésie dramatique ancienne, ni aucune espèce de poésie étrangère, comme il n'y aurait pour les étrangers aucune espèce de poésie française ; et le *vers*, qui varie sans cesse d'une langue à l'autre au point d'être méconnaissable pour qui n'y est point accoutumé, serait pourtant un attribut inséparable de la poésie ! C'est ce qui me semble aussi difficile à soutenir qu'à concevoir.

Supposons que les belles scènes d'Euripide et de Sophocle, que les morceaux sublimes de Milton, n'aient jamais été qu'une prose éloquente et harmonieuse, dira-t-on que les hommes de génie qui ont si bien peint ne sont pas poètes, et qu'un ouvrage de ce style, rempli de pareilles beautés, ne mérite pas le nom de poème ?

[...] Je suis loin de penser qu'une prose inanimée, sans couleur et sans mouvement, puisse [remplacer les vers] ; je crois même qu'un poème écrit en prose demanderait une plénitude d'idées, de sentiments et d'images, une chaleur, une continuité d'intérêt, dont peuvent se passer les *vers*, par la raison que la singularité de leur mécanisme peut quelquefois par intervalles amuser, occuper l'oreille. Mais en supposant toutes les beautés poétiques, soit du style, soit de la pensée, réunies dans un ouvrage, l'invention, le dessin, l'ordonnance, la vérité de l'imitation, le coloris et l'harmonie de la prose, en deux mots, la peinture et l'éloquence au plus haut degré, ne serait-ce plus de la poésie dès lors qu'il y manquerait ce nombre de syllabes, ces repos et ces consonances qui caractérisent nos

1. Vers latin de six pieds.

vers ? L'habitude en a fait sans doute pour notre oreille un plaisir de plus, et une infinité de choses faibles et communes ont passé à la faveur de l'illusion que les *vers* ont faite à l'oreille. Mais la beauté des tableaux, des images que la poésie nous présente, les traits pathétiques dont elle nous pénètre, ont-ils besoin de cette séduction pour se faire admirer, pour se faire sentir ? Changera-t-elle de nature en renonçant à l'un de ses moyens et au plus fantasque de tous ?

La poésie est une peinture qui parle, ou si l'on veut un langage qui peint [1] ; le comble de l'art serait de peindre en même temps à l'esprit et à l'oreille ; mais si, réduite à peindre à l'esprit, elle y excelle, n'est-ce pas quelque chose ? Mais si, au lieu d'enfermer ses idées dans les bornes d'un *vers* sans rythme, elle s'applique à tirer avantage de la liberté de la prose, pour en varier les mouvements, les intervalles et les repos, au gré de l'âme et de l'oreille ; si cette prose harmonieuse est de plus animée par les couleurs d'un style figuré, par la chaleur d'une éloquence tantôt douce et sensible, tantôt vive et brûlante ; enfin si on trouve dans ce style le caractère de beauté idéale qui distingue les grandes productions des arts, c'est-à-dire un degré de force, de richesse, de correction, de précision, d'élégance, qui semble pris dans la nature, et qui cependant n'y est jamais, ne sera-ce point encore assez pour faire de la poésie ?

La prose à ce degré de perfection est peut-être aussi difficile et aussi rare que les beaux *vers* ; peut-être même l'est-elle plus, par la raison qu'elle n'a point de formules prescrites ; mais en accordant aux *vers* un mérite de plus, et un agrément de fantaisie que ne saurait avoir la prose, je ne puis souscrire à l'opinion qui en a fait exclusivement le langage de la poésie. J'admire autant qu'il est possible les poètes qui excellent dans l'art d'écrire en *vers* ; je m'y suis exercé moi-même, et je sens trop le prix d'un talent auquel l'habitude a donné tant de pouvoir et tant de charme, pour conseiller à qui le possède de négliger cet avantage ; mais je croirai toujours que l'écrivain auquel il ne manquera que ce don-là pour être poète aura le droit de dire encore, en exprimant en prose harmonieuse tout ce que la nature a de plus animé, de plus touchant, de plus sublime : *Et moi aussi je suis poète.*

1. Voir « *Ut pictura poesis* » dans le Vade-mecum.

XIII

SCHLEGEL

VERS UN POÈME UNIVERSEL

Friedrich Schlegel, *Fragments de l'Athenæum*, 1798,
n°s 114 et 116, trad. in P. Lacoue-Labarthe
et J.-L. Nancy, *L'Absolu littéraire. Théorie
de la littérature du romantisme allemand*,
© Seuil, 1978, pour la trad. fr., p. 111-112.

Mouvement européen, le romantisme se développe d'abord en Angleterre et en Allemagne, où il exprime en partie une opposition nationaliste au classicisme français, associé à Napoléon. Parmi ses principaux théoriciens figurent les frères Schlegel, August (1767-1845) et Friedrich (1772-1829), qui publient dans leur revue, l'*Athenæum*, des fragments et essais contestant les distinctions génériques et la subordination de la création à la théorie ou à des règles fixes : la poésie telle que la voit le romantisme ne peut être qu'*en devenir*.

L'un de leurs principaux apports a donc consisté à refuser d'en proposer une définition restreinte. Au seuil de son *Entretien sur la poésie* (1800), Friedrich préfère la présenter comme un objet de débat : il explique avoir choisi de composer un dialogue entre plusieurs personnages, parce qu'une telle forme est « destiné[e] à confronter les conceptions les plus éloignées ; chacune d'elles, de son point de vue, montre l'esprit infini de la poésie sous un éclairage différent, et toutes s'efforcent plus ou moins, tantôt par une face, tantôt par une autre, de percer jusqu'au noyau proprement dit » (in *L'Absolu littéraire*, *ibid.*, p. 291).

Les frères Schlegel donnent à la poésie une extension maximale, dépassant les frontières de la littérature. Friedrich évoque « la poésie sans forme ni conscience qui palpite dans les plantes, rayonne dans la lumière, sourit dans l'enfant, étincelle dans la fleur de la jeunesse, s'embrase dans le cœur aimant des femmes » (*ibid.*, p. 290). August, dans ses *Leçons sur l'art et la littérature* (1801-1802), note : « C'est bien parce que la poésie est universellement présente et pénètre tout, qu'elle nous est plus difficile à concevoir, de même que nous ne percevons guère l'air dans lequel nous respirons et vivons » (*ibid.*, p. 350).

Fragment 114. Une définition de la poésie peut seulement déterminer ce qu'elle doit être, non ce qu'elle fut ni ce qu'elle est dans la réalité ; sinon, sa plus brève formulation serait : la poésie est ce qui, quelque jour, en quelque lieu, fut ainsi nommé.

Fragment 116. La poésie romantique est une poésie universelle progressive. Elle n'est pas seulement destinée à réunir tous les genres séparés de la poésie et à faire se toucher poésie, philosophie et rhétorique. Elle veut et doit aussi tantôt mêler et tantôt fondre ensemble poésie et prose, génialité et critique, poésie d'art et poésie naturelle, rendre la poésie vivante et sociale, la société et la vie poétiques, poétiser le *Witz* [1], remplir et saturer les formes de l'art de toute espèce de substances natives de culture, et les animer des pulsations de l'humour. Elle embrasse tout ce qui est poétique, depuis le plus grand système de l'art qui en contient à son tour plusieurs autres, jusqu'au soupir, au baiser que l'enfant poète exhale dans un chant sans art. Elle peut se perdre dans ce qu'elle présente au point de donner à croire que son unique affaire est de caractériser des individualités poétiques de toutes sortes ; et pourtant il n'y a encore aucune forme capable d'exprimer sans reste l'esprit de l'auteur : si bien que maint artiste, qui ne voulait qu'écrire un roman, s'est par hasard représenté lui-même. Elle seule, pareille à l'épopée, peut devenir miroir du monde environnant, image de l'époque. Et cependant c'est elle aussi qui, libre de tout intérêt réel ou idéal, peut le mieux flotter entre le présenté et le présentant, sur les ailes de la réflexion poétique, porter sans cesse cette réflexion à une plus haute puissance, et la multiplier dans une série infinie de miroirs. Elle est capable de la suprême et de la plus universelle formation ; non seulement du dedans vers le dehors, mais aussi du dehors vers l'intérieur ; pour chaque totalité que ses produits doivent former, elle adopte une organisation semblable des parties, et se voit ainsi ouverte la perspective d'une classicité appelée à croître sans limites. La poésie romantique est parmi les arts ce que le *Witz* est à la philosophie, ce que la société, les relations, l'amitié et l'amour sont dans la vie. D'autres genres poétiques sont achevés, et peuvent à présent être entièrement disséqués. Le genre poétique romantique est encore en devenir ; et c'est son essence propre de ne pouvoir qu'éternellement devenir, et ne jamais s'accomplir. Aucune théorie ne peut l'épuiser, et seule une critique divinatoire pourrait se risquer à caractériser

1. En allemand, « mot d'esprit », voire « jeu de mots », et aussi faculté d'en produire, et plus largement d'inventer une combinaison de choses hétérogènes, notent les traducteurs (p. 436).

son idéal. Elle seule est infinie, comme elle seule est libre, et elle reconnaît pour première loi que l'arbitraire du poète ne souffre aucune loi qui le domine. Le genre poétique romantique est le seul qui soit plus qu'un genre, et soit en quelque sorte l'art même de la poésie : car en un certain sens toute poésie est ou doit être romantique.

XIV

CHATEAUBRIAND

NOCTURNE INDIEN

François René de Chateaubriand, *Mémoires d'outre-tombe* [1848], VII, VII, éd. M. Levaillant, GF-Flammarion, 1982, p. 302-303.

À la suite de Rousseau, Chateaubriand explore la capacité de la prose à prendre une tonalité poétique, liée à la fois à une posture d'énonciation lyrique et à un travail sur la forme et le rythme. Au sein de leurs récits, des pauses descriptives permettent au narrateur-personnage, généralement isolé, de chanter la nature tout en exprimant ses propres affects. Il fixe ainsi de « courts moments de délire et de passion » (Rousseau, *Les Rêveries du promeneur solitaire* [1782], GF-Flammarion, 1964, p. 91), au cours desquels ses pensées se mêlent au flux du monde. Dans les *Mémoires d'outre-tombe*, une telle *prose poétique* apparaît par exemple quand Chateaubriand brosse la peinture de la nuit en Amérique – une page très travaillée, que le mémorialiste date de 1822, mais qui fut précédée par plusieurs variations sur le même thème, dans l'*Essai sur les révolutions* (1797) puis dans *Le Génie du christianisme* (1802).

Dans cet extrait, le passage « poétique » se distingue des deux paragraphes qui l'encadrent par un changement de style rendu sensible par l'allongement des phrases. Pour accompagner une expérience d'ordre à la fois sensible et métaphysique (le « maître des harmonies » désigne Dieu), le lexique s'ennoblit (avec des termes comme « nues », « astre », etc.), la lune est personnifiée en « reine des nuits », des comparaisons apparaissent. Les allusions à la muse et à l'harmonie rapprochent le texte du chant, et la prose fait entendre cette musique par sa scansion : Chateaubriand introduit dans ses phrases des schémas de vers familiers (l'alexandrin et l'octosyllabe), juxtapose des groupes rythmiques similaires, multiplie les balancements (« tantôt [...], tantôt »), les répétitions de termes (« nuit ») et la reprise de phonèmes – avec des effets proches de la rime (comme « expiraient à travers (6) / les forêts solitaires (6) »), et de nombreuses homophonies (comme « c'est dans ces nuits que m'apparut une muse inconnue »).

La famille était composée de deux femmes, de deux enfants à la mamelle, et de trois guerriers. La conversation devint générale, c'est-à-dire par quelques mots entrecoupés de ma part et par beaucoup de gestes ; ensuite chacun s'endormit dans la place où il était. Resté seul éveillé, j'allai m'asseoir à l'écart, sur une racine qui traçait [1] au bord du ruisseau.

La lune se montrait à la cime des arbres ; une brise embaumée, que cette reine des nuits amenait de l'Orient avec elle, semblait la précéder dans les forêts, comme sa fraîche haleine. L'astre solitaire gravit [2] peu à peu dans le ciel : tantôt il suivait sa course, tantôt il franchissait des groupes de nues, qui ressemblaient aux sommets d'une chaîne de montagnes couronnées de neiges. Tout aurait été silence et repos, sans la chute de quelques feuilles, le passage d'un vent subit, le gémissement de la hulotte ; au loin, on entendait les sourds mugissements de la cataracte de Niagara, qui, dans le calme de la nuit, se prolongeaient de désert en désert, et expiraient à travers les forêts solitaires. C'est dans ces nuits que m'apparut une muse inconnue ; je recueillis quelques-uns de ses accents ; je les marquai sur mon livre, à la clarté des étoiles, comme un musicien vulgaire écrirait les notes que lui dicterait quelque grand maître des harmonies.

Le lendemain, les Indiens s'armèrent, les femmes rassemblèrent les bagages. Je distribuai un peu de poudre et de vermillon à mes hôtes. Nous nous séparâmes en touchant nos fronts et notre poitrine. Les guerriers poussèrent leurs cris de marche et partirent en avant ; les femmes cheminèrent derrière, chargées des enfants qui, suspendus dans des fourrures aux épaules de leurs mères, tournaient la tête pour nous regarder. Je suivis des yeux cette marche, jusqu'à ce que la troupe entière eût disparu entre les arbres de la forêt.

---

1. Usage botanique spécialisé du verbe « tracer », au sens de « avancer entre deux terres, pousser ses racines à la surface du sol », selon le *Trésor de la langue française* qui donne précisément cet exemple.

2. Usage intransitif, vieilli, au sens de « s'élever ».

XV

BAUDELAIRE

LE POÈME EN PROSE

Charles Baudelaire, *Les Fleurs du Mal* [1857], éd. J. Dupont, GF-Flammarion, 1991, p. 75-76 et *Le Spleen de Paris* [1869], éd. D. Scott et B. Wright, GF-Flammarion, 1987, p. 107-108 et 174-177.

« Quel est celui de nous qui n'a pas, dans ses jours d'ambition, rêvé le miracle d'une prose poétique, musicale sans rythme et sans rime, assez souple et assez heurtée pour s'adapter aux mouvements lyriques de l'âme, aux ondulations de la rêverie, aux soubresauts de la conscience ? » demande Baudelaire dans la préface à ses *Petits poèmes en prose* ou *Le Spleen de Paris* (1869), recueil posthume de textes où il tente de relever ce défi.

Avec ce titre provocateur, la poésie annexe la prose. Pour en souligner les ressources, Baudelaire a soin de traiter de sujets proches de ceux qu'il aborde ailleurs en vers. Il multiplie alors les figures et les jeux sonores qui minimisent l'écart entre les deux modes d'expression, comme le faisait déjà la prose poétique. Ainsi, « Un hémisphère dans une chevelure », qui fait écho à « La chevelure » des *Fleurs du Mal* (1857), accumule les images et les répétitions ; son ouverture et sa fermeture présentent notamment une symétrie évidente avec celles du poème en vers (« Laisse-moi », « souvenir(s) »).

Mais d'autres poèmes du recueil sont très proches de la nouvelle et content des anecdotes prosaïques, voire graveleuses, comme « Mademoiselle Bistouri ». Or il n'est pas anodin que le premier poème évoque un cosmos réduit, alors que celui-ci traite d'aliénation et de monstruosité. Rattachant sa tentative d'« une prose poétique » au désir de suivre l'évolution du monde qui l'entoure, Baudelaire ajoute en effet dans sa préface que « c'est surtout de la fréquentation des villes énormes, c'est du croisement de leurs innombrables rapports que naît cet idéal obsédant ». Tout se passe comme si le vers, discours réglé et cadencé, paraissait incapable de représenter dans sa structure profonde une modernité devenue *innombrable* et *énorme* (c'est-à-dire, étymologiquement, « hors norme »). La logique de l'annexion poétique de la prose, jusque dans le refus des figures sémantiques ou sonores, reste donc ici figurale et imitative : l'abandon (relatif) du vers coïncide avec la fin d'une vision harmonique du monde, et le poète désormais déchante.

La chevelure

Ô toison, moutonnant jusque sur l'encolure !
Ô boucles ! Ô parfum chargé de nonchaloir [1] !
Extase ! Pour peupler ce soir l'alcôve obscure
Des souvenirs dormant dans cette chevelure,
Je la veux agiter dans l'air comme un mouchoir !

La langoureuse Asie et la brûlante Afrique,
Tout un monde lointain, absent, presque défunt,
Vit dans tes profondeurs, forêt aromatique !
Comme d'autres esprits voguent sur la musique,
Le mien, ô mon amour ! nage sur ton parfum.

J'irai là-bas où l'arbre et l'homme, pleins de sève,
Se pâment longuement sous l'ardeur des climats ;
Fortes tresses, soyez la houle qui m'enlève !
Tu contiens, mer d'ébène, un éblouissant rêve
De voiles, de rameurs, de flammes et de mâts :

Un port retentissant où mon âme peut boire
À grands flots le parfum, le son et la couleur ;
Où les vaisseaux, glissants dans l'or et dans la moire,
Ouvrent leurs vastes bras pour embrasser la gloire [2]
D'un ciel pur où frémit l'éternelle chaleur.

Je plongerai ma tête amoureuse d'ivresse
Dans ce noir océan où l'autre est enfermé ;
Et mon esprit subtil que le roulis caresse
Saura vous retrouver, ô féconde paresse,
Infinis bercements du loisir embaumé !

Cheveux bleus, pavillon de ténèbres tendues,
Vous me rendez l'azur du ciel immense et rond ;
Sur les bords duvetés de vos mèches tordues
Je m'enivre ardemment des senteurs confondues
De l'huile de coco, du musc et du goudron.

1. Terme archaïsant, pour « nonchalance ».
2. Terme de peinture, désignant la figuration d'un ciel illuminé par une lueur mystique.

Longtemps ! toujours ! ma main sur ta crinière lourde
Sèmera le rubis, la perle et le saphir,
Afin qu'à mon désir tu ne sois jamais sourde !
N'es-tu pas l'oasis où je rêve, et la gourde
Où je hume à longs traits le vin du souvenir ?

Un hémisphère dans une chevelure

Laisse-moi respirer longtemps, longtemps, l'odeur de tes cheveux, y plonger tout mon visage, comme un homme altéré dans l'eau d'une source, et les agiter avec ma main comme un mouchoir odorant, pour secouer des souvenirs dans l'air.

Si tu pouvais savoir tout ce que je vois ! tout ce que je sens ! tout ce que j'entends dans tes cheveux ! Mon âme voyage sur le parfum comme l'âme des autres hommes sur la musique.

Tes cheveux contiennent tout un rêve, plein de voilures et de mâtures ; ils contiennent de grandes mers dont les moussons me portent vers de charmants climats, où l'espace est plus bleu et plus profond, où l'atmosphère est parfumée par les fruits, par les feuilles et par la peau humaine.

Dans l'océan de ta chevelure, j'entrevois un port fourmillant de chants mélancoliques, d'hommes vigoureux de toutes nations et de navires de toutes formes découpant leurs architectures fines et compliquées sur un ciel immense où se prélasse l'éternelle chaleur.

Dans les caresses de ta chevelure, je retrouve les langueurs des longues heures passées sur un divan, dans la chambre d'un beau navire, bercées par le roulis imperceptible du port, entre les pots de fleurs et les gargoulettes rafraîchissantes.

Dans l'ardent foyer de ta chevelure, je respire l'odeur du tabac mêlé à l'opium et au sucre ; dans la nuit de ta chevelure, je vois resplendir l'infini de l'azur tropical ; sur les rivages duvetés de ta chevelure je m'enivre des odeurs combinées du goudron, du musc et de l'huile de coco.

Laisse-moi mordre longtemps tes tresses lourdes et noires. Quand je mordille tes cheveux élastiques et rebelles, il me semble que je mange des souvenirs.

Mademoiselle Bistouri

Comme j'arrivais à l'extrémité du faubourg, sous les éclairs du gaz, je sentis un bras qui se coulait doucement sous le mien, et j'entendis une voix qui me disait à l'oreille : « Vous êtes médecin, monsieur ? »

Je regardai ; c'était une grande fille, robuste, aux yeux très ouverts, légèrement fardée, les cheveux flottant au vent avec les brides de son bonnet.

« – Non ; je ne suis pas médecin. Laissez-moi passer. – Oh ! si ! vous êtes médecin. Je le vois bien. Venez chez moi. Vous serez bien content de moi, allez ! – Sans doute, j'irai vous voir, mais plus tard, *après le médecin*, que diable !... – Ah ! ah ! – fit-elle, toujours suspendue à mon bras, et en éclatant de rire, – vous êtes un médecin farceur, j'en ai connu plusieurs dans ce genre-là. Venez. »

J'aime passionnément le mystère, parce que j'ai toujours l'espoir de le débrouiller. Je me laissai donc entraîner par cette compagne, ou plutôt par cette énigme inespérée.

J'omets la description du taudis ; on peut la trouver dans plusieurs vieux poètes français bien connus. Seulement, détail non aperçu par Régnier, deux ou trois portraits de docteurs célèbres étaient suspendus aux murs.

Comme je fus dorloté ! Grand feu, vin chaud, cigares ; et en m'offrant ces bonnes choses et en allumant elle-même un cigare, la bouffonne créature me disait : « Faites comme chez vous, mon ami, mettez-vous à l'aise. Ça vous rappellera l'hôpital et le bon temps de la jeunesse. – Ah çà ! où donc avez-vous gagné ces cheveux blancs ? Vous n'étiez pas ainsi, il n'y a pas encore bien longtemps, quand vous étiez interne de L... Je me souviens que c'était vous qui l'assistiez dans les opérations graves. En voilà un homme qui aime couper, tailler et rogner ! C'était vous qui lui tendiez les instruments, les fils et les éponges. – Et comme, l'opération faite, il disait fièrement, en regardant sa montre : "Cinq minutes, messieurs !" – Oh ! moi, je vais partout. Je connais bien ces Messieurs. »

Quelques instants plus tard, me tutoyant, elle reprenait son antienne, et me disait : « Tu es médecin, n'est-ce pas, mon chat ? »

Cet inintelligible refrain me fit sauter sur mes jambes. « Non ! criai-je furieux.

– Chirurgien, alors ?

– Non ! non ! à moins que ce ne soit pour te couper la tête ! S... s... c... de s... m... !

– Attends, reprit-elle, tu vas voir. »

Et elle tira d'une armoire une liasse de papiers, qui n'était autre chose que la collection des portraits des médecins illustres de ce temps, lithographiés par Maurin, qu'on a pu voir étalée pendant plusieurs années sur le quai Voltaire.

« Tiens ! le reconnais-tu celui-ci ?

– Oui ! c'est X. Le nom est au bas d'ailleurs ; mais je le connais personnellement.

– Je savais bien ! Tiens ! voilà Z., celui qui disait à son cours, en parlant de X. : "Ce monstre qui porte sur son visage la noirceur de son âme !" Tout cela, parce que l'autre n'était pas de son avis dans la même affaire ! Comme on riait de ça à l'École, dans le temps ! Tu t'en souviens ? – Tiens, voilà K., celui qui dénonçait au gouvernement les insurgés qu'il soignait à son hôpital. C'était le temps des émeutes. Comment est-ce possible qu'un si bel homme ait si peu de cœur ? – Voici maintenant W., un fameux médecin anglais ; je l'ai attrapé à son voyage à Paris. Il a l'air d'une demoiselle, n'est-ce pas ? »

Et comme je touchais à un paquet ficelé, posé aussi sur le guéridon : « Attends un peu, dit-elle ; – ça, c'est les internes, et ce paquet-ci, c'est les externes. »

Et elle déploya en éventail une masse d'images photographiques, représentant des physionomies beaucoup plus jeunes.

« Quand nous nous reverrons, tu me donneras ton portrait, n'est-ce pas, chéri ?

– Mais, lui dis-je, suivant à mon tour, moi aussi, mon idée fixe, – pourquoi me crois-tu médecin ?

– C'est que tu es si gentil et si bon pour les femmes !

– Singulière logique ! me dis-je à moi-même.

– Oh ! je ne m'y trompe guère ; j'en ai connu un bon nombre. J'aime tant ces messieurs, que, bien que je ne sois pas malade, je vais quelquefois les voir, rien que pour les voir. Il y en a qui me disent froidement : "Vous n'êtes pas malade du tout !" Mais il y en a d'autres qui me comprennent, parce que je leur fais des mines.

– Et quand ils ne te comprennent pas… ?

– Dame ! comme je les ai dérangés *inutilement*, je laisse dix francs sur la cheminée. – C'est si bon et si doux, ces hommes-là ! – j'ai découvert à la Pitié un petit interne, qui est joli comme un ange, et qui est poli ! et qui travaille, le pauvre garçon ! Ses camarades m'ont dit qu'il n'avait pas le sou, parce que ses parents sont des pauvres qui ne peuvent rien lui envoyer. Cela m'a donné confiance. Après tout, je suis assez belle femme, quoique pas trop jeune. Je lui ai dit : "Viens me voir, viens me voir souvent. Et avec moi, ne te gêne pas ; je n'ai pas besoin d'argent." Mais tu comprends que je lui ai fait entendre ça par une foule de façons ; je ne le lui ai pas dit tout crûment ; j'avais si peur de l'humilier, ce cher enfant !

– Eh bien ! croirais-tu que j'ai une drôle d'envie que je n'ose pas lui dire ? – Je voudrais qu'il vînt me voir avec sa trousse et son tablier, même avec un peu de sang dessus ! »

Elle dit cela d'un air fort candide, comme un homme sensible dirait à une comédienne qu'il aimerait : « Je veux vous voir vêtue du costume que vous portiez dans ce fameux rôle que vous avez créé. »

Moi, m'obstinant, je repris : « Peux-tu te souvenir de l'époque et de l'occasion où est née en toi cette passion si particulière ? »

Difficilement je me fis comprendre ; enfin j'y parvins. Mais alors elle me répondit d'un air très triste, et même, autant que je peux me souvenir, en détournant les yeux : « Je ne sais pas… je ne me souviens pas. »

Quelles bizarreries ne trouve-t-on pas dans une grande ville, quand on sait se promener et regarder ? La vie fourmille de monstres innocents. – Seigneur, mon Dieu ! vous, le Créateur, vous, le Maître ; vous qui avez fait la Loi et la Liberté ; vous, le souverain qui laissez faire, vous, le juge qui pardonnez ; vous qui êtes plein de motifs et de causes, et qui avez peut-être mis dans mon esprit le goût de l'horreur pour convertir mon cœur, comme la guérison au bout d'une lame ; Seigneur ayez pitié, ayez pitié des fous et des folles ! Ô Créateur ! peut-il exister des monstres aux yeux de Celui-là seul qui sait pourquoi ils existent, comment ils *se sont faits* et comment ils auraient pu *ne pas se faire* ?

XVI

HUGO

TOUT DIRE ET AVEC TOUS LES MOTS

Victor Hugo, « Réponse à un acte d'accusation », *Les Contemplations* [1856], I, 7, éd. P. Laforgue, GF-Flammarion, 1995, p. 40-44.

Certains mots, et certains sujets, sont-ils plus poétiques que d'autres ? Le *Mahabharata* indien proclame son universalité : « Ce qu'on trouve dans le monde se trouve dans ce livre ; ce qui ne se trouve pas ici ne se trouve pas dans le monde » (I, LXII, 53). Mais une longue tradition a réduit la liste des objets évocables en poésie. Classiquement, de nombreux thèmes, réputés bas, sont exclus des genres nobles, et les poètes se voient refuser une part importante du lexique et des tours plus généralement admis – par exemple les termes techniques.

Ainsi, dans le *Gradus français, ou Dictionnaire de la langue poétique*, de Carpentier (1822), l'article « Cochon » prescrit que le terme, « comme ses synonymes, ne peut entrer que dans le style très familier, c'est pourquoi, pour rendre l'idée qu'il présente, les poètes sont obligés d'avoir recours à une périphrase. *L'animal qui s'engraisse de glands* (Delille). *L'animal chez les juifs immonde* (Voltaire) ». Carpentier explique aussi que « le mot "génisse" a le privilège d'entrer dans la langue poétique, tandis que le mot "vache" en est exclu », ou qu'on remplacera « accouchement » par « enfantement », en le complétant des épithètes « heureux, facile, difficile, dur, pénible, laborieux, précoce, prématuré, tardif ». En 1844, Théophile Gautier se désole : « à force de bon goût, on arrive à se priver d'une multitude de sujets, de détails, d'images et d'expressions qui ont la saveur de la vie. La belle et riche langue du XVIIe siècle, blutée et vannée par des mains trop méticuleuses, pour quelques mauvaises herbes qu'on en a retirées, nous paraît avoir perdu beaucoup d'épis pleins de grains d'or. Nous sommes de ceux qui regrettent que Malherbe soit venu » (*Les Grotesques*, Fazano-Paris, Schena-Nizet, 1985, p. 389 ; voir aussi Boileau, texte IX).

Hugo, que son esthétique incitait à mêler les registres, récuse ces proscriptions et assouplit les règles de versification. Dans « Réponse à un acte d'accusation », qu'il compose en 1854 mais qu'il date de 1834 – manière de construire une cohérence accrue entre son opposition au coup d'État de Napoléon III, qui eut lieu en 1851, et son parcours esthétique –, il revient sur cette révolte, en l'illustrant dans son texte même (par le biais, notamment, de nombreux rejets), et en la rattachant à la Révolution française. La réalité supposée prosaïque gagne une pleine légitimité poétique, et face aux

règles, le romantisme initie ainsi un mouvement de (re)conquête progressive du dérèglement, qui finira par faire de la poésie le lieu privilégié des infractions.
En 1925, Claudel reprendra à son compte cette posture opposant la règle au génie : « Les grands écrivains n'ont jamais été faits pour subir la loi des grammairiens mais pour imposer la leur, et non pas seulement leur volonté, mais leur caprice » (« Réflexions et propositions sur le vers français », *Œuvres en prose*, éd. citée, p. 42).

Et sur l'Académie, aïeule et douairière,
Cachant sous ses jupons les tropes effarés,
Et sur les bataillons d'alexandrins carrés,
Je fis souffler un vent révolutionnaire.
Je mis un bonnet rouge au vieux dictionnaire.
Plus de mot sénateur ! plus de mot roturier !
Je fis une tempête au fond de l'encrier,
Et je mêlai, parmi les ombres débordées,
Au peuple noir des mots l'essaim blanc des idées ;
Et je dis : Pas de mot où l'idée au vol pur
Ne puisse se poser, toute humide d'azur !
Discours affreux ! – Syllepse, hypallage, litote,
Frémirent ; je montai sur la borne Aristote,
Et déclarai les mots égaux, libres, majeurs.
Tous les envahisseurs et tous les ravageurs,
Tous ces tigres, les Huns, les Scythes et les Daces,
N'étaient que des toutous auprès de mes audaces ;
Je bondis hors du cercle et brisai le compas.
Je nommai le cochon par son nom ; pourquoi pas ?
Guichardin a nommé le Borgia, Tacite
Le Vitellius [1]. Fauve, implacable, explicite,
J'ôtai du cou du chien stupéfait son collier
D'épithètes ; dans l'herbe, à l'ombre du hallier,
Je fis fraterniser la vache et la génisse [...].
Oui, c'est vrai, ce sont là quelques-uns de mes crimes.
J'ai pris et démoli la bastille des rimes.
J'ai fait plus : j'ai brisé tous les carcans de fer
Qui liaient le mot peuple, et tiré de l'enfer

1. Francesco Guicciardini (1483-1540), historien italien, rendit notamment compte du règne despotique du pape Alexandre Borgia ; Tacite (*ca.* 55-120), historien romain, témoigna des excès de l'empereur Vitellius.

Tous les vieux mots damnés, légions sépulcrales ;
J'ai de la périphrase écrasé les spirales,
Et mêlé, confondu, nivelé sous le ciel
L'alphabet, sombre tour qui naquit de Babel ;
Et je n'ignorais pas que la main courroucée
Qui délivre le mot, délivre la pensée [...].

J'ai dit à la narine : Eh mais ! tu n'es qu'un nez !
J'ai dit au long fruit d'or : Mais tu n'es qu'une poire !
J'ai dit à Vaugelas [1] : Tu n'es qu'une mâchoire !
J'ai dit aux mots : Soyez république ! soyez
La fourmilière immense, et travaillez : croyez,
Aimez, vivez ! – J'ai mis tout en branle, et, morose,
J'ai jeté le vers noble aux chiens noirs de la prose.

Et ce que je faisais, d'autres l'ont fait aussi ;
Mieux que moi. Calliope, Euterpe au ton transi,
Polymnie, ont perdu leur gravité postiche [2].
Nous faisons basculer la balance hémistiche.
C'est vrai, maudissez-nous. Le vers, qui sur son front
Jadis portait toujours douze plumes en rond,
Et sans cesse sautait sur la double raquette
Qu'on nomme prosodie et qu'on nomme étiquette,
Rompt désormais la règle et trompe le ciseau,
Et s'échappe, volant qui se change en oiseau,
De la cage césure, et fuit vers la ravine,
Et vole dans les cieux, alouette divine.

Tous les mots à présent planent dans la clarté.
Les écrivains ont mis la langue en liberté.
Et, grâce à ces bandits, grâce à ces terroristes,
Le vrai, chassant l'essaim des pédagogues tristes,
L'imagination, tapageuse aux cent voix,
Qui casse des carreaux dans l'esprit des bourgeois,
La poésie au front triple, qui rit, soupire
Et chante, raille et croit ; que Plaute et que Shakspeare
Semaient, l'un sur la plebs, et l'autre sur le mob [3] ;

1. Claude Favre de Vaugelas (1585-1650), grammairien français, législateur du bon usage.
2. Voir « Muses » dans le Vade-mecum.
3. *Plebs* et *mob* : « peuple » ou « foule » en latin puis en anglais.

Qui verse aux nations la sagesse de Job
Et la raison d'Horace à travers sa démence ;
Qu'enivre de l'azur la frénésie immense,
Et qui, folle sacrée aux regards éclatants,
Monte à l'éternité par les degrés du temps,
La muse reparaît, nous reprend, nous ramène,
Se remet à pleurer sur la misère humaine,
Frappe et console, va du zénith au nadir,
Et fait sur tous les fronts reluire et resplendir
Son vol, tourbillon, lyre, ouragan d'étincelles,
Et ses millions d'yeux sur ses millions d'ailes [...].

XVII

PONGE

MULTIPLICATION DES FORMES

Francis Ponge, *Comment une figue de paroles et pourquoi* [1977], éd. J.-M. Gleize, GF-Flammarion, 1997, p. 245-248.

Cherchant à fonder la singularité de sa parole, Ponge (1899-1988) se tourne vers des réalités réputées prosaïques. Il prend le parti des choses, qui lui offrent un terrain vierge et une matière à admiration, qu'il exprime dans des textes « démonstratifs » oscillant entre jeux de langage et descriptions. Il trouve aussi en elles des formes à imiter : par un « pétrissage, un primordial irrespect des mots », il vise à « donner l'impression d'un nouvel idiome qui produira l'effet de surprise et de nouveauté des objets de sensations eux-mêmes », jusqu'à composer, comme si chaque objet devenait en soi un modèle pour l'écriture, « une rhétorique par poème » (*Œuvres complètes*, Gallimard, « Bibliothèque de la Pléiade », 1999, t. I, p. 198).

Ce procédé, qui n'est pas sans rappeler les réflexions traditionnelles sur l'harmonie imitative (voir Vida, texte XXXV), incite à inventer une structure pour chaque texte, et brouille les frontières entre les mots et les choses. Dans l'ouverture de « 14 JUILLET », par exemple, Ponge note : « Tout un peuple accourut écrire cette journée sur l'album de l'histoire, sur le ciel de Paris. / D'abord, c'est une pique, puis un drapeau tendu par le vent de l'assaut (d'aucuns y voient une baïonnette), puis – parmi d'autres piques, deux fléaux, un râteau – sur les rayures verticales du pantalon des sans-culottes un bonnet en signe de joie jeté en l'air [...] » (*Pièces* [1962], Gallimard, « Poésie », 1997, p. 45-46). Or cette description porte simultanément

sur le dessin des lettres du titre et sur la foule révolutionnaire. Le point du *i* devient bonnet, le *1* une pique, etc. : le procédé peint à la fois le mot et son référent, invitant à s'émerveiller de leur adéquation, tout en attirant l'attention sur les signes de la langue. De même, dans « La figue (sèche) », le fruit et le texte semblent se prêter leurs qualités : la figue se pétrit et le poème, qui oscille entre prose et vers, se mange : c'est « une figue de parole ».
Mais Ponge innove aussi en montrant aux lecteurs son propre travail d'écrivain. Dans des livres comme *Comment une figue de paroles et pourquoi*, ou *La Fabrique du pré*, il substitue à l'œuvre achevée l'ensemble des brouillons qui ont mené à la version finale. On voit donc le « faiseur » faire : l'écriture se présente comme une dynamique et un tâtonnement. Dans cet extrait, qui reproduit le dernier état de « La figure (sèche) » avant l'impression définitive, et qui clôt une longue suite de variantes et amendements, des indications en italiques marquent encore les dernières corrections par rapport à la version précédente – tandis qu'en un ultime jeu imitatif, le texte, résultat de ce travail, se termine par la mention du « bouton de sevrage », résidu de la consommation de la figue.
Ainsi, non seulement le poème semble pouvoir prendre toutes les formes, mais chaque texte se présente comme un mouvement vers sa forme finale, sans distinction entre brouillon et œuvre finie.

La figue (sèche)

Pour ne savoir trop ce qu'est la poésie (nos rapports avec elle sont incertains), cette figure sèche, en revanche (tout le monde voit cela), qu'on nous sert, depuis notre enfance, ordinairement aplatie et tassée parmi d'autres hors de quelque boîte, comme je la remodèle entre le pouce et l'index avant de la croquer, je m'en forme une idée aussitôt toute bonne à vous être d'urgence quittée. [...]

Si je désespère, bien sûr, d'en tout dire,
Si mon esprit, avec joie, la restitue bientôt à mon corps,
Ce ne soit donc pas sans lui avoir rendu, au passage, le bref culte à ma façon qui lui revient,
Ni plus ni moins intéressé qu'il ne faut.

*

Voilà l'un des rares fruits, je le constate, dont nous puissions, à peu près, manger tout : l'enveloppe, la pulpe, la graine ensemble concourant à notre délectation.

Et peut-être bien, parfois, n'est-ce qu'un grenier à tracasseries pour les dents : n'importe, nous l'aimons, nous la réclamons comme notre tétine. Une tétine, par chance, qui deviendrait tout à coup comestible, sa principale singularité, à la fin du compte, étant d'être un caoutchouc desséché juste au point qu'on puisse, en accentuant seulement un peu (incisivement) la pression des mâchoires, franchir la résistance – ou plutôt non-résistance, d'abord, aux dents, de son enveloppe –

Pour, les lèvres déjà sucrées par la poudre d'érosion superficielle qu'elle offre, se nourrir de l'autel scintillant en son intérieur qui la remplit toute d'une pulpe de pourpre gratifiée de pépins.

Ainsi de l'élasticité (à l'esprit) (*parenthèses ajoutées*) des paroles, – et de la poésie comme je l'entends.

*

Mais avant de finir je veux dire un mot encore de la façon, particulière, au figuier, de sevrer son fruit de sa branche (comme il faut faire aussi notre esprit de la lettre) et de cette sorte de rudiment, dans notre bouche :

Ce petit bouton (*à la place de « ergot »*) de sevrage – irréductible – qui en résulte.

Pource qu'il nous tient tête, sans doute n'est-ce pas grand-chose, ce n'est pas rien.

Posé en maugréant sur le bord de l'assiette,
Ou mâchonné sans fin comme on fait des proverbes :
Absolument compris, c'est égal.

Tel soit ce petit texte :
Beaucoup moins qu'une figue (on le voit),
Du moins à son honneur nous reste-t-il, peut-être [...].

XVIII

KAC

ÉCRIRE LE VIVANT

Eduardo Kac, « Biopoetry », in *Cybertext Yearbook 2002-2003*, éd. M. Eskelinen et R. Koskimaa, Université de Jyvaskyla (Finlande), 2003, p. 184-185 ; trad. H. Marchal, © E. Kac, reproduit avec l'aimable autorisation de l'auteur.

Les avant-gardes poétiques du XXe siècle ont souvent fondé leur modernité sur l'appropriation de vecteurs techniques inédits, en mobilisant, par exemple, les ressources typographiques de l'imprimerie (voir Tzara, texte XLIV), ou des techniques d'enregistrement audiovisuel de plus en plus complexes, quitte à se séparer par ce biais de l'écrit. Jean Cocteau, enregistrant ses textes sur des disques, ou réalisant des films, affirme ainsi créer des poèmes « illisibles », au sens où ils ne sont plus donnés à lire (article de 1953 repris dans *Du cinématographe*, Belfond, 1988, p. 23).

Le poète et plasticien Eduardo Kac est né au Brésil en 1962 et vit aux États-Unis. Il offre un exemple contemporain de cette dynamique par laquelle la poésie semble toujours devoir déborder les limites de la littérature, pour prendre langue avec les domaines les plus divers. Après avoir notamment exploré les possibilités de création offertes par l'holographie (méthode d'enregistrement et de reproduction des images en trois dimensions), il a proposé d'employer « les biotechnologies et les organismes vivants en poésie comme un champ nouveau pour la création ».

Son manifeste de 2002, *Biopoésie*, dresse la liste d'une vingtaine de réalisations envisageables pour un tel projet. Ce dernier n'a rien de facétieux. En effet, il s'appuie sur l'évolution des savoirs en matière de communication animale, ou sur les similitudes que la science a découvertes entre les mécanismes de l'ADN et des pratiques d'écriture comme la copie ou la traduction – une parenté qui a mené un linguiste comme Jakobson à demander, très tôt, « si l'isomorphisme de ces deux codes différents, le génétique et le verbal, s'explique par une simple convergence due à des besoins similaires, ou si les fondements des structures linguistiques manifestes, plaquées sur la communication moléculaire, ne seraient pas directement modelés sur les principes structuraux de ceux-ci » (« Relations entre la science du langage et les autres sciences » [1970], *Essais de linguistique générale*, Minuit, « Argument », 1973, t. II, p. 55).

Bien que plusieurs des entreprises envisagées par Kac paraissent encore utopiques, l'artiste a déjà réalisé certaines d'entre elles, notamment la « poésie transgénique » (entrée 4). Dans *Genesis* (1999), un verset de la Bible a fait l'objet de la traduction évoquée ici, pour être intégré à l'ADN d'une bactérie cultivée ensuite dans des conditions favorisant les mutations, de sorte que le verbe sacré, loin d'être protégé par cet archivage de chair, a subi des modifications permettant au poète de présenter les bactéries comme des co-énonciateurs de l'œuvre. Tout se passe comme si le développement combiné de la biologie et de l'analogie entre code génétique et texte avait ainsi entraîné l'apparition d'une figure de poète-généticien hantant depuis longtemps le discours critique – notamment chez Diderot qui notait déjà, dans *Le Rêve de d'Alembert*, que « l'art de créer des êtres qui ne sont pas, à l'imitation de ceux qui sont, [serait] de la vraie poésie » (*Œuvres*, Robert Laffont, 1994, t. I, p. 669-670). Témoin de la constante relation entre poésie et expérimentation, cette *biopoésie* ne rappelle pas seulement le mythe d'Orphée chantant pour les plantes et les animaux (voir Ovide, texte IV). Elle expose les transformations dont font l'objet aujourd'hui nos conceptions du vivant et de la notion de texte, tout en soumettant la poésie elle-même à une forme de fusion avec de nouveaux médiums ou objets, qui dérange les compartimentations disciplinaires.

Depuis les années 1980, la poésie s'est réellement détachée de la page imprimée. Des expériences pionnières du Minitel à l'usage du PC comme espace d'écriture et de lecture, on a vu de nouveaux langages poétiques se développer. La vidéo, l'holographie et le Web ont encore étendu les possibilités et l'audience de cette nouvelle poésie. À présent, dans un monde de clones, de chimères et de créatures transgéniques, il est temps de prendre en considération de nouvelles orientations pour une poésie *in vivo*. Je lance ici des propositions pour employer les biotechnologies et les organismes vivants en poésie comme un champ nouveau pour la création verbale, paraverbale [1] et non verbale.

1. Performance par microbot [2] : écrire et faire danser par un microbot, dans le langage des abeilles, pour un public d'abeilles, une danse mi-fonctionnelle mi-fictionnelle.

2. Écriture atomique : mettre en place précisément des atomes pour créer des molécules en forme de mots. Donner à

1. On nomme « paraverbal » l'ensemble de signes non langagiers, telle la gestuelle, associés à la parole.

2. Combinaison de « micro » et « robot » : machine autonome de très petite taille.

ces mots moléculaires une expression génétique dans des plantes et les laisser produire de nouveaux mots par mutation. Observer la grammatologie moléculaire des fleurs qui en résulteront, et en sentir le parfum.

3. Interaction dialogique avec des mammifères marins : composer un texte sonore en manipulant les paramètres de hauteur et de fréquence dans l'enregistrement de communications entre des dauphins, pour un public de dauphins. Observer la manière dont réagirait un public de baleines, et *vice versa*.

4. Poésie transgénique : synthétiser de l'ADN en inventant des codes pour écrire des mots et des phrases au moyen de combinaisons de nucléotides. Incorporer ces mots et ces phrases dans le génome d'organismes vivants, qui les transmettront à leur descendance, en les combinant à des mots d'autres organismes. Par mutation, perte naturelle et échange de matériel ADN, de nouveaux mots et phrases émergeront. Lire ce transpoème en séquençant l'ADN en sens inverse pour le retraduire en texte.

5. Infrasons téléphantins : les éléphants peuvent tenir des conversations, jusqu'à 13 kilomètres de distance, en émettant de puissants infrasons. Ces derniers sont perceptibles par des humains entraînés, sous forme de variations de la pression de l'air. Créer des compositions par infrasons qui fonctionnent comme des appels à longue distance entre éléphants, et les transmettre à distance à une population d'éléphants des forêts.

6. Écriture amibienne : écrire à la main sur un support comme l'agar-agar [1] en employant des colonies d'amibes comme substance d'inscription, et observer leur croissance, leur déplacement et leur interaction jusqu'à ce que le texte change ou disparaisse. Observer simultanément cette écriture amibienne à l'échelle macroscopique et microscopique.

7. Signalisation par luciférase : créer des lucioles bardes en manipulant les gènes qui commandent leur bioluminescence [2], pour leur permettre d'utiliser leur lumière de façon à

1. Substance gélatineuse employée en bactériologie pour solidifier les milieux de culture, dans les boîtes de Pétri.

2. Faculté qu'ont certains tissus ou êtres vivants à émettre de la lumière, grâce à des enzymes regroupées sous le nom générique de *luciférase* (de « Lucifer », « porteur de lumière »).

produire des manifestations obéissant à leur seul caprice (créativement), en sus de leur usages naturels standards (par exemple, pour effrayer des prédateurs ou pour attirer des partenaires sexuels ou de petites proies) [1].

8. Composition biochromatique dynamique : utiliser le langage chromatique des calmars pour créer de fantastiques manifestations colorées, qui communiqueraient des idées venues de l'Umwelt [2] du calmar mais qui suggéreraient d'autres expériences possibles.

9. Littérature aviaire : apprendre à un perroquet gris du Gabon non seulement à lire, dire et manipuler des symboles, mais à composer et réciter des œuvres littéraires.

10. Poétique bactérienne : deux colonies identiques de bactéries partagent une boîte de Pétri. L'une porte, encodé dans un plasmide [3], un poème X, et l'autre un poème Y. Tandis qu'elles entrent en compétition pour exploiter les mêmes ressources, ou échangent du matériel génétique, peut-être qu'une colonie survivra à l'autre, peut-être qu'une nouvelle bactérie émergera par un transfert horizontal du gène poétique.

11. Xénographie : transplanter un texte vivant d'un organisme à l'autre, et *vice versa*, de manière à créer un tatouage *in vivo*.

12. Texte tissulaire : cultiver un tissu vivant en lui donnant la forme de structures lexicales. Laisser croître le tissu lentement, jusqu'à ce que les structures lexicales forment un film unique et s'effacent.

13. Protéopoétique : créer un code qui convertisse les mots en acides aminés et produire par ce biais un protéopoème tridimensionnel, en se libérant ainsi totalement du besoin de passer par un gène pour encoder la protéine. Écrire directement la protéine. Synthétiser le protéopoème. Le modeler dans un média numérique et non numérique. Lui donner une expression dans des organismes vivants [...].

---

1. La luciole ou lampyre se nourrit en effet d'escargots.

2. Le terme allemand *Umwelt*, « environnement » ou « monde alentour », est utilisé en biologie pour désigner le milieu commun dans lequel vivent des espèces, mais en tant que chacune le perçoit différemment des autres. Il peut se traduire par « univers subjectif ».

3. Élément génétique distinct des chromosomes, qu'on rencontre notamment dans les bactéries.

19. Écoute haptique : implanter une micropuce autoalimentée qui émette un poème sonore par contact (si on la presse). Le son n'est pas assez amplifié pour être audible à distance à travers la peau. L'auditeur doit entrer en contact physiquement avec le poète pour que le son de la puce se propage du corps du poète jusqu'à son propre corps. L'auditeur devient lui-même le médium à travers lequel le son est transmis. Le poème entre dans son corps, non par les oreilles, mais par le dedans, à travers le corps même.

20. Scriptogénèse. Créer un organisme vivement entièrement neuf, n'ayant jamais encore existé, en commençant par assembler des atomes en molécule [...]. Puis organiser ces molécules en un chromosome minimal, mais fonctionnel. Soit synthétiser un noyau qui contienne ce chromosome, soit l'introduire dans un noyau existant. Faire de même pour la cellule entière. La lecture a lieu par l'observation des transformations cytopoétologiques [1] du chromosome scriptogénétique, tout au long de la croissance et de la reproduction de l'organisme monocellulaire.

1. Mot forgé sur « cyto- » (relatif à la cellule) et « poétologique » (relatif à l'étude de la poésie).

III

LE PROPRE DU POÈME

XIX

MME DE STAËL

UNE EXTASE

Mme de Staël, « De la poésie », *De l'Allemagne* [1810], II, chap. X, éd. S. Balayé, GF-Flammarion, t. I, 1990, p. 205-208.

Avec le romantisme français, le lyrisme se voit valorisé, redéfini et étroitement lié à la définition de la poésie. Le poème authentique devient la parole d'une âme dont il exprime, condense et rehausse les émotions. Il s'agit d'extérioriser une intimité, dans un élan expressif indissociable de l'expérience d'une intensité affective particulière. Est poétique le texte qui reproduit des impressions élevées, comparables à celles ressenties devant certains objets sublimes. Le texte fixe alors un état d'ordre sacré, dans lequel la réflexion du locuteur prend la forme d'une méditation supérieure, qui force la langue à trouver des modes d'expression pour l'« inexprimable ». Mais loin de se contenter de dire un moi individuel, une telle voix s'ouvre dès lors à l'univers, dont elle se fait le porte-parole, voire l'interprète.

En 1807, Mme de Staël a donné une transposition romanesque de cette conception, dans *Corinne*. Son héroïne improvise des chants donnant voix à ses affects comme au paysage qui lui répond : élu, le poète de génie « entend le bruit des sphères que les organes mortels ne sont pas faits pour saisir ; il pénètre des mystères du sentiment inconnus aux autres hommes », et les leur communique (*Corinne ou l'Italie*, XIII, IV, Gallimard, « Folio », 1985, p. 354).

Dans *De l'Allemagne*, cette réflexion prend la forme de l'essai. La poésie, « don de révéler par la parole ce qu'on ressent au fond du cœur », se définit, hors du temps, comme un excès de jouissance : elle est « une possession momentanée de tout ce que notre âme souhaite ». Or une telle approche incite à valoriser le fond et l'impact, plutôt que le respect de contraintes formelles, de sorte que Mme de Staël renouvelle un constat exprimé dès le XVIIIe siècle (voir Marmontel, texte XII) : le poétique s'oppose au prosaïque, mais non à la prose. Bien au contraire, elle estime que « nos meilleurs poètes lyriques, en France, ce sont peut-être nos grands prosateurs, Bossuet, Pascal, Fénelon, Buffon, Jean-Jacques [Rousseau], etc. » (I, II, chap. IX, éd. citée, p. 202). Par la suite, cependant, de nombreux auteurs ont réagi contre ce lien trop exclusif entre lyrisme ou authenticité, et poésie, en insistant, de manière polémique, sur la réalité strictement textuelle de la composition et de ses effets : « Il n'y a pas de poésie ailleurs que dans un objet de langue. / Il n'y a pas de poésie dans le coucher de soleil », écrit par exemple, en 1995, Jacques Roubaud (*Poésie, etcetera : ménage*, éd. citée, p. 81).

Ce qui est vraiment divin dans le cœur de l'homme ne peut être défini ; s'il y a des mots pour quelques traits, il n'y en a point pour exprimer l'ensemble, et surtout le mystère de la véritable beauté dans tous les genres. Il est facile de dire ce qui n'est pas de la poésie ; mais si l'on veut comprendre ce qu'elle est, il faut appeler au secours les impressions qu'excitent une belle contrée, une musique harmonieuse, le regard d'un objet chéri, et par-dessus tout un sentiment religieux qui nous fait éprouver en nous-mêmes la présence de la divinité. La poésie est le langage naturel de tous les cultes. La Bible est pleine de poésie ; Homère est plein de religion. Ce n'est pas qu'il y ait des fictions dans la Bible, ni des dogmes dans Homère ; mais l'enthousiasme rassemble dans un même foyer des sentiments divers, l'enthousiasme est l'encens de la terre vers le ciel, il les réunit l'un à l'autre.

Le don de révéler par la parole ce qu'on ressent au fond du cœur est très rare ; il y a pourtant de la poésie dans tous les êtres capables d'affections vives et profondes ; l'expression manque à ceux qui ne sont pas exercés à la trouver. Le poète ne fait, pour ainsi dire, que dégager le sentiment prisonnier au fond de l'âme ; le génie poétique est une disposition intérieure, de la même nature que celle qui rend capable d'un généreux sacrifice : c'est rêver l'héroïsme que composer une belle ode. Si le talent n'était pas mobile, il inspirerait aussi souvent les belles actions que les touchantes paroles ; car elles partent toutes également de la conscience du beau, qui se fait sentir en nous-mêmes.

Un homme d'un esprit supérieur disait que *la prose était factice, et la poésie naturelle* : en effet, les nations peu civilisées commencent toujours par la poésie, et dès qu'une passion forte agite l'âme, les hommes les plus vulgaires se servent, à leur insu, d'images et de métaphores ; ils appellent à leur secours la nature extérieure pour exprimer ce qui se passe en eux d'inexprimable. Les gens du peuple sont beaucoup plus près d'être des poètes que les hommes de bonne compagnie, car la convenance et le persiflage ne sont propres qu'à servir de bornes, ils ne peuvent rien inspirer. [...]

La poésie lyrique s'exprime au nom de l'auteur même ; ce n'est plus dans un personnage qu'il se transporte, c'est en lui-même qu'il trouve les divers mouvements dont il est animé : J.-B. Rousseau [1] dans ses odes religieuses, Racine dans *Athalie*, se sont montrés poètes lyriques ; ils étaient nourris des psaumes et pénétrés d'une foi vive ; néanmoins les difficultés de la langue et de la versification françaises s'opposent presque toujours à l'abandon de l'enthousiasme. On peut citer des strophes admirables dans quelques-unes de nos odes ; mais y en a-t-il une entière dans laquelle le dieu n'ait point abandonné le poète ? De beaux vers ne sont pas de la poésie ; l'inspiration dans les arts est une source inépuisable qui vivifie depuis la première parole jusqu'à la dernière : amour, patrie, croyance, tout doit être divinisé dans l'ode, c'est l'apothéose du sentiment : il faut, pour concevoir la vraie grandeur de la poésie lyrique, errer par la rêverie dans les régions éthérées, oublier le bruit de la terre en écoutant l'harmonie céleste, et considérer l'univers entier comme un symbole des émotions de l'âme.

L'énigme de la destinée humaine n'est de rien pour la plupart des hommes ; le poète l'a toujours présente à l'imagination. L'idée de la mort, qui décourage les esprits vulgaires, rend le génie plus audacieux, et le mélange des beautés de la nature et des terreurs de la destruction excite je ne sais quel délire de bonheur et d'effroi, sans lequel on ne peut ni comprendre ni décrire le spectacle de ce monde. La poésie lyrique ne raconte rien, ne s'astreint en rien à la succession des temps, ni aux limites des lieux ; elle plane sur les pays et sur les

---

1. Jean-Baptiste Rousseau (1670-1741), auteur d'épigrammes, puis de poèmes religieux.

siècles ; elle donne de la durée à ce moment sublime pendant lequel l'homme s'élève au-dessus des peines et des plaisirs de la vie. Il se sent au milieu des merveilles du monde comme un être à la fois créateur et créé, qui doit mourir et qui ne peut cesser d'être, et dont le cœur tremblant et fort en même temps s'enorgueillit en lui-même et se prosterne devant Dieu.

Les Allemands, réunissant tout à la fois, ce qui est très rare, l'imagination et le recueillement contemplatif, sont plus capables que la plupart des autres nations de la poésie lyrique. Les modernes ne peuvent se passer d'une certaine profondeur d'idées dont une religion spiritualiste leur a donné l'habitude ; et si cependant cette profondeur n'était point revêtue d'images, ce ne serait point de la poésie : il faut que la nature grandisse aux yeux de l'homme, pour qu'il puisse s'en servir comme de l'emblème de ses pensées. Les bosquets, les fleurs et les ruisseaux, suffisaient aux poètes du paganisme ; la solitude des forêts, l'Océan sans bornes, le ciel étoilé, peuvent à peine exprimer l'éternel et l'infini dont l'âme des chrétiens est remplie.

[...] Boileau, tout en perfectionnant le goût et la langue, a donné à l'esprit français, l'on ne saurait le nier, une disposition très défavorable à la poésie. Il n'a parlé que de ce qu'il fallait éviter, il n'a insisté que sur des préceptes de raison et de sagesse, qui ont introduit en littérature une sorte de pédanterie très nuisible au sublime élan des arts. Nous avons en français des chefs-d'œuvre de versification ; mais comment peut-on appeler la versification de la poésie ! Traduire en vers ce qui était fait pour rester en prose, exprimer en dix syllabes, comme Pope, les jeux de cartes et leurs moindres détails, ou, comme les derniers poèmes qui ont paru chez nous, le trictrac, les échecs, la chimie, c'est un tour de passe-passe en fait de paroles, c'est composer avec les mots comme avec les notes des sonates sous le nom de poème.

Il faut cependant une grande connaissance de la langue poétique pour décrire ainsi noblement les objets qui prêtent le moins à l'imagination, et l'on a raison d'admirer quelques morceaux détachés de ces galeries de tableaux ; mais les transitions qui les lient entre eux sont nécessairement prosaïques, comme ce qui se passe dans la tête de l'écrivain. Il s'est dit : – Je ferai des vers sur ce sujet, puis sur celui-ci, puis sur celui-là. Et sans s'en apercevoir il nous met dans la confidence de sa manière de travailler. Le véritable poète conçoit pour ainsi dire tout son poème à la fois au fond de son âme : sans les difficultés du langage, il improviserait, comme la sibylle et les prophètes, les hymnes saints du génie. Il est ébranlé par ses conceptions [1] comme par un événement de sa vie. Un monde nouveau s'offre à lui ; l'image sublime de chaque situation, de chaque caractère, de chaque beauté de la nature frappe ses regards, et son cœur bat pour un bonheur céleste qui traverse comme un éclair l'obscurité du sort. La poésie est une possession momentanée de tout ce que notre âme souhaite ; le talent fait disparaître les bornes de l'existence, et change en images brillantes le vague espoir des mortels.

XX

POE

LA RÉDUCTION AU LYRISME

Edgar Allan Poe, « Du principe poétique » [1850],
trad. F. Rabbe [1887], *Œuvres choisies*,
Livre Club Diderot, 1972, p. 1211-1219.

Les thèses de l'Américain Edgar Poe donnent sens à un mouvement général qui, depuis 1750 environ, a vu la poésie s'éloigner du récit héroïque et de l'enseignement. « Attente prolongée d'un chef-d'œuvre absent », les Lumières ne se satisfont plus des tentatives produites pour illustrer les genres épiques ou didactiques, pourtant prévus par leur esthétique (J.-L. Haquette, « Les projets d'épopée de la nature au XVIIIe siècle : le mirage épique », in *L'Épopée et ses modèles de la Renaissance aux Lumières*, éd. F. Greiner et J.-C. Ternaux, Champion, 2002, p. 55).

Promu en France par Baudelaire, le *poetic principle* de Poe justifie théoriquement cette évolution. Définissant la poésie comme « une Création rythmique de la Beauté », il privilégie une dimension musicale du texte, associée au lyrisme. Il explique en revanche qu'un poème long ne peut soutenir l'attention, ce qui condamne l'épopée, et il oppose la précision nécessaire au didactisme et les exigences métriques. Comme chez Mme de Staël (voir texte XIX), certains thèmes traditionnels deviennent ainsi antipoétiques, et Mallarmé pourra aller jusqu'à exclure les possibi-

1. Ses inventions.

lités de « narrer, enseigner, même décrire » (voir texte XXI).
En 1897, Sully Prudhomme, l'un des rares auteurs à tenter encore d'accompagner poétiquement l'évolution des savoirs, commente avec inquiétude cette restriction générique, en laquelle il diagnostique un appauvrissement. Il observe qu'on n'est plus poète « qu'à la condition de s'interdire certains sujets. Un poème sur le jeu d'échecs, voire sur la plus haute métaphysique, est d'avance condamné ». Or, selon lui, « rien n'est plus contraire au génie français, comme à l'essence même de la versification, que de vouer celle-ci exclusivement au service des émotions poétiques, des états d'âme mélancoliques, nobles ou sublimes ; elle excelle à faire sonner le rire et à promulguer les décrets de la raison » (*Testament poétique* [1897], *Œuvres*, t. VI, Lemerre, 1904, p. 6 et 53).

Je soutiens qu'il n'existe pas de long poème ; que cette phrase « un long poème » est tout simplement une contradiction dans les termes.

Il est à peine besoin d'observer qu'un poème ne mérite ce nom qu'autant qu'il émeut l'âme en l'élevant. La valeur d'un poème est en raison directe de sa puissance d'émouvoir et d'élever. Mais toutes les émotions, en vertu d'une nécessité psychique, sont transitoires. La dose d'émotion nécessaire à un poème pour justifier ce titre ne saurait se soutenir dans une composition de longue étendue. Au bout d'une demi-heure au plus, elle baisse, tombe ; une révulsion s'opère – et dès lors, le poème, de fait, cesse d'être un poème.

Ils ne sont pas rares, sans doute, ceux qui ont trouvé quelques difficultés à concilier cet axiome critique, que « le *Paradis perdu* [1] est à admirer religieusement d'un bout à l'autre », avec l'impossibilité absolue où nous sommes de conserver, durant la lecture entière, l'enthousiasme que cet axiome suppose. En réalité, ce grand ouvrage ne peut être réputé poétique que si, perdant de vue cette condition vitale exigée de toute œuvre d'art, l'Unité, nous le considérons simplement comme une série de petits poèmes détachés. Si, pour sauver cette Unité – la totalité d'effet ou d'impression qu'il produit – nous le lisons (comme il le faudrait alors) tout d'un trait, le seul résultat de cette lecture, c'est de nous faire passer alternativement de l'enthousiasme à l'abattement. À certain passage, où nous sentons une véritable poésie, succèdent, iné-

1. Épopée de l'Anglais John Milton (1608-1674).

vitablement, des platitudes qu'aucun préjugé critique ne saurait nous forcer d'admirer ; mais si, après avoir parcouru l'ouvrage en son entier, nous le relisons, laissant de côté le premier livre pour commencer par le second, nous serons tout surpris de trouver maintenant admirable ce qu'auparavant nous condamnions – et condamnable ce qu'auparavant nous ne pouvions trop admirer. D'où il suit, que l'effet final, total et absolu du poème épique, le meilleur même qui soit sous le soleil, est nul – c'est là un fait incontestable.

Si nous passons à l'*Iliade*, à défaut de preuves positives, nous avons au moins d'excellentes raisons de croire que, dans l'intention de son auteur, elle ne fut qu'une série de pièces lyriques ; si l'on veut y voir une intention épique, tout ce que je puis dire alors, c'est que l'œuvre repose sur un sentiment imparfait de l'art. L'épopée moderne est une imitation de ce prétendu modèle épique ancien, mais une imitation maladroite et aveugle. Mais le temps de ces méprises artistiques est passé. Si, à une certaine époque, un long poème a pu réellement être populaire – ce dont je doute –, il est certain du moins qu'il ne peut plus l'être désormais. [...]

D'autre part, il est clair que le poème peut pécher par excès de brièveté. Une brièveté excessive dégénère en épigramme. Un poème trop court peut produire çà et là un vif et brillant effet ; mais non un effet profond et durable. Il faut à un sceau un temps de pression suffisant pour s'imprimer sur la cire. Béranger [1] a écrit quantité de choses piquantes et émouvantes, mais en général ce sont choses trop légères pour s'imprimer profondément dans l'attention publique, et ainsi, les créations de son imagination, comme autant de plumes aériennes, n'ont apparu que pour être emportées par le vent. [...]

Pendant que la manie épique – l'idée que pour avoir du mérite en poésie, la prolixité est indispensable – disparaissait peu à peu depuis quelques années de l'esprit du public, en vertu même de son absurdité, nous voyions lui succéder une autre hérésie d'une fausseté trop palpable pour être longtemps tolérée ; mais qui, pendant la courte période qu'elle a déjà duré, a plus fait à elle seule pour la corruption de notre littérature poétique que tous ses autres ennemis à la fois. Je veux

1. Pierre-Jean de Béranger (1780-1857), auteur populaire français de chansons politiques.

dire l'hérésie du *Didactisme*. Il est reçu, implicitement et explicitement, directement et indirectement, que la fin dernière de toute Poésie est la Vérité. Tout poème, dit-on, doit inculquer une morale, et c'est par cette morale qu'il faut apprécier le mérite poétique d'un ouvrage. Nous autres Américains surtout, nous avons patronné cette heureuse idée, et c'est particulièrement à nous, Bostoniens, qu'elle doit son entier développement. Nous nous sommes mis dans la tête qu'écrire un poème uniquement pour l'amour de la poésie, et reconnaître que tel a été notre dessein en l'écrivant, c'est avouer que le vrai sentiment de la dignité et de la force de la poésie nous fait radicalement défaut – tandis qu'en réalité, nous n'aurions qu'à rentrer un instant en nous-même, pour découvrir immédiatement qu'il n'existe et ne peut exister sous le soleil d'œuvre plus absolument estimable, plus suprêmement noble, qu'un vrai poème, un poème *per se*, un poème qui n'est que poème et rien de plus, un poème écrit pour le pur amour de la poésie.

Avec tout le respect que j'ai pour la Vérité, respect aussi grand que celui qui ait jamais pu faire battre une poitrine humaine, je voudrais cependant limiter, en une certaine mesure, ses moyens d'inculcation. Je voudrais les limiter pour les renforcer, au lieu de les affaiblir en les multipliant. Les exigences de la Vérité sont sévères. Elle n'a aucune sympathie pour les fleurs de l'imagination. Tout ce qu'il y a d'indispensable dans le Chant est précisément ce dont elle a le moins à faire. C'est la réduire à l'état de pompeux paradoxe que de l'enguirlander de perles et de fleurs. Une vérité, pour acquérir toute sa force, a plutôt besoin de la sévérité que des efflorescences du langage. Ce qu'elle veut, c'est que nous soyons simples, précis, élégants ; elle demande du calme, de la froideur, de l'impassibilité. En un mot, nous devons être à son égard, autant qu'il est possible, dans l'état d'esprit le plus directement opposé à l'état poétique. Bien aveugle serait celui qui ne saisirait pas les différences radicales qui creusent un abîme entre les moyens d'action de la Vérité et ceux de la Poésie. [...]

Naturellement, le Sentiment poétique peut revêtir différents modes de développement – la Peinture, la Sculpture, l'Architecture, la Danse – la Musique surtout – et dans un sens tout spécial, et fort large, l'art des Jardins [paysagers].

Notre sujet doit se borner à envisager la manifestation du sentiment poétique par le langage. Et ici, qu'on me permette de dire quelques mots du rythme. Je me contenterai d'affirmer que la Musique, dans ses différents modes de mesure, de rythme et de rime, a en poésie une telle importance que ce serait folie de vouloir se passer de son secours, – sans m'arrêter à rechercher ce qui en fait l'essence absolue.

XXI

MALLARMÉ

DONNER UN SENS PLUS PUR AUX MOTS DE LA TRIBU

Stéphane Mallarmé, « Crise de vers », *Divagations*, in *Œuvres complètes*, éd. B. Marchal, Gallimard, « Bibliothèque de la Pléiade », 2003, t. II, p. 204-213.

Dans « Crise de vers », un article paru en 1895, Mallarmé témoigne des changements esthétiques qui bouleversent la poésie de son temps. La métrique traditionnelle définissait le vers en fonction de contraintes strictes : un nombre de syllabes prononcées fixes, une pause obligatoire au cœur des vers longs (à la césure des deux hémistiches pour l'alexandrin), des rimes jugées suffisantes dès lors qu'elles portaient au moins sur deux phonèmes identiques. La « crise » observée par Mallarmé correspond à une remise en cause de ces règles, « vieux moule fatigué » dont la langue poétique « s'évade ».

Au moment où écrit Mallarmé, trois possibilités au moins désormais se dégagent : un respect relâché du vers classique (on continue à composer des vers de douze syllabes, mais sans forcément se plier au découpage interne qui en ferait des alexandrins), des jeux à la proximité des anciens grands vers (initié « au charme certain du vers faux », on compose par exemple des vers de onze ou treize syllabes), enfin un « vers libre » qui, optant pour l'« euphonie », s'affranchit également de la rime. Le poète, libre aussi de composer en prose, se fait ainsi, dorénavant, inventeur de formes personnelles : chacun, « avec son jeu et son ouïe individuels, se peut composer un instrument ». Logiquement, le mot « vers » voit ainsi sa définition élargie à toute la création verbale : « vers il y a sitôt que s'accentue la diction, rythme dès que style ». Mais comment distinguer alors la poésie du reste de la littérature ? Mallarmé avance plusieurs propositions pour distinguer le travail du poète :

– ce dernier cherche à « rémunérer le défaut des langues » : il lutte contre l'absence de motivation du signifiant en essayant d'« exprimer les objets par des touches y répondant en coloris ou en allure » et forge avec le vers « un mot total, neuf » qui concurrence les termes réputés propres ;
– il « cède l'initiative aux mots », laissant le lexique se charger du plus grand nombre de sens possibles : loin des définitions réductrices du lyrisme, c'est moins un message personnel qu'il cherche à exprimer que la richesse du langage lui-même ;
– il vise à la plus grande structuration possible de son texte, où de multiples réseaux se mettent en place, tant pour le sens que pour le son, car, comme pour Poe, la poésie doit « reprendre [son] bien » à la musique.

Enfin, cet ensemble de préceptes s'appuie sur une opposition entre deux usages de la langue : le texte poétique ne cherche pas à *communiquer* au sens courant – il ne se réduit pas en un message relatif à des éléments externes au langage et séparable de sa forme, mais il reste comme suspendu hors de l'usage, convoquant dès lors, telle une incantation, des signifiés incertains.

L'ambiguïté volontaire de « Crise de vers » permet une diversité d'interprétations en partie responsable de sa fortune considérable, mais en rend la lecture difficile. Aussi avons-nous jugé éclairant d'accompagner ce texte, en notes, d'extraits de la réponse de Mallarmé à l'enquête de Jules Huret sur l'évolution littéraire (1891), publiée dans le même volume.

La littérature ici subit une exquise crise, fondamentale.

Qui accorde à cette fonction une place ou la première, reconnaît, là, le fait d'actualité : on assiste, comme finale d'un siècle, pas ainsi que ce fut dans le dernier, à des bouleversements [1] ; mais, hors de la place publique, à une inquiétude du voile dans le temple avec des plis significatifs et un peu sa déchirure.

Un lecteur français, ses habitudes interrompues à la mort de Victor Hugo [2], ne peut que se déconcerter. Hugo, dans sa tâche mystérieuse, rabattit toute la prose, philosophie, éloquence, histoire au vers, et, comme il était le vers personnellement, il confisqua chez qui pense, discourt ou narre, presque le droit à s'énoncer. Monument en ce désert, avec le silence loin ; dans une crypte la divinité ainsi d'une majestueuse idée inconsciente, à savoir que la forme appelée vers est simplement elle-même la littérature ; que vers il y a sitôt que s'accentue la dic-

1. Allusion à la révolution de 1789 et ses suites.
2. Hugo, qualifié ensuite de « géant », est mort le 22 mai 1885.

tion, rythme dès que style. Le vers, je crois, avec respect attendit que le géant qui l'identifiait à sa main tenace et plus ferme toujours de forgeron, vînt à manquer ; pour, lui, se rompre. Toute la langue, ajustée à la métrique, y recouvrant ses coupes vitales, s'évade, selon une libre disjonction aux mille éléments simples ; et, je l'indiquerai, pas sans similitude avec la multiplicité des cris d'une orchestration, qui reste verbale [1]. [...]

Le remarquable est que, pour la première fois, au cours de l'histoire littéraire d'aucun peuple, concurremment aux grandes orgues générales et séculaires, où s'exalte, d'après un latent clavier, l'orthodoxie, quiconque avec son jeu et son ouïe individuels se peut composer un instrument, dès qu'il souffle, le frôle ou frappe avec science ; en user à part et le dédier aussi à la Langue.

Une haute liberté d'acquise, la plus neuve : je ne vois, et ce reste mon intense opinion, effacement de rien qui ait été beau dans le passé, je demeure convaincu que dans les occasions amples on obéira toujours à la tradition solennelle, dont la prépondérance relève du génie classique : seulement, quand n'y aura pas lieu, à cause d'une sentimentale bouffée ou pour un récit, de déranger les échos vénérables, on regardera à le faire. Toute âme est une mélodie, qu'il s'agit de renouer ; et pour cela, sont la flûte ou la viole de chacun.

Selon moi jaillit tard une condition vraie ou la possibilité, de s'exprimer non seulement, mais de se moduler, à son gré [2].

---

1. « En dehors des préceptes consacrés, est-il possible de faire de la poésie ? On a pensé que oui et je crois qu'on a eu raison. Le vers est partout dans la langue où il y a rythme [...]. Dans le genre appelé prose, il y a des vers, quelquefois admirables, de tous rythmes. Mais, en vérité, il n'y a pas de prose : il y a l'alphabet et puis des vers plus ou moins serrés : plus ou moins diffus. Toutes les fois qu'il y a effort au style, il y a versification » (Mallarmé, « Sur l'évolution littéraire », *Œuvres complètes*, éd. citée, p. 698).

2. « Nous assistons, en ce moment, à un spectacle vraiment extraordinaire, unique, dans toute l'histoire de la poésie : chaque poète allant, dans son coin, jouer sur une flûte, bien à lui, les airs qu'il lui plaît ; pour la première fois, depuis le commencement, les poètes ne chantent plus au lutrin. Jusqu'ici, n'est-ce pas, il fallait, pour s'accompagner, les grandes orgues du mètre officiel. Eh bien ! on en a trop joué, et on s'en est lassé. [...] D'ailleurs, en musique, la même transformation s'est produite : aux mélodies d'autrefois très dessinées succède une infinité de mélodies brisées qui enrichissent le tissu sans qu'on sente la cadence aussi fortement marquée. [...] Et le volume de la poésie future sera celui à travers lequel courra le grand vers initial avec une infinité de motifs empruntés à l'ouïe individuelle » (*ibid.*, p. 697-699).

Les langues imparfaites en cela que plusieurs, manque la suprême : penser étant écrire sans accessoires, ni chuchotement mais tacite encore l'immortelle parole, la diversité, sur terre, des idiomes empêche personne de proférer les mots qui, sinon se trouveraient, par une frappe unique, elle-même matériellement la vérité. Cette prohibition sévit expresse, dans la nature (on s'y bute avec un sourire) que ne vaille de raison pour se considérer Dieu [1] ; mais, sur l'heure, tourné à de l'esthétique, mon sens regrette que le discours défaille à exprimer les objets par des touches y répondant en coloris ou en allure, lesquelles existent dans l'instrument de la voix, parmi les langages et quelquefois chez un [2]. À côté d'*ombre*, opaque, *ténèbres* se fonce peu ; quelle déception, devant la perversité conférant à *jour* comme à *nuit*, contradictoirement, des timbres obscur ici, là clair. Le souhait d'un terme de splendeur brillant, ou qu'il s'éteigne, inverse ; quant à des alternatives lumineuses simples – *Seulement*, sachons *n'existerait pas le vers* : lui, philosophiquement rémunère le défaut des langues, complément supérieur. [...]

Parler n'a trait à la réalité des choses que commercialement : en littérature, cela se contente d'y faire une allusion ou de distraire leur qualité qu'incorporera quelque idée [3].

À cette condition s'élance le chant, qu'une joie allégée.

Cette visée, je la dis Transposition – Structure, une autre.

---

1. Allusion, comme la phrase précédente, au mythe biblique de la tour de Babel : Dieu introduisit la confusion des langues et arrêta la construction de cet édifice bâti pour toucher au ciel (Genèse 11, 1-9). À partir de ce paragraphe, Mallarmé élargit son propos, passant de la description de la situation contemporaine du vers à une réflexion générale sur la poésie et son rapport au langage.

2. Mallarmé donne ici des exemples de mots où son et sens lui paraissent, ou non, s'accorder.

3. Thème repris à la fin de l'essai : la poésie (ou littérature) n'a qu'un rapport indirect à la communication (le « commerce » usuel entre les locuteurs), d'où la métaphore filée de la monnaie, qui va opposer une parole-pièce, valant pour les choses, et une parole « essentielle », isolée, qui affirme son caractère de « rêve » et de verbe. Sur le lien entre rêve et allusion, cf. « Sur l'évolution littéraire » : « Nommer un objet, c'est supprimer les trois quarts de la jouissance du poème qui est faite de deviner peu à peu : le suggérer, voilà le rêve. [...] Il doit y avoir toujours énigme en poésie, et c'est le but de la littérature, – il n'y en a pas d'autres – d'évoquer les objets » (*Œuvres complètes*, éd. citée, p. 700).

L'œuvre pure implique la disparition élocutoire du poète, qui cède l'initiative aux mots, par le heurt de leur inégalité mobilisés ; ils s'allument de reflets réciproques comme une virtuelle traînée de feux sur des pierreries, remplaçant la respiration perceptible en l'ancien souffle lyrique ou la direction personnelle enthousiaste de la phrase.

Une ordonnance du livre de vers poind innée ou partout, élimine le hasard ; encore la faut-il, pour omettre l'auteur : or, un sujet, fatal, implique, parmi les morceaux ensemble, tel accord quant à la place, dans le volume, qui correspond. Susceptibilité en raison que le cri possède un écho – des motifs de même jeu s'équilibreront, balancés, à distance, ni le sublime incohérent de la mise en page romantique ni cette unité artificielle, jadis, mesurée en bloc au livre. Tout devient suspens, disposition fragmentaire avec alternance et vis-à-vis, concourant au rythme total, lequel serait le poème tu, aux blancs ; seulement traduit, en une manière, par chaque pendentif. Instinct, je veux, entrevu à des publications et, si le type supposé, ne reste pas exclusif de complémentaires, la jeunesse, pour cette fois, en poésie où s'impose une foudroyante et harmonieuse plénitude, bégaya le magique concept de l'Œuvre. Quelque symétrie, parallèlement, qui, de la situation des vers en la pièce se lie à l'authenticité de la pièce dans le volume, vole, outre le volume, à plusieurs inscrivant, eux, sur l'espace spirituel, le paraphe amplifié du génie, anonyme et parfait comme une existence d'art. [...]

Certainement, je ne m'assieds jamais aux gradins des concerts, sans percevoir parmi l'obscure sublimité telle ébauche de quelqu'un des poèmes immanents à l'humanité ou leur originel état, d'autant plus compréhensible que tu et que pour en déterminer la vaste ligne le compositeur éprouva cette facilité de suspendre jusqu'à la tentation de s'expliquer. Je me figure par un indéracinable sans doute préjugé d'écrivain, que rien ne demeurera sans être proféré ; que nous en sommes là, précisément, à rechercher, devant une brisure des grands rythmes littéraires (il en a été question plus haut) et leur éparpillement en frissons articulés proches de l'instrumentation, un art d'achever la transposition, au Livre, de la symphonie ou uniment de reprendre notre bien car, ce n'est pas de sonorités élémentaires par les cuivres, les cordes, les bois, indéniablement mais de l'intellectuelle parole à son apogée que doit avec plénitude et évidence, résulter, en tant que l'ensemble des rapports existant dans tout, la Musique.

Un désir indéniable à mon temps est de séparer comme en vue d'attributions différentes le double état de la parole, brut ou immédiat ici, là essentiel.

Narrer, enseigner, même décrire, cela va et encore qu'à chacun suffirait peut-être pour échanger la pensée humaine, de prendre ou de mettre dans la main d'autrui en silence une pièce de monnaie, l'emploi élémentaire du discours dessert l'universel reportage dont, la littérature exceptée, participe tout entre les genres d'écrits contemporains.

À quoi bon la merveille de transposer un fait de nature en sa presque disparition vibratoire selon le jeu de la parole, cependant ; si ce n'est pour qu'en émane, sans la gêne d'un proche ou concret rappel, la notion pure.

Je dis : une fleur ! et, hors de l'oubli où ma voix relègue aucun contour, en tant que quelque chose d'autre que les calices sus, musicalement se lève, idée même et suave, l'absente de tous bouquets.

Au contraire d'une fonction de numéraire facile et représentatif, comme le traite d'abord la foule, le dire, avant tout, rêve et chant, retrouve chez le poète, par nécessité constitutive d'un art consacré aux fictions, sa virtualité.

Le vers qui de plusieurs vocables refait un mot total, neuf, étranger à la langue et comme incantatoire, achève cet isolement de la parole : niant, d'un trait souverain, le hasard demeuré aux termes malgré l'artifice de leur retrempe alternée en le sens et la sonorité, et vous cause cette surprise de n'avoir ouï jamais tel fragment ordinaire d'élocution, en même temps que la réminiscence de l'objet nommé baigne dans une neuve atmosphère.

XXII

DU BELLAY

ENRICHIR LE CODE COMMUN

Joachim du Bellay, *La Défense et illustration de la langue française* [1549], II, 6, éd. J.-C. Monferran, Genève, Droz, 2001, p. 144-148 (orthographe modernisée).

En demandant aux poètes de sa génération de composer en langue française afin de rendre illustre cette dernière, Du Bellay a lié durablement poésie et vitalité linguistique. Non seulement le poète doit se faire créateur de textes, mais il est investi d'une tâche d'entretien et de renouvellement du code lui-même.

Dans le chapitre « D'inventer des mots et d'autres choses que doit observer le poète français », l'auteur des *Regrets*, qui en appelle à une sorte d'horticulture des langues, faite de greffes et de mélanges, conseille au poète de cultiver le lexique. En osant imposer dans ses œuvres néologismes et formes périmées, la poésie ainsi conçue travaille à la fois la mémoire et le futur du parler commun : « Ma langue est à moi par la poésie », dira Jacques Roubaud (*Poésie, etcetera : ménage*, éd. citée, p. 104). Cette fonction d'expérimentation, un temps proscrite par l'imposition de règles strictes (voir Boileau, texte IX, et Mathurin Régnier, texte X), tend à revenir avec force dans notre conception moderne du poète – peut-être parce qu'elle dépasse le clivage entre vers et prose, comme en témoigne déjà la fin du texte de Du Bellay.

Je veux bien avertir celui qui entreprendra un grand œuvre, qu'il ne craigne point d'inventer, adopter, et composer à l'imitation des Grecs quelques mots français, comme Cicéron se vante d'avoir fait en sa langue. Mais si les Grecs et Latins eussent été superstitieux en cet endroit, qu'auraient-ils ores, de quoi magnifier si hautement cette copie, qui est en leur langue [1] ? Et si Horace permet qu'on puisse en un long poème dormir quelquefois, est-il défendu en ce même endroit user de quelques mots nouveaux, même [2] quand la nécessité nous y contraint. Nul, s'il n'est vraiment du tout ignare, voire privé de sens commun, ne doute point que les choses n'aient

1. « Qu'auraient-ils maintenant pour qu'on célébrât comme grande cette abondance qui est en leur langue ? » (J.-C. Monferran).

2. Surtout.

premièrement été, puis après les mots avoir été inventés pour les signifier, et par conséquent aux nouvelles choses être nécessaire imposer nouveaux mots, principalement ès arts, dont l'usage n'est point encore commun et vulgaire [1], ce qui peut arriver souvent à notre poète, auquel sera nécessaire emprunter beaucoup de choses non encore traitées en notre langue. Les ouvriers (afin que je ne parle des sciences libérales) jusqu'aux laboureurs mêmes, et toutes sortes de gens mécaniques ne pourraient conserver leurs métiers, s'ils n'usaient de mots à eux usités, et à nous inconnus. Je suis bien d'opinion que les procureurs et avocats usent de termes propres à leur profession sans rien innover : mais vouloir ôter la liberté à un savant homme, qui voudra enrichir sa langue, d'usurper quelquefois des vocables non vulgaires, ce serait restreindre notre langage non encore assez riche sous une trop plus rigoureuse loi que celle que les Grecs et Romains se sont donnée. Lesquels, voyant combien qu'ils fussent, sans comparaison, plus que nous copieux, et riches, néanmoins ont concédé aux doctes hommes user souvent de mots non accoutumés ès choses non accoutumées. Ne crains donc, poète futur, d'innover quelques termes en un long poème principalement, avec modestie toutefois, analogie et jugement de l'oreille, et ne te soucie, qui le trouve bon, ou mauvais : espérant que la postérité l'approuvera, comme celle qui donne foi aux choses douteuses, lumière aux obscures, nouveauté aux antiques, usage aux non accoutumées, et douceur aux âpres et rudes. Entre autres choses, se garde bien notre poète d'user de noms propres latins et grecs, chose vraiment aussi absurde que si tu appliquais une pièce de velours vert à une robe de velours rouge, mais serait-ce pas une chose bien plaisante, user en un ouvrage latin d'un nom propre d'homme, ou d'autre chose, en français ? Comme *Jan currit, Loyre fluit* [2], et autres semblables. [...] Quant au reste, use de mots purement français, non toutefois trop communs, non point aussi trop inusités, si tu ne voulais quelquefois usurper, et quasi comme enchâsser ainsi qu'une pierre précieuse et rare, quelques mots antiques en ton poème, à l'exemple de Virgile, qui a usé de ce mot *Olli* pour

1. Répandu, vulgarisé.
2. Propositions mêlant des sujets en français (Jean, la Loire), et des verbes en latin (court, coule).

Illi, *Aulai* pour *Aulæ*, et autres. Pour ce faire te faudrait voir tous ces vieux romans, et poètes français, où tu trouveras un ajourner, pour faire jour [...], anuiter pour faire nuit, assener pour frapper où on visait, et proprement d'un coup de main, isnel pour léger, et mille autres bons mots, que nous avons perdus par notre négligence. Ne doute point que le modéré usage de tels vocables ne donne grande majesté tant au vers, comme à la prose : ainsi que font les reliques des saints aux croix, et autres sacrés joyaux dédiés aux temples.

XXIII

MICHAUX

FORCER LA LANGUE

Henri Michaux, *Textes épars*, in *Œuvres complètes*, éd. R. Bellour, © Gallimard, « Bibliothèque de la Pléiade », 1998, t. I, p. 416.

Dans la lignée de Du Bellay, le poète moderne, pour se forger un instrument propre, selon l'injonction mallarméenne (voir texte XXI), et ainsi « reprendre la place d'Adam » (formule de Valère Novarina), devient volontiers celui qui travaille et explore la langue elle-même, parfois jusqu'à l'incorrection ou la défiguration – quitte à inventer un idiome inouï et monstrueux.

Henri Michaux en offre une illustration dans ce poème de 1934 (publié en revue et repris seulement dans les *Œuvres complètes*), qui décrit un viol, mais où il faut surtout lire une allégorie de l'écriture poétique elle-même. La désarticulation des mots, obtenus par fusion ou onomatopées, suit le mouvement des pulsions et culmine au centre du texte. Confirmant l'affirmation de Michel Butor selon laquelle « Sans [poésie] il n'y a pas de connaissance véritable du langage » (*L'Utilité poétique*, éd. citée, p. 57), une telle opération incite en outre à réfléchir aux perturbations que le code est capable de subir, sans cesser de se prêter à la transmission d'un sens.

Rencontre dans la forêt

D'abord il l'épie à travers les branches.
De loin, il la humine, en saligorons, en nalais.
Elle : une blonde rêveuse un peu vatte.

Ça le soursouille, ça le salave,
Ça le prend partout, en bas, en haut, en han, en hahan.
Il pâtemine. Il n'en peut plus.

Donc, il s'approche en subcul,
L'arrape et, par violence et par terreur la renverse
sur les feuilles sales et froides de la forêt silencieuse.

Il la déjupe ; puis à l'aise il la troulache,
la ziliche, la bourbouse et l'arronvesse,
(lui gridote sa trilite, la dilèche).
Ivre d'immonde, fou de son corps doux,
il l'envanule et la majalecte.
Ahanant éperdu à gouille et à gnouille
– gonilles et vogonilles –
il la ranoule et l'embonchonne,
l'assalive, la bouzète, l'embrumanne et la goliphatte.
Enfin ! triomphant, il l'engangre !
Immense cuve d'un instant !
Forêt, femme, terre, ciel animal des grands fonds !
Il bourbiote béatement.

Elle se redresse hagarde. Sale rêve et pis qu'un rêve !
« Mais plus de peur, voyons, il est parti maintenant le
[vagabond…
et léger comme une plume, Madame. »

XXIV

VALÉRY

UNE DANSE, UN PENDULE, UNE MACHINE

Paul Valéry, « Poésie et pensée abstraite » [1939],
Variété, in *Œuvres complètes*, © Gallimard,
« Bibliothèque de la Pléiade », 1957,
t. I, p. 1320-1337.

Cette conférence condense une large partie de la réflexion de Valéry (1871-1945) sur la poésie. Héritier de Mallarmé (voir texte XXI), il considère que la communication poétique, contrairement à la prose, ne sert pas une fonction utilitaire. Il illustre cette différence en les associant respectivement à la danse et à la marche. Le poème, loin de se dissoudre une fois terminé, demande à être relu à l'identique. Ce désir, qui prouve que le texte ici ne s'épuise pas dans la transmission d'un « fond », est lié à une intrication totale des qualités sémantiques et physiques de la parole dans le poème. Grâce à elle, la lecture oscille sans cesse entre les pôles du son et du sens, qui s'interpénètrent, de sorte que, tel un pendule, le lecteur, poussé par le plaisir des sonorités, mais aussi par leurs effets sémantiques, va sans cesse de l'idée au mot, et du mot au sens.

Or, pour obtenir ce résultat, le poète doit prendre en compte des contraintes extrêmement nombreuses : il se fait ingénieur de mots en orchestrant la composition de tous les niveaux possibles du verbe, en leur accordant une valeur égale. Cette « conduite simultanée de la syntaxe, de l'harmonie et des idées [...] est le problème de la plus pure poésie » (« Au sujet du *Cimetière marin* », *Œuvres complètes*, éd. citée, t. I, p. 1500), car c'est ce traitement qui, pour Valéry, distingue radicalement la parole poétique et en fait un « langage dans un langage ». Il ne refuse donc pas à la poésie une fonction de communication, mais complique celle-ci d'une attention à toutes les harmoniques de la langue : « transmettre un fait – produire une émotion ». La poésie, précise-t-il ailleurs, est « un *compromis*, ou une certaine proportion de ces deux fonctions » (« Je disais quelquefois à Stéphane Mallarmé », *ibid.*, p. 650).

Contre les théories de l'inspiration, mais aussi contre les expériences surréalistes d'abandon de la composition au rêve et au hasard, il estime que le gage de réussite du poème est son aptitude à produire un certain « état poétique » sur le lecteur, non le fait que son auteur ressente lui-même un ébranlement.

Toutefois, la prose ne peut-elle pas atteindre un même degré de composition ? L'attention à l'expression ne caractérise-t-elle pas une part importante de ce que nous nommons plus largement « littérature » ?

Le problème peut se mettre sous cette forme : la Poésie est un art du Langage ; certaines combinaisons de paroles peuvent produire une émotion que d'autres ne produisent pas, et que nous appellerons *poétique*. Quelle est cette espèce d'émotion ?

Je la connais en moi à ce caractère que tous les objets possibles du monde ordinaire, extérieur ou intérieur, les êtres, les événements, les sentiments et les actes, demeurant ce qu'ils sont d'ordinaire quant à leurs apparences, se trouvent tout à coup dans une relation indéfinissable, mais merveilleusement juste, avec les modes de notre sensibilité générale. C'est-à-dire que ces choses et ces êtres connus – ou plutôt les idées qui les représentent – changent en quelque sorte de valeur. Ils s'appellent les uns les autres, ils s'associent tout autrement que selon les modes ordinaires ; ils se trouvent (permettez-moi cette expression) *musicalisés*, devenus résonnants l'un par l'autre, et comme harmoniquement correspondants. L'univers poétique ainsi défini présente de grandes analogies avec ce que nous pouvons supposer de l'univers du rêve. [...] Mais cet état ne suffit pas pour faire un poète, pas plus qu'il ne suffit de voir un trésor en rêve pour le retrouver, au réveil, étincelant au pied de son lit.

Un poète – ne soyez pas choqué de mon propos – n'a pas pour fonction de ressentir l'état poétique : ceci est une affaire privée. Il a pour fonction de le créer chez les autres. On reconnaît le poète – ou du moins, chacun reconnaît le sien – à ce simple fait qu'il change le lecteur en « inspiré ». L'inspiration est, positivement parlant, une attribution gracieuse que le lecteur fait à son poète : le lecteur nous offre les mérites transcendants des puissances et des grâces qui se développent en lui. Il cherche et trouve en nous la cause merveilleuse de son émerveillement.

Mais l'effet de poésie, et la synthèse artificielle de cet état par quelque œuvre, sont choses toutes distinctes ; aussi différentes que le sont une sensation et une action. Une action suivie est bien plus complexe que toute production instantanée, surtout quand elle doit s'exercer dans un domaine aussi conventionnel que le langage. [...]

Degas faisait parfois des vers, et il en a laissé de délicieux. Mais il trouvait souvent de grandes difficultés dans ce travail accessoire de sa peinture. (D'ailleurs, il était homme à introduire dans n'importe quel art toute la difficulté possible.) Il dit un jour à Mallarmé : « Votre métier est infernal. Je n'arrive pas à faire ce que je veux et pourtant, je suis plein d'idées... » Et Mallarmé lui répondit : « Ce n'est point avec des idées, mon cher Degas, que l'on fait des vers. C'est avec des *mots*. »

Mallarmé avait raison. Mais quand Degas parlait d'idées, il pensait cependant à des discours intérieurs ou à des images, qui, après tout, eussent pu s'exprimer en *mots*. Mais ces mots, mais ces phrases intimes qu'il appelait ses idées, toutes ces intentions et ces perceptions de l'esprit – tout cela ne fait pas des vers. Il y a donc autre chose, une modification, une transformation, brusque ou non, spontanée ou non, laborieuse ou non, qui s'interpose nécessairement entre cette pensée productrice d'idées, cette activité et cette multiplicité de questions et de résolutions intérieures ; et puis, ces discours si différents des discours ordinaires que sont les vers, qui sont bizarrement ordonnés, qui ne répondent à aucun besoin, *si ce n'est au besoin qu'ils doivent créer eux-mêmes* ; qui ne parlent jamais que de choses absentes ou de choses profondément et secrètement ressenties ; étranges discours, qui semblent faits par un *autre* personnage que celui qui les dit, et s'adresse à un *autre* que celui qui les écoute. En somme, c'est un *langage dans un langage.*

[...] Pensez à un très petit enfant : cet enfant que nous avons été portait en soi mainte possibilité. Au bout de quelques mois de vie, il a appris dans le même temps, ou presque dans le même temps, à parler et à marcher. Il a acquis deux types d'action. C'est-à-dire qu'il possède maintenant deux espèces de possibilités, dont les circonstances accidentelles de chaque instant tireront ce qu'elles pourront, en réponse à ses besoins ou à ses imaginations diverses.

Ayant appris à se servir de ses jambes, il découvrira qu'il peut non seulement marcher, mais courir ; et non seulement marcher et courir, mais danser. Ceci est un grand événement. Il a inventé et découvert du même coup une sorte d'*utilité du second ordre* pour ses membres, une généralisation de sa formule de mouvement. En effet, tandis que la marche est en somme une activité assez monotone et peu perfectible, cette nouvelle forme d'action, la Danse, permet une infinité de créations et de variations ou de figures.

Mais du côté de la parole, ne trouvera-t-il pas un développement analogue ? Il avancera dans les possibilités de sa faculté de parler ; il découvrira qu'il y a bien plus à faire avec elle qu'à demander de la confiture et à nier les petits crimes que l'on a commis. Il se saisira du pouvoir de raisonnement ; il se fera des fictions qui l'amuseront quand il est seul ; il se répétera des mots qu'il aimera pour leur étrangeté et leur mystère.

Ainsi, parallèlement à la *Marche* et à la *Danse*, se placeront et se distingueront en lui les types divergents de la *Prose* et de la *Poésie*. [...] Voici, en effet, comment se développe notre comparaison.

La marche, comme la prose, vise un objet précis. Elle est un acte dirigé vers quelque chose que notre but est de joindre. Ce sont des circonstances actuelles, comme le besoin d'un objet, l'impulsion de mon désir, l'état de mon corps, de ma vue, du terrain, etc., qui ordonnent à la marche son allure, lui prescrivent sa direction, sa vitesse, et lui donnent un *terme fini*. [...] Il n'y a pas de déplacements par la marche qui ne soient des adaptations spéciales, mais qui chaque fois sont abolies et comme absorbées par l'accomplissement de l'acte, par le but atteint.

La danse, c'est tout autre chose. Elle est, sans doute, un système d'actes ; mais qui ont leur fin en eux-mêmes. Elle ne va nulle part. Que si elle poursuit quelque objet, ce n'est qu'un objet idéal, un état, un ravissement, un fantôme de fleur, un extrême de vie, un sourire – qui se forme finalement sur le visage de celui qui le demandait à l'espace vide.

Il s'agit donc, non point d'effectuer une opération finie, et dont la fin est située quelque part dans le milieu qui nous entoure ; mais bien de créer, et d'entretenir en l'exaltant, un certain *état*, par un mouvement périodique qui peut s'exécuter sur place ; mouvement qui se désintéresse presque entièrement de la vue, mais qui s'excite et se règle par les rythmes auditifs.

Mais si différente que soit cette danse de la marche et des mouvements utilitaires, veuillez noter cette remarque infiniment simple, qu'elle se sert des mêmes organes, des mêmes os, des mêmes muscles que celle-ci, autrement coordonnés et autrement excités.

C'est ici que nous rejoignons la prose et la poésie dans leur contraste. Prose et poésie se servent des mêmes mots, de la même syntaxe, des mêmes sons ou timbres, mais autrement coordonnés et autrement excités. La prose et la poésie se distinguent donc par la différence de certaines liaisons et associations qui se font et se défont dans notre organisme psychique et nerveux, cependant que les éléments de ces modes de fonctionnement sont identiques. C'est pourquoi il faut se garder de raisonner de la poésie comme on fait de la prose. Ce qui est vrai de l'une n'a plus de sens, dans bien des cas, quand on veut le trouver dans l'autre. Mais voici la grande et décisive différence. Quand l'homme qui marche a atteint son but – je vous l'ai dit – quand il a atteint le lieu, le livre, le fruit, l'objet qui faisait son désir et dont le désir l'a tiré de son repos, aussitôt cette possession annule définitivement tout son acte ; l'effet dévore la cause, la fin a absorbé le moyen ; et quel que fût l'acte, il n'en demeure que le résultat. Il en est tout à fait de même du langage utile : le langage qui vient de me servir à exprimer mon dessein, mon désir, mon commandement, mon opinion, ce langage qui a rempli son office, s'évanouit à peine arrivé. Je l'ai émis pour qu'il périsse, pour qu'il se transforme radicalement en autre chose dans votre esprit ; et je connaîtrai que je fus *compris* à ce fait remarquable que mon discours n'existe plus : il est remplacé entièrement par son *sens* – c'est-à-dire par des images, des impulsions, des réactions ou des actes qui vous appartiennent : en somme, par une modification intérieure de vous. [...]

Au contraire, le poème ne meurt pas pour avoir servi ; il est fait expressément pour renaître de ses cendres et redevenir indéfiniment ce qu'il vient d'être. La poésie se reconnaît à cette propriété qu'elle tend à se faire reproduire dans sa forme : elle nous excite à la reconstituer identiquement.

C'est là une propriété admirable et caractéristique entre toutes.

Je voudrais vous en donner une image simple. Pensez à un pendule qui oscille entre deux points symétriques. Supposez que l'une de ces positions extrêmes représente la forme, les caractères sensibles du langage, le son, le rythme, les accents, le timbre, le mouvement – en un mot, la *Voix* en action. Associez, d'autre part, à l'autre point, au point conjugué du premier, toutes les valeurs significatives, les images, les idées ; les excitations du sentiment et de la mémoire, les impulsions virtuelles et les formations de compréhension – en un mot, tout ce qui constitue le *fond*, le sens d'un discours. Observez alors les effets de la poésie en vous-même. Vous trouverez qu'en chaque vers, la signification qui se produit en vous, loin de détruire la forme musicale qui vous a été communiquée, redemande cette forme. Le pendule vivant qui est descendu du *son* vers le *sens* tend à remonter vers son point de départ sensible, comme si le sens même qui se propose à votre esprit ne trouvait d'autre issue, d'autre expression, d'autre réponse que cette musique même qui lui a donné naissance.

Ainsi, entre la forme et le fond, entre le son et le sens, entre le poème et l'état de poésie, se manifeste une symétrie, une égalité d'importance, de valeur et de pouvoir qui n'est pas dans la prose – laquelle décrète l'inégalité des deux constituants du langage. Le principe essentiel de la mécanique poétique – c'est-à-dire des conditions de production de l'état poétique par la parole – est à mes yeux cet échange harmonique entre l'expression et l'impression. [...] En vérité, un poème est une sorte de machine à produire l'état poétique au moyen des mots. L'effet de cette machine est incertain, car rien n'est sûr, en matière d'action sur les esprits. Mais, quel que soit le résultat et son incertitude, la construction de la machine exige la solution de quantité de problèmes.

XXV

JAKOBSON

UNE FONCTION DU LANGAGE

Roman Jakobson, « Linguistique et poétique » [1960], *Essais de linguistique générale*, trad. N. Ruwet, © Minuit, 1963, t. I, p. 213-220

Jakobson (1896-1982) a appliqué à la poésie les outils de la linguistique structuraliste. Pour lui, l'énonciation poétique accentue une des six « fonctions » présentes, à des titres divers, dans chaque acte de parole : « l'accent mis sur le message pour son propre compte ». Il précise en outre que cette *fonction poétique* repose sur une « projection du principe d'équivalence de l'axe de la sélection sur l'axe de la combinaison. »

Au lieu de sélectionner ses mots en fonction des seules exigences locales du sens et de la syntaxe, le locuteur cherche à multiplier les rapports entre les éléments présents en chaque point du texte global, *via* des échos sémantiques, phoniques, métriques ou lexicaux : ainsi les rimes lientelles par une sorte de syntaxe parallèle des mots pourtant distants. Tzvetan Todorov parle d'une « affirmation de cohérence et d'unité entre les différents plans du texte », et il rapproche l'analyse de Jakobson de celle des romantiques allemands, en citant Novalis pour qui « la poésie élève chaque élément isolé par une connexion particulière avec le

reste de l'ensemble » (*Les Genres du discours*, Seuil, « Poétique », 1978, p. 103). Dans ces jeux, le lecteur est rendu sensible aux choix opérés dans l'expression.
La définition de la poésie semble ainsi pouvoir s'appuyer sur un critère fixe : le primat particulier qu'elle accorde à une fonction usuelle explique que, tout en utilisant le langage de tous les jours, elle s'en distingue. Aussi ce texte a-t-il connu une grande fortune théorique, au point que certains poètes ont voulu, dans les années 1970, y trouver une incitation à une « clôture du texte » poétique sur lui-même, liquidant la relation au monde et au moi. Mais Jakobson prend soin de limiter l'impact de ses remarques. La fonction poétique « domine » la poésie, elle n'y règne pas sans partage. Par ailleurs, la même fonction s'impose aussi dans d'autres champs, notamment la publicité ou la chanson : en témoigne le célèbre slogan électoral d'Ike Eisenhower commenté dans l'extrait qui suit.

Le destinateur envoie un message au destinataire. Pour être opérant, le message requiert d'abord un contexte, auquel il renvoie (c'est ce qu'on appelle aussi, dans une terminologie quelque peu ambiguë, le « référent »), contexte saisissable par le destinataire, et qui est soit verbal, soit susceptible d'être verbalisé ; ensuite le message requiert un code, commun, en tout ou au moins en partie, au destinateur et au destinataire (ou, en d'autres termes, à l'encodeur et au décodeur du message) ; enfin le message requiert un contact, un canal physique et une connexion psychologique, contact qui leur permet d'établir et de maintenir la communication. Ces différents facteurs inaliénables de la communication verbale peuvent être schématiquement résumés comme suit :

CONTEXTE
DESTINATEUR...MESSAGE ...DESTINATAIRE
CONTACT
CODE

Chacun de ces six facteurs donne naissance à une fonction linguistique différente. Disons tout de suite que, si nous distinguons ainsi six aspects fondamentaux dans le langage, il serait difficile de trouver des messages qui rempliraient seulement une seule fonction. La diversité des messages réside non dans le monopole de l'une ou l'autre fonction, mais dans des différences de hiérarchie entre celles-ci. La structure verbale d'un message dépend avant tout de la fonction prédominante.

Mais, même si la visée du référent, l'orientation vers le contexte – bref, la fonction dite « dénotative », référentielle – est la tâche dominante de nombreux messages, la participation secondaire des autres fonctions à de tels messages doit être prise en considération par un linguiste attentif.

La fonction dite « expressive » ou émotive, centrée sur le destinateur, vise à une expression directe de l'attitude du sujet à l'égard de ce dont il parle. Elle tend à donner l'impression d'une certaine émotion, vraie ou feinte. [...] La couche purement émotive, dans la langue, est présentée par les interjections. Celles-ci s'écartent des procédés du langage référentiel à la fois par leur configuration phonique (on y trouve des séquences phoniques particulières ou même des sons inhabituels partout ailleurs) et par leur rôle syntaxique (une interjection n'est pas un élément de phrase, mais l'équivalent d'une phrase complète). [...]

L'orientation vers le destinataire, la fonction conative, trouve son expression grammaticale la plus pure dans le vocatif et l'impératif qui, du point de vue syntaxique, morphologique, et souvent même phonologique, s'écartent des autres catégories nominales et verbales. [...]

Il y a des messages qui servent essentiellement à établir, prolonger ou interrompre la communication, à vérifier si le circuit fonctionne (« Allo, vous m'entendez ? »), à attirer l'attention de l'interlocuteur ou à s'assurer qu'elle ne se relâche pas (« Dites, vous m'écoutez ? » ou, en style shakespearien, « Prêtez-moi l'oreille ! » – et, à l'autre bout du fil, « Hm-hm ! »). Cette accentuation du contact, la fonction phatique, dans les termes de Malinowski [1], peut donner lieu à un échange profus de formules ritualisées, voire à des dialogues entiers dont l'unique objet est de prolonger la conversation. [...]

Une distinction a été faite dans la logique moderne entre deux niveaux de langage, le « langage-objet », parlant des objets, et le « métalangage » parlant du langage lui-même. Mais le métalangage n'est pas seulement un outil scientifique nécessaire à l'usage des logiciens et des linguistes ; il joue aussi un rôle important dans le langage de tous les jours. Comme Monsieur Jourdain faisait de la prose sans le savoir, nous pratiquons le métalangage sans nous rendre compte du

1. Bronislaw Malinowski (1884-1942), anthropologue polonais.

caractère métalinguistique de nos opérations. Chaque fois que le destinateur et/ou le destinataire jugent nécessaire de vérifier s'ils utilisent bien le même code, le discours est centré sur le code : il remplit une fonction métalinguistique (ou de glose). [...]

La visée (*Einstellung*) du message en tant que tel, l'accent mis sur le message pour son propre compte, est ce qui caractérise la fonction poétique du langage. Cette fonction ne peut être étudiée avec profit si on perd de vue les problèmes généraux du langage et, d'un autre côté, une analyse minutieuse du langage exige que l'on prenne sérieusement en considération la fonction poétique. Toute tentative de réduire la sphère de la fonction poétique à la poésie n'aboutirait qu'à une simplification excessive et trompeuse. La fonction poétique n'est pas la seule fonction de l'art du langage, elle en est seulement la fonction dominante, déterminante, cependant que dans les autres activités verbales elle ne joue qu'un rôle subsidiaire, accessoire. Cette fonction, qui met en évidence le côté palpable des signes, approfondit par là même la dichotomie fondamentale des signes et des objets. Aussi, traitant de la fonction poétique, la linguistique ne peut se limiter au domaine de la poésie.[...]

Analysons brièvement le slogan politique *I like Ike* : il consiste en trois monosyllabes et compte trois diphtongues /ay/, dont chacune est suivie symétriquement par un phonème consonantique, /..l..k..k/. L'arrangement des trois mots présente une variation : aucun phonème consonantique dans le premier mot, deux autour de la diphtongue dans le second, et une consonne finale dans le troisième. Hymes [1] a noté la dominance d'un semblable noyau /ay/ dans certains sonnets de Keats. Les deux colons [2] de la formule *I like/Ike* riment entre eux, et le second des deux mots à la rime est complètement inclus dans le premier (rime en écho), /layk/-/ayk/, image paronomastique d'un sentiment qui enveloppe totalement son objet. Les deux colons forment une allitération vocalique, et le premier des deux mots en allitération est inclus dans le second : /ay/-/ayk/, image paronomastique du

1. Dell Hymes (né en 1927), sociolinguiste américain, spécialiste d'ethnopoétique (voir ce terme dans le Vade-mecum).

2. Fragments de vers, mesures (le terme s'emploie surtout pour la poésie grecque et latine).

sujet aimant enveloppé dans l'objet aimé. Le rôle secondaire de la fonction poétique renforce le poids et l'efficacité de cette formule électorale.

Comme nous l'avons dit, l'étude linguistique de la fonction poétique doit outrepasser les limites de la poésie et, d'autre part, l'analyse linguistique de la poésie ne peut se limiter à la fonction poétique. Les particularités des différents genres poétiques impliquent la participation, à côté de la fonction poétique prédominante, des autres fonctions verbales, dans un ordre hiérarchique variable. La poésie épique, centrée sur la troisième personne, met fortement à contribution la fonction référentielle ; la poésie lyrique, orientée vers la première personne, est intimement liée à la fonction émotive ; la poésie de la seconde personne est marquée par la fonction conative, et se caractérise comme supplicatoire ou exhortative, selon que la première personne y est subordonnée à la seconde, ou la seconde à la première.

Maintenant que notre rapide description des six fonctions de base de la communication verbale est plus ou moins complète, nous pouvons compléter le schéma des six facteurs fondamentaux par un schéma correspondant des fonctions :

	RÉFÉRENTIELLE	
ÉMOTIVE	POÉTIQUE	CONATIVE
	PHATIQUE	
	MÉTALINGUISTIQUE	

Selon quel critère linguistique reconnaît-on empiriquement la fonction poétique ? En particulier, quel est l'élément dont la présence est indispensable dans toute œuvre poétique ? Pour répondre à cette question, il nous faut rappeler les deux modes fondamentaux d'arrangement utilisés dans le comportement verbal : la *sélection* et la *combinaison*. Soit « enfant » le thème d'un message : le locuteur fait un choix parmi une série de noms existants plus ou moins semblables, tels que enfant, gosse, mioche, gamin, tous plus ou moins équivalents d'un certain point de vue ; ensuite, pour commenter ce thème, il fait choix d'un des verbes sémantiquement apparentés – dort, sommeille, repose, somnole. Les deux mots choisis se combinent dans la chaîne parlée. La sélection est produite sur la base de l'équivalence, de la similarité et de la dissimilarité, de la synonymie et de l'antonymie, tandis que la combinaison, la construction de la séquence, repose sur la contiguïté. *La fonction poétique projette le principe d'équivalence de l'axe de la sélection sur l'axe de la combinaison.* L'équivalence est promue au rang de procédé constitutif de la séquence. En poésie, chaque syllabe est mise en rapport d'équivalence avec toutes les autres syllabes de la même séquence ; tout accent de mot est censé être égal à tout autre accent de mot : et de même, inaccentué égale inaccentué ; long (prosodiquement) égale long, bref égale bref ; frontière de mot égale frontière de mot, absence de frontière égale absence de frontière ; pause syntaxique égale pause syntaxique, absence de pause égale absence de pause.

XXVI

MARBEUF

UNE LITTÉRATURE INTRADUISIBLE ?

Pierre de Marbeuf, *Recueil des vers de M. de Marbeuf* [1628], in *Le Miracle d'amour*, Obsidiane, 1983, p. 130.

Comme le montrent les difficultés éprouvées par Primo Levi pour traduire Dante (voir texte VII), la force d'un poème supporte difficilement la transposition d'une langue à l'autre. Non seulement la matière sonore, source de musicalité, importe au moins autant que le sens dans le plaisir du lecteur, mais elle permet aussi de tisser des relations étroites entre des mots dont les significations diffèrent. Enfin, traduire force souvent à trancher parmi les différentes significations de chaque terme, alors que la poésie tend à maintenir le plus largement ouvert l'éventail des interprétations.

Ces contraintes placent les traducteurs dans une position malaisée, en les conduisant soit à altérer le sens pour retrouver des séquences phoniques proches, soit à abandonner la dimension phonique au profit du seul sens, qui plus est en l'appauvrissant – de sorte qu'on a souvent pu définir la poésie comme la partie de chaque littérature nationale qui résiste à la traduction. Shelley compare l'exercice au broyage d'une fleur : « Les sons, aussi bien que les pensées, ont des relations tout à la fois les uns avec les autres et avec ce qu'ils représentent [...]. D'où la vanité de la traduction : il serait aussi sage de

jeter une violette dans un creuset pour découvrir le principe formel de sa couleur et de son odeur, que de vouloir faire passer d'une langue dans une autre les créations d'un poète. La plante de nouveau doit naître de sa graine, ou elle n'aura pas de fleur – et c'est là toute l'étendue de la malédiction de Babel » (*Défense de la poésie*, éd. citée, p. 13).
Ce célèbre sonnet lyrique de Marbeuf (1596-1645) illustre bien l'extrême solidarité entre la création poétique et sa langue d'expression puisque, outre sa structure complexe et les exigences de la rime, il repose sur la parenté sonore des mots « mer », « amour », « amer » et « mère », que le texte littéralement ressasse, et dont la proximité justifie le rapprochement. Un tel effet, et dès lors une telle motivation, se perdraient pour d'autres langues...

Et la mer et l'amour ont l'amer pour partage,
Et la mer est amère, et l'amour est amer,
L'on s'abîme en l'amour aussi bien qu'en la mer,
Car la mer et l'amour ne sont point sans orage.

Celui qui craint les eaux, qu'il demeure au rivage,
Celui qui craint les maux qu'on souffre pour aimer,
Qu'il ne se laisse pas à l'amour enflammer,
Et tous deux ils seront sans hasard de naufrage.

La mère de l'amour eut la mer pour berceau,
Le feu sort de l'amour, sa mère sort de l'eau [1],
Mais l'eau contre ce feu ne peut fournir des armes.

Si l'eau pouvait éteindre un brasier amoureux,
Ton amour qui me brûle est si fort douloureux,
Que j'eusse éteint son feu de la mer de mes larmes.

---

1. Selon la mythologie antique, Aphrodite, mère d'Éros, naquit de la chute des parties génitales de Chronos dans la mer, au moment où Zeus castra ce dernier.

XXVII

SARTRE

LE POÈTE VOIT LES MOTS À L'ENVERS

Jean-Paul Sartre, *Qu'est-ce que la littérature ?* [1948], © Gallimard, « Folio Essais », 1985, p. 17-22.

Sartre (1905-1980) reprend à Mallarmé et Valéry le principe d'une opposition entre la poésie et un emploi usuel de la langue, qu'il nomme prose, pour dénier toute finalité externe, même partielle, aux poèmes. Fasciné par une matière verbale qu'il objective, le poète produirait une parole dense et plaisante, mais au prix d'une érosion de son rapport au monde. Aussi Sartre voue-t-il à l'échec toute tentative d'engagement de la poésie au service d'une cause externe, et, plus largement, tout usage du poème comme vecteur de communication. Il décide, en somme, de ne voir dans la parole des poètes que ce que Jakobson nomme la fonction poétique (voir texte XXV). Cette approche, cependant, suppose une réduction considérable de l'extension historique de la poésie, et elle semble négliger les liens entre travail formel et souci de persuasion. Une longue tradition, illustrée par des genres comme la satire ou l'éloge, et par des œuvres comme les *Tragiques* d'Agrippa d'Aubigné, ou encore certains chants patriotiques de Leopardi (voir texte XXVIII), associe en effet poésie et parole politique.

[L]'empire des signes, c'est la prose ; la poésie est du côté de la peinture, de la sculpture, de la musique. On me reproche de la détester : la preuve en est, dit-on, que *Les Temps modernes* [1] publient fort peu de poèmes. C'est la preuve que nous l'aimons, au contraire. Pour s'en convaincre, il suffit de jeter les yeux sur la production contemporaine. « Au moins, disent les critiques triomphalement, vous ne pouvez même rêver de l'engager. » En effet. Mais pourquoi le voudrais-je ? Parce qu'elle se sert des mots comme la prose ? Mais elle ne s'en sert pas de la même manière ; et même elle ne s'en *sert* pas du tout ; je dirais plutôt qu'elle les sert. Les poètes sont des hommes qui refusent d'*utiliser* le langage. Or, comme c'est dans et par le langage conçu comme une certaine espèce d'instrument que s'opère la recherche de la vérité, il ne faut pas s'imaginer qu'ils visent à discerner le vrai ni à l'exposer. Ils ne

---

1. Revue fondée et dirigée par Jean-Paul Sartre.

songent pas non plus à *nommer* le monde et, par le fait, ils ne nomment rien du tout, car la nomination implique un perpétuel sacrifice du nom à l'objet nommé ou, pour parler comme Hegel, le nom s'y révèle l'inessentiel, en face de la chose qui est essentielle. Ils ne parlent pas ; ils ne se taisent pas non plus : c'est autre chose. [...] En fait, le poète s'est retiré d'un seul coup du langage-instrument ; il a choisi une fois pour toutes l'attitude poétique qui considère les mots comme des choses et non comme des signes. Car l'ambiguïté du signe implique qu'on puisse à son gré le traverser comme une vitre et poursuivre à travers lui la chose signifiée ou tourner son regard vers sa réalité et le considérer comme objet. L'homme qui parle est au-delà des mots, près de l'objet ; le poète est en deçà. Pour le premier ils sont domestiques ; pour le second, ils restent à l'état sauvage. Pour celui-là, ce sont des conventions utiles, des outils qui s'usent peu à peu et qu'on jette quand ils ne peuvent plus servir ; pour le second, ce sont des choses naturelles qui croissent naturellement sur la terre comme l'herbe et les arbres.

Mais s'il s'arrête aux mots, comme le peintre fait aux couleurs et le musicien aux sons, cela ne veut pas dire qu'ils aient perdu toute signification à ses yeux ; c'est en effet la signification seule qui peut donner aux mots leur unité verbale ; sans elle ils s'éparpilleraient en sons ou en traits de plume. Seulement, elle devient naturelle, elle aussi ; ce n'est plus le but toujours hors d'atteinte et toujours visé par la transcendance humaine ; c'est une propriété de chaque terme, analogue à l'expression d'un visage, au petit sens triste ou gai des sons et des couleurs. Coulée dans le mot, absorbée par sa sonorité ou par son aspect visuel, épaissie, dégradée, elle est chose, elle aussi, incréée, éternelle ; pour le poète, le langage est une structure du monde extérieur. Le parleur est *en situation* dans le langage, investi par les mots ; ce sont les prolongements de ses sens, ses pinces, ses antennes, ses lunettes ; il les manœuvre du dedans, il les sent comme son corps, il est entouré d'un corps verbal dont il prend à peine conscience et qui étend son action dans le monde. Le poète est hors du langage, il voit les mots à l'envers, comme s'il n'appartenait pas à la condition humaine et que, venant vers les hommes, il rencontrât d'abord la parole comme une barrière. Au lieu de connaître d'abord les choses par leur nom, il semble qu'il ait d'abord un contact silencieux avec elles puis que, se tournant vers cette autre espèce de choses que sont pour lui les mots, les touchant, les tâtant, les palpant, il découvre en eux une petite luminosité propre et des affinités particulières avec la terre, le ciel et l'eau et toutes les choses créées. Faute de savoir s'en servir comme *signe* d'un aspect du monde, il voit dans le mot l'*image* d'un de ses aspects. Et l'image verbale qu'il choisit pour sa ressemblance avec le saule ou le frêne n'est pas forcément le mot que nous utilisons pour désigner ces objets. Comme il est déjà dehors, au lieu que les mots lui soient des indicateurs qui le jettent hors de lui, au milieu des choses, il les considère comme un piège pour attraper une réalité fuyante ; bref, le langage tout entier est pour lui le Miroir du monde. Du coup, d'importants changements s'opèrent dans l'économie interne du mot. Sa sonorité, sa longueur, ses désinences masculines ou féminines, son aspect visuel lui composent un visage de chair qui *représente* la signification plutôt qu'il ne l'exprime. Inversement, comme la signification est *réalisée*, l'aspect physique du mot se reflète en elle et elle fonctionne à son tour comme image du corps verbal. Comme son signe aussi, elle a perdu sa prééminence et, puisque les mots sont incréés, comme les choses [1], le poète ne décide pas si ceux-là existent pour celles-ci ou celles-ci pour ceux-là. Ainsi s'établit entre le mot et la chose signifiée un double rapport réciproque de ressemblance magique et de signification. Et comme le poète n'*utilise* pas le mot, il ne choisit pas entre des acceptions diverses et chacune d'elles, au lieu de lui paraître une fonction autonome, se donne à lui comme une qualité matérielle qui se fond sous ses yeux avec les autres acceptions. Ainsi réalise-t-il en chaque mot, par le seul effet de l'*attitude* poétique, les métaphores dont rêvait Picasso lorsqu'il souhaitait faire une boîte d'allumettes qui fût tout entière chauve-souris sans cesser d'être boîte d'allumettes. Florence est ville et fleur et femme, elle est ville-fleur et ville-femme et fille-fleur tout à la fois. Et l'étrange objet qui paraît ainsi possède

---

1. Plus haut, Sartre a évoqué « toutes les choses créées », en utilisant le tour figé renvoyant à la création divine, pour désigner le monde extérieur à l'homme ; parlant ici de choses cette fois « incréées », il continue à désigner une même réalité (il faut comprendre « incréées par l'homme »).

la liquidité du *fleuve*, la douce ardeur fauve de l'*or* et, pour finir, s'abandonne avec *décence* et prolonge indéfiniment par l'affaiblissement continu du *e* muet son épanouissement plein de réserves. À cela s'ajoute l'effort insidieux de la biographie. Pour moi, Florence est aussi une certaine femme, une actrice américaine qui jouait dans les films muets de mon enfance et dont j'ai tout oublié, sauf qu'elle était longue comme un long gant de bal et toujours un peu lasse et toujours chaste, et toujours mariée et incomprise, et que je l'aimais, et qu'elle s'appelait Florence. Car le mot, qui arrache le prosateur à lui-même et le jette au milieu du monde, renvoie au poète, comme un miroir, sa propre image. [...] Ainsi le mot poétique est un microcosme. La crise du langage qui éclata au début du siècle est une crise poétique. Quels qu'en aient été les facteurs sociaux et historiques, elle se manifesta par des accès de dépersonnalisation de l'écrivain en face des mots. Il ne savait plus s'en servir et, selon la formule célèbre de Bergson, il ne les reconnaissait qu'à demi ; il les abordait avec un sentiment d'étrangeté tout à fait fructueux ; ils n'étaient plus à lui, ils n'étaient plus lui ; mais dans ces miroirs étrangers se reflétaient le ciel, la terre et sa propre vie ; et pour finir ils devenaient les choses elles-mêmes ou plutôt le cœur noir des choses. Et quand le poète joint ensemble plusieurs de ces microcosmes, il en est de lui comme des peintres quand ils assemblent des couleurs sur la toile ; on croirait qu'il compose une phrase, mais c'est une apparence : il crée un objet. Les mots-choses se groupent par associations magiques de convenance et de disconvenance, comme les couleurs et les sons, ils s'attirent, ils se repoussent, ils se *brûlent* et leur association compose la véritable unité poétique qui est la *phrase-objet*. Plus souvent encore, le poète a d'abord dans l'esprit le schème de la phrase et les mots suivent. Mais ce schème n'a rien de commun avec ce qu'on nomme à l'ordinaire un schème verbal : il ne préside pas à la construction d'une signification ; il se rapprocherait plutôt du projet créateur par quoi Picasso préfigure dans l'espace, avant même de toucher à son pinceau, cette *chose* qui deviendra un saltimbanque ou un Arlequin.

XXVIII

LEOPARDI

LE CHANT D'UN PARTISAN

Giacomo Leopardi, *Chants/Canti* [1831], trad. M. Orcel, GF-Flammarion, 2005, p. 23-27.

Dans *William Shakespeare* (1865), Hugo refuse de laisser la poésie recevoir en partage « l'inutilité par excellence » (*Critique*, Robert Laffont, « Bouquins », 1985, p. 409). Il la juge au contraire capable d'assumer une tâche civique cruciale. Interlocuteur des peuples, « le poète arrive au milieu de ces allants et venants qu'on nomme les vivants, pour apprivoiser, comme l'Orphée antique, les mauvais instincts, les tigres qui sont dans l'homme, et, comme l'Amphion légendaire, pour remuer toutes les pierres, les préjugés et les superstitions, mettre en mouvement les blocs nouveaux, refaire les assises et les bases, et rebâtir la ville, c'est-à-dire la société » (*ibid.*, p. 411).

La parole puissante d'un tel « mage » (selon le mot de Paul Bénichou), loin de se fasciner pour sa seule forme, réagit à l'état du monde et tente d'y provoquer des changements en galvanisant les forces de libération sociale : « c'est la gloire du poète de mettre un mauvais oreiller au lit de pourpre des bourreaux. C'est souvent grâce à lui que le tyran se réveille en disant : J'ai mal dormi », de sorte qu'« un peuple affranchi n'est point une mauvaise fin de strophe » (*ibid.*, p. 409-411).

Leopardi (1798-1837) endosse cette fonction dans les poèmes qui ouvrent le recueil des *Canti*, et qui appellent à la libération de l'Italie, conquise par Napoléon, puis divisée après la chute de l'Empire en plusieurs entités, dominées notamment par l'Autriche. Le poète oppose la passivité des Italiens au courage des Grecs lors des guerres médiques. Il adresse cette admonestation, composée en 1818, au pays tout entier, qu'il personnifie sous les traits pathétiques d'une captive.

Mais son chant offre aussi un exemple de la complexité de l'énonciation lyrique, qui passe ici par une multiplication des destinataires (avec des apostrophes à la patrie, aux dieux ou au site d'une célèbre bataille grecque), et des sources de la parole (*via*, notamment, le discours prêté au poète grec Simonide de Céos).

À l'Italie

Ô ma terre, je vois les murs, les arcs,
Et les colonnes, les effigies, les tours

Désertées de nos ancêtres,
Mais point ne vois ta gloire,
Point ne vois le laurier ni le fer dont nos antiques
Pères étaient chargés. Ores sans armes,
Tu montres ta tête nue, ta gorge nue.
Hélas, que de blessures !
Quelle pâleur, quel sang ! Hélas, comment te vois-je,
Femme si belle ! Je le demande aux dieux,
Au monde : ah, dites-moi,
Qui l'a réduite à cela ? Et pire encore :
Qui donc de chaînes a chargé ses deux bras,
Pour que, cheveux épars, privée de voile,
Sur le sol, inconsolable et délaissée,
Elle cache entre ses genoux
Son visage et qu'elle pleure ?
Pleure, car tu le peux, mon Italie,
Née pour passer les peuples
Dans le sort faste et le mauvais destin.

Si tes yeux mêmes étaient deux sources vives,
Jamais tes larmes ne pourraient
Suffire à ta vergogne et à ta ruine,
Car, maîtresse jadis, te voici pauvre servante.
Qui, se ressouvenant de ta renommée morte,
Parle de toi sans dire :
Jadis elle fut grande, ce n'est plus elle ?
Pourquoi, pourquoi ? Où est la force ancienne ?
Où sont les armes, la bravoure, la foi ?
Qui t'a ôté le glaive ?
Qui t'a trahie ? Quelle ruse, quelles œuvres,
Quelle immense puissance ont donc pu
Te dépouiller du voile et des bandes dorées ?
Comment as-tu chuté
D'une pareille cime en un lieu si profond ?
Nul ne se bat pour toi ? Donc nul des tiens
Ne te défend ? À moi, des armes ! Ici, des armes !
Moi seul je combattrai, je tomberai.
Accorde-moi, ô ciel, que mon sang
Soit une flamme pour les cœurs italiens.

Mais où sont tes enfants ? J'entends des rumeurs d'armes,
De chars, de cris et de timbales :
Dans des pays étrangers
Se battent tes enfants [1].
Écoute, écoute, ô Italie, car je vois, il me semble,
Un flot de fantassins, de cavaliers,
Poudre, fumée, lueurs d'épées
Comme éclairs dedans la brume.
N'es-tu pas consolée ? N'oses-tu pas tourner
Tes yeux tremblants vers le sort incertain ?
Pour quoi lutte en ces campagnes
L'italienne jeunesse ? Ô dieux, ô dieux ! Les glaives
Italiens se battent pour une autre terre !
Oh, misérable qui s'éteint à la guerre
Non pour les rives paternelles et pour la pieuse
Épouse et ses enfants chéris,
Mais sous les coups de l'ennemi d'un autre
Et pour un autre peuple, et, mourant, ne peut dire :
Alme [2] terre natale,
Tu m'as donnée la vie, voici : je te la rends.

Ô favorables, ô chères et bénies,
Les époques antiques, lorsque à la mort
Pour la patrie couraient les peuples par légions ;
Et vous, vénérés et glorieux pour toujours,
Défilés thessaliques,
Où la Perse et le destin furent moins forts
Que quelques âmes libres, généreuses [3] !
Vos arbres, je le sais, vos rochers, et vos ondes,
Et vos échos rediront au passant
D'une indistincte voix
Comment les troupes invaincues
Des corps qui s'étaient voués à la Grèce
Couvrirent vos rivages.

---

1. Allusion à la participation de troupes italiennes, aux côtés des troupes impériales françaises, à la désastreuse campagne de Russie.

2. Nourricière.

3. Allusion à la bataille des Thermopyles (480 av. J.-C.), défilé de Thessalie qui vit les trois cents guerriers du « bataillon sacré » de Sparte se sacrifier, sous la conduite de Léonidas, pour retarder l'avancée des troupes perses menées par Xerxès, qui tentaient d'envahir la Grèce.

Alors, féroce et vil,
Xerxès par l'Hellespont fuyait [1],
Désormais méprisable à tous ses descendants ;
Et sur la colline d'Anthéla, où, en mourant,
Le bataillon sacré à la mort échappa,
Simonide [2] montait
En regardant l'éther, la marine et la terre là-bas.

Et les deux joues baignées de larmes,
Le cœur battant, le pied peu sûr,
Il prit sa lyre en main :
« Ô vous, bienheureux,
Qui offrîtes votre cœur aux lances ennemies
Pour l'amour de la terre qui vous donna le jour,
Vous qu'adore la Grèce et que le monde admire,
Dans les armes et les périls,
Quel amour extrême vos jeunes âmes,
Quel amour dans l'acerbe destin vous entraîna ?
Comment, si gaie, enfants,
Vous apparut la dernière heure pour qu'en riant
Vous courriez vers le Passage plein de larmes [3] ?
Il semblait que chacun s'en allât à la danse,
Non à la mort, ou bien à quelque beau banquet :
Mais obscur vous attendait
Le Tartare, et l'onde morte ;
Et vous n'aviez avec vous ni vos épouses ni vos fils
Quand sur l'âpre rivage
Sans baisers vous mourûtes et sans larmes [...]. »

1. Après sa défaite lors de la bataille navale de Salamine, qui suivit le combat des Thermopyles, et qui priva l'armée terrestre perse de ses possibilités de ravitaillement.

2. Simonide de Céos (556-468), poète lyrique rival de Pindare, célébra le sacrifice des Thermopyles dans une épitaphe qui nous a été transmise par Diodore de Sicile (*Histoire universelle*, livre XI).

3. La mort, qui mènera au Tartare, l'une des parties de l'au-delà pour les Grecs.

XXIX
PRIGENT

EXHIBER LES SIMULACRES

Christian Prigent, « La poésie peut être (peut-être) » [2001], *L'Incontenable*, © POL, 2004, p. 9-15.

Poète, écrivain et critique, Prigent, né en 1945, assigne à la poésie, comprise, par-delà tout clivage générique, comme « effort au style », une fonction critique particulière dans notre société médiatique. Si le poème nous confronte à l'opacité du signifiant, ce statut, loin de l'exclure du champ social, comme chez Sartre, l'y impose au contraire. En s'exhibant comme un *artifice*, la poésie rappelle que tous nos énoncés et images, à commencer par le langage, sont des produits culturels, fondés sur un code et une rhétorique, non des évidences naturelles. Dans une civilisation saturée de représentations qui se nient comme telles, la poésie réunit alors toutes les œuvres susceptibles de briser notre adhésion aux « idoles ». Ainsi entendue, elle continue à créer, mais ce qu'elle fabrique est un espacement, une « déprise » ; elle chante pour apprendre à douter, et maintenir par là notre liberté.

Voici à nouveau la question : « Que peut la poésie ? »

Si on entend par « pouvoir » une influence sur la réalité (sociopolitique), la poésie, trop évidemment, peut peu.

Change-t-elle la vie de qui en lit ou en écrit ? À peine. Moins en tout cas qu'on voudrait : pas de vie que ne soumette la réalité rugueuse ; pas de poète qui ne soit, sous cette pression, un homme banal – et d'abord misérable.

Que dire, alors ? Ceci, seulement : c'est tout juste si elle peut, la poésie, *être*. D'où que la question traitable n'est pas la question de ce que la poésie peut *faire* – mais de son improbable possibilité d'*être*.

Il ne s'agit pas d'une interrogation sur l'être-en-soi de la poésie mais d'une question pragmatique sur ce qui rend possible (ou même inévitable) que cet être soit – plutôt qu'il ne soit pas. Dit autrement : il s'agit de savoir pourquoi il y a poésie plutôt que rien – attendu que ce rien est un plein saturé : la masse commune des écrits qu'on appelle couramment « littéraires ».

*

Je ne parle pas de poésie au sens générique : la poésie identifiable à des marques formelles spécifiques. Ce que j'appelle « poésie », c'est une sorte de radicalisation de la question de la *littérature* [1]. Non que la poésie soit le *mieux* de la littérature. C'est plutôt qu'elle écrit la littérature au *pire*. Et qu'elle essaie de prendre pour objet la question même de la littérature – déshabillée des spéculations sur ce que la littérature *peut*, par le vecteur de ce qu'elle nous *dit* de notre habitation du monde.

Reprenons :

a) L'expérience que nous faisons du monde n'est jamais dite assez *justement* dans la langue de l'échange civil. Le *réel* commence là où cesse le sens communément socialisé. Malgré tout, le réel (la nature, l'histoire, les passions) exige qu'on lui donne des manières d'équivalents verbaux, sonorisés, rythmés. Cette exigence est ce qui fait *être* l'effort au style dit « poétique ».

b) Écrire de la poésie, c'est relever ce défi et maintenir en soi l'énergie qui força un jour à remuer le tas usé des langues pour s'y approprier tant bien que mal une voix. C'est souvent écrire contre la *poésie* : dans la haine de son corps constitué et de ses formes régulées. Forcé, à chaque fois, d'inventer des formes et de redéfinir, écrivant de la poésie, ce qu'est, n'étant sans doute rien d'autre que ce mouvement-là, la *poésie*.

c) La littérature naît d'une question au fait même de parler : quelle forme spécifique du vivant ce fait forme-t-il ? Elle est le travail de cette question. Bien sûr, elle se nourrit de prétextes qui constituent des bibliothèques (compte rendu d'expériences, construction de fictions, prises de parti...). Mais si elle a une originalité parmi les autres formes symboliques, c'est pour mettre au premier plan cette question radicale sur le parlant et la parole.

d) La langue, certes, repère pour nous le monde. Mais elle nous force aussi à avoir avec lui un rapport médiatisé : elle est ce qui nous sépare du monde, ce qui nous appelle du fond de cette distance et ce qui nomme toujours à la fois le monde et la mise à distance du monde. La littérature est le lieu où cette expérience s'expose de manière démonstrative. Elle représente

1. N.d.A. : Ce qui veut dire que par « poètes » j'entends aussi bien Rabelais que Ronsard, Lautréamont que Verlaine, Beckett que Du Bouchet, Pierre Guyotat que Denis Roche, etc.

simultanément la séparation du parlant d'avec le monde et le rêve qu'il poursuit d'une fusion avec lui.

e) Ce qu'on appelle *poésie* n'est sans doute que le mode d'apparition le plus radicalement formalisé de cette expérience ambivalente. Que cette forme exige d'apparaître – comme vide, d'ailleurs, plus que comme plein, comme creusement de l'espace plus que comme espace visible, comme fuite des significations plus que comme donnée positivable – est ce qui rend nécessaire la poésie : qui la fait *être*, envers et contre toute logique pragmatique.

f) La *poésie* dit la difficulté de *toucher* le monde (que met à distance le double privilège de la vue et de la parole) – et d'être touché sensuellement par lui. Les textes de poésie sont emblématiques d'une part de cette distance, d'autre part de cette aspiration au *toucher-du-monde*.

g) Ainsi toute poésie reconstruit-elle d'une part le mur entre le parlant et le monde. Pour ce faire, elle fabrique de l'*artifice* emphatiquement codé – et exposé comme tel (sans alibi figuratif). Ça peut s'appeler rhétorique, prosodie, etc. De toute façon, il s'agit de *stratifier* et de *condenser* des formes. Ainsi le poème est-il une duplication, délibérément opacifiée, de la relégation fatale du monde par la parole.

h) Mais, d'autre part, l'expérience poétique est traversée par le désir d'une nouvelle alliance avec le monde. D'où son obsession du liant analogique. Comme si l'artificialité et l'étrangeté provocantes de la langue poétique pouvaient paradoxalement nous délivrer de l'écart et nous faire éprouver une proximité verbalisée avec les choses. En quoi l'enjeu poétique occupe une place tout à fait improbable dans la « culture » : d'une part il témoigne du fait d'arrachement au naturel stupide – qu'on appelle « culture » –, et d'autre part il incarne le rêve de l'être-de-culture de nier la différence culturelle pour retourner (par le paradoxal vecteur de la langue) à l'intimité « naturelle » avec le monde sensible (ce qu'on appelle sommairement « lyrisme » a à voir avec ça).

i) La vie-ensemble des hommes en société suppose une instrumentation du logos. Sans quoi : rupture de la socialité, aphasie – et barbarie. Mais si l'on identifie le fait de parler à cet outillage socialisant, les hommes sont assujettis au leurre de l'adéquation des langages aux choses, à l'illusion de véridiction et donc à la toute-puissance de l'idéologie. L'emprise totalitaire y trouve son terreau. Et là, peut-être, se profile au bout du compte quand même une bribe de réponse à la question de ce que *peut* la poésie : au moins témoigne-t-elle d'un effort de résistance à l'emprise que je dis. Car celui qui écrit n'écrit que parce qu'il vit le rapport à la langue comme un drame, une difficulté. Alors il écrit *contre* : contre la fatalité contractuelle de la langue, contre ce que cette fatalité engendre de soumissions au réseau idolâtré des représentations.

j) Le corps social ne peut traiter la poésie que comme dissidence radicale ou comme religion civique. Pas les deux ensemble. Dissidence : « révolte » idolâtrée ou « obscurité » méprisée. Religion : récitation scolaire (patrimoine pasteurisé) ou pré carré sentimental (chansonnette lénifiante). Car le corps social éprouve confusément la poésie comme une menace. Il la préfère donc mièvre et pensant peu. Mais s'il regarde sa force en face, il l'affronte comme concentré de malaise (le « malaise de la civilisation ») : les grands poèmes sont des miniatures de ce qui fonde la civilisation comme telle (coupure inévitable, accès au symbolique, naturel forclos, négation de la négation sauvage).

D'où qu'on peut être tenté de désirer des images plus positives, moins ambiguës, plus humaines d'être trop-humaines. Mais alors on est prêt à être surpris par le surgissement de l'inhumain : de la barbarie naturaliste. Si, au moins, l'être de la poésie (le fait que la poésie soit) peut faire que cette surprise soit moins inéluctablement *désarmante* – alors peut-être la poésie peut-elle *quelque chose*.

Sauf évidemment qu'elle nourrit elle-même les raisons sociales qui font qu'elle peut peu, voire qu'elle ne peut rien. Mais la poésie n'est pas seule. Et c'est sans doute dans les relais qu'elle peut tenter d'établir entre elle et le monde qui se constitue de ne rien savoir du trou qu'elle fait en lui – que quelque chose de son éventuel *pouvoir* se joue. Les relais sont : la critique, la théorie, la pédagogie – c'est-à-dire l'effort d'arraisonnement socialisé. Mais cet effort veut dire surtout : instillation méticuleuse de l'inquiétude poétique dans l'illusion idyllique de la culture et de la civilisation.

IV

DÉTOURS ET DÉROUTES DU SENS

XXX

VERLAINE

DE LA MUSIQUE AVANT TOUTE CHOSE

Paul Verlaine, *Poèmes saturniens* [1866], éd. J. Gaudon, GF-Flammarion, 1977, p. 64.

Ce poème des « Paysages tristes » illustre un précepte célèbre de l'« Art poétique » de Verlaine : « De la musique, encore et toujours ! / Que ton vers soit la chose envolée / Qu'on sent qui fuit d'une âme en allée ». Reflétant une « primauté du mot-son sur le mot-signe » (J. Borel, préface à Verlaine, *Fêtes galantes. Romances sans parole*, Gallimard, « Poésie », 1973, p. 11), le texte peut sembler échapper au sens. Il se présente comme une variation sonore : sa structure en miroir, qui redispose le contenu des six premiers vers dans les six derniers, et les multiples échos qui traversent le poème à un niveau plus limité (par exemple, la séquence *luisaient* > *seul* > *saulaie* > *sarcelles* > *linceul*), accentuent l'expression du flou et de l'incertain, car les éléments du discours semblent constamment se fondre les uns dans les autres, et n'apparaître plus que comme « fantômes » d'occurrences antérieures.

Mais cette composition favorise aussi la circulation entre le moi et le monde. L'harmonie est à la fois une qualité matérielle du texte, qui l'ouvre à une réception purement sensible, et l'un de ses thèmes principaux, puisqu'il évoque un crépuscule au cours duquel les frontières entre le sujet et le site s'estompent : les sentiments du locuteur, telle sa tristesse, se « promènent » hors de lui, en un système de reflets identique à celui qui commande la forme du poème.

Promenade sentimentale

Le couchant dardait ses rayons suprêmes
Et le vent berçait les nénuphars blêmes ;
Les grands nénuphars entre les roseaux
Tristement luisaient sur les calmes eaux.
Moi j'errais tout seul promenant ma plaie
Au long de l'étang, parmi la saulaie
Où la brume vague évoquait un grand
Fantôme laiteux se désespérant
Et pleurant avec la voix des sarcelles
Qui se rappelaient en battant des ailes
Parmi la saulaie où j'errais tout seul
Promenant ma plaie ; et l'épais linceul
Des ténèbres vint noyer les suprêmes
Rayons du couchant dans ces ondes blêmes
Et les nénuphars, parmi les roseaux,
Les grands nénuphars sur les calmes eaux.

XXXI

HEGEL

LA POÉSIE NE SE CONTENTE PAS DE LA COMPRÉHENSION ABSTRAITE

Georg Wilhelm Friedrich Hegel, *Cours d'esthétique*, trad. J.-P. Lefebvre et V. von Schenck, Aubier, 1997, t. III, p. 257-258.

Parole pleine, la poésie use de tous les aspects physiques et sémantiques de la langue : loin d'exclure la réflexion, elle offre ainsi une forme de synthèse supérieure entre exigence intellectuelle et charmes de la fiction, des rythmes ou des sons. En ce sens, le poète « met en action l'âme entière de l'homme », écrit Coleridge, en 1817, dans sa *Biographia literaria* – un pouvoir synthétique évoqué aussi par Friedrich Schlegel (voir texte XIII). De même, dans le système esthétique de Hegel (1770-1831) , l'expression poétique constitue à la fois l'art le plus élevé, et une *pensée* à part entière, qui exprime simultanément essence et existence, généralité et singularité, esprit et richesses sensibles. La « représentation poétique originelle » rend compte de l'ensemble du monde à un récepteur indivis, considéré dans sa totalité intellectuelle, imaginative et sensorielle. *Via* le travail des sons et des figures, ni la matière du poème ni l'apparence concrète de ses référents ne sont exclues d'une parole intégrale, qui « nous donne *plus* ».

D'une manière générale, nous pouvons désigner la représentation poétique intérieure comme étant *imagée*, dans la mesure où plutôt que l'essence abstraite, elle fait voir l'effectivité concrète de celle-ci : plutôt que l'existence contingente, une phénoménalité dans laquelle nous reconnaissons immédiatement, grâce à l'extérieur proprement dit et à son individualité, le substantiel qui n'en est pas séparé et où donc nous avons sous les yeux comme une seule et même totalité, dans l'intériorité de la représentation, le concept de la chose et en même temps son existence. Il se produit à cet égard une grande différence entre ce que nous donne la représentation intérieure imagée et ce que d'autres modes d'expression nous rendent évident. Il en va ici comme de la lecture. Quand nous voyons les lettres, qui sont des signes mis là pour des sons du langage, nous comprenons aussitôt en les regardant ce que nous lisons, sans avoir besoin d'entendre les sons ; et seuls les lecteurs peu experts sont obligés de prononcer d'abord une à une les sonorités pour pouvoir comprendre les mots. Mais ce qui en l'espèce est un manque d'exercice, devient dans la poésie le beau et le superbe, dès lors que celle-ci ne se contente pas de la compréhension abstraite et n'invoque pas les objets en nous uniquement tels qu'ils se trouvent dans notre mémoire sous la forme de pensée et d'universalité sans images, mais fait au contraire venir à nous le concept dans son existence, le genre dans une individualité déterminée. Selon la conscience ordinaire et l'entendement qui est le sien, quand j'entends et quand je lis, je comprends immédiatement, en même temps que le mot, la signification, sans l'avoir, c'est-à-dire sans avoir son image devant moi dans la représentation intérieure. Quand on dit le soleil, par exemple, ou le matin, nous comprenons parfaitement ce que ça veut dire, sans que l'aube ou le soleil soient visiblement contemplables pour autant. Quand, à l'inverse, on trouve chez le poète : « Et lorsque se leva l'aurore aux doigts de rose », c'est bien certes, quant à la chose, le même message ; mais l'expression poétique nous donne *plus*, car elle ajoute à la compréhension une vision de l'objet compris, ou plus précisément parce qu'elle éloigne la simple compréhension abstraite et met à la place la déterminité réelle. De la même façon, quand on dit : « Alexandre a vaincu l'Empire perse », c'est là, bien sûr, quant au contenu, une représentation concrète, mais la déterminité infiniment variée de celle-ci, exprimée comme « victoire », se trouve ainsi contractée sans image dans une pure et simple abstraction, qui ne nous donne rien à contempler de la phénoménalité et de la réalité de ce qu'Alexandre a pu accomplir de grand. Et ainsi en va-t-il de tout ce qui est exprimé de la même manière. Nous comprenons, mais cela reste pâle, gris et, quant à l'existence individuelle, indéterminé et abstrait. C'est pourquoi la représentation poétique intérieure prend en elle la plénitude de la phénoménalité réelle et sait la combiner immédiatement avec l'intérieur et l'essentiel de la chose pour en faire un tout unique et originel.

La première chose qui résulte de cela est l'intérêt qu'éprouve la représentation poétique à *séjourner* dans l'extériorité, dans la mesure où celle-ci exprime la chose dans son effectivité, à la considérer comme digne d'attention et à lui accorder du poids.

XXXII

BOÈCE

DES RONCES DANS LE JARDIN DE LA RAISON

Boèce, *Consolation de la philosophie*, trad. C. Lazam, © Rivages, 1989, pour la trad. fr., p. 45-49.

Lettré et homme politique romain du VIe siècle, Boèce, accusé de conspiration, finit sa vie aux mains des bourreaux du roi Théodoric. Dans sa prison, le condamné à mort rédige un traité dans lequel il prête la parole à Philosophie, venue le « consoler » de la férocité du tyran et lui livrer un message d'espoir conciliant morale antique et foi chrétienne. Pour le lecteur actuel, la violence avec laquelle cette auguste visiteuse traite les Muses (ou Camènes), qu'elle chasse dès les premières pages du livre en les accusant d'aiguiser les passions contre la raison, semble faire écho à la formule de Platon, qui, exilant les poètes de sa cité idéale, parlait, à l'opposé de Hegel, d'une « dissidence ancienne entre poésie et philosophie » (*République*, X, 606-607). Cette impression est d'autant plus forte qu'au début du texte, l'apparition de la philosophie coïncide avec le passage du vers à la prose. Mais le tour allégorique du traité et sa forme, qui continuera d'alterner prose et stances en vers, obligent à nuancer cette lecture : la philosophie, elle aussi, a ses « Muses ».

Moi qui jadis composais des poèmes ardents et enjoués
Mes pleurs hélas ! me vouent à de mornes mélopées.
J'écris sous la dictée de Camènes déchirées de peine
Et les élégies baignent mon visage de larmes sincères.
Elles au moins ont refusé de se laisser intimider,
Elles ne m'ont pas privé de leur présence à mes côtés !
Gloire d'une jeunesse heureuse et riche de promesses,
Elles offrent une consolation à ma triste vieillesse.
Les épreuves ont précipité sa venue sans l'annoncer
Et la souffrance a décidé que son heure avait sonné.
Les cheveux blancs m'envahissent bien avant l'âge
Et sur mon corps usé se ride une peau flasque.
La mort est bienvenue quand sans troubler les années
Douces, elle répond à l'appel incessant de la détresse.
Oh ! comme elle sait faire aux malheureux la sourde oreille
Et refuser, impitoyable, de fermer des yeux en larmes !
Quand, volage, la Fortune favorisait mes vains succès,
Peu s'en était fallu que l'instant fatal ne m'emportât.
Mais aujourd'hui elle me montre son vrai visage,
Cette maudite vie retarde à plaisir l'échéance.
Vous fallait-il, mes amis, si souvent clamer ma chance ?
Si on tombe, c'est qu'on ne tenait pas sur ses jambes !

Tandis que je méditais silencieusement en moi-même et que je confiais aux bons soins de mon stylet mes plaintives doléances, je vis apparaître au-dessus de ma tête une femme [1] : tout dans son aspect inspirait le respect, ses yeux jetaient des flammes et révélaient une clairvoyance surhumaine, elle avait le teint vif et débordait d'énergie ; elle était pourtant si chargée d'ans qu'il était impossible de croire qu'elle appartînt à notre temps. [...] Elle tenait à la main droite des opuscules et à la main gauche un sceptre.

---

1. Philosophie.

Quand elle vit à mon chevet les Muses de la poésie suggérer des mots à mes pleurs, elle perdit quelques instants son calme et ses yeux lancèrent des éclairs menaçants : « Qui, demanda-t-elle, a autorisé ces petites putes de scène à approcher ce malade ? Non contentes d'être incapables de remédier à ses souffrances, elles seraient bien capables de les prolonger, avec leurs poisons douceâtres ! Ce sont elles qui sous les ronces stériles des passions, étouffent la moisson féconde de la raison : elles accoutument l'âme humaine à la maladie, au lieu de l'en délivrer ! Si au moins vous exerciez vos charmes comme à l'accoutumée sur un ignorant, je n'y accorderais pas tant d'importance : vous ne marcheriez pas sur mes brisées ! Mais lui qui s'est nourri des philosophies d'Élée et de l'Académie [1] ! Éloignez-vous donc, Sirènes aux chants meurtriers, et laissez mes propres Muses le soigner et le guérir. »

Ainsi vertement chapitré, le chœur baissa les yeux plus tristement et, le rouge de la honte au front, il franchit piteusement le seuil.

XXXIII

LES FATRASIES D'ARRAS

AFFOLER LE SENS

La Littérature française du Moyen Âge, trad. J. Dufournet et C. Lachet, GF-Flammarion, 2003, t. II, p. 452-455.

Sous le nom de *sotte chanson* ou de *fatrasie*, le XIIIe siècle explore une poésie du non-sens, où le langage semble tourner à vide pour proposer une vision du monde absurde. Comme le montrent ces deux textes, les onzains composés à Arras se plient à une forme rigoureuse (six pentasyllabes et un quintil d'heptasyllabes construits sur deux rimes). Mais, « au lieu de constituer des niveaux de sens cohérents, des lieux où s'abolirait l'incohérence, c'est cette dernière qui est sans cesse activée » (Groupe μ, *Rhétorique de la poésie*, Complexe, 1977, p. 229). Paroles déréglées, les fatrasies portent à l'extrême l'obscurité parfois reprochée au poème. Elles inquiè-

1. La ville grecque d'Élée abrita de nombreux philosophes, notamment Parménide et Zénon. L'Académie fut le nom de l'école fondée par Platon à Athènes, en 367 av. J.-C.

tent nos certitudes sur la langue et ses pouvoirs, et rappellent « que la poésie est langage, et que pour cette raison il n'y a rien de si nécessaire au poète que de faire d'abord le procès du langage » (Aragon, *Chroniques du bel canto*, éd. citée, p. 50).

Un fromage de grue
La nuit éternue
Sur l'aboiement d'un chien ;
Un couteau-massue
Surgit et le hue,
Sans rien lui dire.
Un bousier lui parle bien
Quand le dos d'une sangsue,
Qui confessait une poutre,
Chie, tellement ils l'ont battue,
Disent les médecins.

Un portier de plume
But toute l'écume
Qui était dans la mer,
Hormis une enclume
Qui était toute renfrognée,
Et s'en va la blâmer.
Un chat se prit à pleurer
Si fort qu'il enflamme la mer ;
Un jeudi, après souper,
Là il fallut à une plume
Épouser quatre truies.

XXXIV

LA FAYE/HOUDAR DE LA MOTTE

LA QUERELLE DE LA LIBRE ÉLOQUENCE

Antoine Houdar de La Motte, *Œuvres complètes* [1754], Slatkine Reprints, 1970, t. I, p. 157-167.

Les Lumières hésitent sur la valeur à accorder aux vers dans la diffusion du savoir. Leur impact sur nos sens, leur qualité mnémotechnique et leur puissance de propagation militent pour un usage didactique du poème, outil de popularisation des idées. Mais les contraintes stylistiques et métriques sont ressenties comme autant d'entraves à la justesse de l'expression. En 1729, Houdar de La Motte (1672-1731), quoique lui-même poète, lit devant l'Académie une « Ode en prose » qui fustige rime et mesure. Titre et geste sont provocateurs : cette « espèce de défi sur ce que des gens prétendaient que la prose ne pouvait s'élever aux expressions et aux idées poétiques » veut montrer que la tragédie ou encore la poésie bucolique peuvent s'affranchir du vers.

Certes, cette ode nous semble aujourd'hui bien ampoulée, car Houdar de La Motte entend par poésie « les expressions audacieuses, les figures hyperboliques, tout ce langage reculé de l'usage ordinaire, et particulier aux écrivains qui font profession d'idées rares et de peintures énergiques » (« Comparaison de la première scène de *Mithridate* avec la même scène réduite en prose, d'où naissent quelques réflexions sur les vers », *Œuvres complètes*, *ibid.*, p. 483), et il les multiplie donc ici. Toutefois, le texte a l'avantage de condenser nombre de critiques adressées aux vers. Aussi entraîne-t-il une riposte immédiate de la part d'un poète. Dans une « Ode en faveur des vers », en vers, Jean-François Lériget de La Faye propose une analogie entre la parole contrainte et l'eau que la pression transforme en jet majestueux. Houdar lui répond en transposant ce texte en prose, puis en le commentant strophe par strophe, pour critiquer notamment l'image du jet et la puérilité des règles d'écriture. Pièce peu connue dans l'histoire des relations entre vers et prose, cette séquence permet de mesurer à la fois les limites et la fertilité des « entraves » poétiques et des figures dans l'expression de la pensée.

La libre éloquence
Ode en prose à son Excellence le Cardinal de Fleury
par Houdar de La Motte

Fleury, [...] l'ouvrage que je te présente t'a plu. Puis-je douter qu'il ne doive plaire ? Un sage a parlé ; Critiques, instruisez-vous. Et vous, Ode immortelle, allez, fière de ce suffrage et de votre liberté, allez apprendre aux poètes qui naîtront, à secouer le joug dont vous avez osé vous affranchir.

Rime, aussi bizarre qu'impérieuse, Mesure tyrannique, mes pensées seront-elles toujours vos esclaves ? Jusques à quand usurperez-vous sur elles l'empire de la raison ? Dès que le nombre et la cadence l'ordonnent, il vous faut immoler, comme vos victimes, la justesse, la précision, la clarté. Ou si je m'obstine à les conserver malgré vous, par quelles tortures ne vous vengez-vous pas de ce que je vous résiste ? Je vois le soleil se lever, se coucher, se relever plus d'une fois, avant que j'aie pu vous réconcilier avec une pensée qui valait à peine quelques moments. C'est à toi seule, Éloquence libre et indépendante, c'est à toi de m'affranchir d'un esclavage si injurieux de la raison.

Mais, quelle lumière me frappe ? Que peut renfermer ce nuage éblouissant qui s'avance vers moi du milieu des airs ? D'où vient cette douce rosée qu'il répand sur la route, tandis que des traits de feu l'entourent de toutes parts ? ciel ! il se développe à mes yeux ! J'y découvre une déesse majestueuse, qui d'un seul de ses regards, se rend maîtresse de mon cœur. [...] Tu m'as reconnue sans doute à tout ce qui m'environne, me dit la déesse elle-même. Je suis l'aînée des Muses : c'est moi qui possède l'art souverain de manier, d'entraîner les volontés, d'élever, d'éclairer les esprits, de passionner les cœurs et de transporter les imaginations. Je suis enfin cette Éloquence que tu réclames, et à ce nom, ne va pas penser, comme le vulgaire, que ma puissance soit renfermée dans les tribunes, où je règne en persuadant. Mon empire n'a point de limites. Ce n'est pas assez pour moi de peindre la nature de ses vraies couleurs ; je donne de la réalité à la fiction même, et je crée tout ce que j'imagine. En vain mes sœurs s'applaudissent-elles de cet art pénible qu'elles ont inventé pour le charme des oreilles ; en vain se sont-elles imposé cette servitude de sons et des mesures dont tu te plains ; elle ne sauraient plaire qu'autant que je les inspire ; et les prodiges dont elles se vantent, sont bien moins dus aux grâces contraintes qui les parent, qu'aux véritables beautés que je leur prête. Renonce donc à cette rime si lente et si capricieuse, à cette mesure intraitable, qui, sous espoir d'agrément, n'amènent souvent que la langueur, compagne de l'uniformité. Tu perdras moins que je ne te rendrai. Travaille sous mes seuls auspices ; prends un essor hardi ; te voilà libre.

La déesse disparaît à mes yeux : mais au feu divin qui m'embrase, je sens encore sa présence toute-puissante. Oui, je puis, sans le secours des vers, m'élever aux plus sublimes fictions ; je puis, nouvel Homère, transporter mes auditeurs au milieu des combats. [...] Qu'on me donne un nouveau Héros. Dans un style aussi libre que sublime, je le conduis ainsi à travers les miracles, au faîte de la gloire ; et remplissant l'imagination des plus grands objets, j'allumerai dans les âmes l'amour héroïque de la vertu.

Faudra-t-il exposer sur la scène les aventures tragiques des rois, les conspirations ambitieuses, les vices sur le trône, et les vertus dans les vers ? Je n'asservirai point mes Héros à ce langage superstitieusement mesuré que la passion désavoue ; ils parleront naïvement, quoique noblement, selon leur dignité, selon le génie de leur nation, leur caractère particulier, leur intérêt dominant et leur émotion présente [...], et je ne laisserai jamais sentir l'auteur caché sous le personnage.

Et toi, riante comédie, art enchanteur, qui fais réjouir jusque celui que tu condamnes, quelle contradiction du style contraint où l'on t'asservit avec la familiarité de tes discours et de tes manières ! Quel ridicule, et tu le jouerais bien, de voir un amant qui n'ose rien sentir que de l'aveu de la rime ; un valet, un rustre, amoureux jusque dans ses grossièretés d'une cadence harmonieuse ! On nous recommande tant la nature : eh, pourquoi donc la violer dès le premier pas ? Pourquoi se faire un langage forcé, pour exprimer la naïveté des sentiments et des mœurs ?

[...] Sans autre art que la nature même, je peindrai les peines et les plaisirs des amants ; et mesurant seulement avec grâce les tendres chansons de mes bergers, tout respirera d'ailleurs dans mon style la liberté et la naïveté pastorale.

Oui, divine Éloquence, c'est à toi seule de manier la parole ; tu ne reconnais de force ni de grâce que la raison. Les idées te présentent les termes ; les sentiments te fournissent les tours, la justesse et la clarté t'imposent précisément tes nombres et tes mesures. Tes desseins différents étendent ou resserrent tes hardiesses. Il n'appartient qu'à toi d'écarter sûrement tout l'inutile, d'embrasser et d'arranger tout le nécessaire : seule, tu sais donner à chaque objet ses véritables nuances et ses proportions exactes. Tes sœurs n'ont fait un chant du discours que pour suppléer à ton défaut ; mais qu'elles se désabusent. Rien ne te remplace ; et où tu parais une fois, rien ne se fait plus désirer.

Téméraire, n'en ai-je point trop dit ? J'entends Polymnie [1] qui me reproche amèrement l'audace de mon ingratitude.

1. Voir « Muses » dans le Vade-mecum.

Oses-tu donc, me dit-elle, avilir ainsi les dons que je t'ai faits ? Comptes-tu pour rien cette mesure flatteuse où j'ai su cent fois renfermer tes pensées ; ce retour artificieux des mêmes sons, où la raison était surprise de se trouver plus riante, quoique plus contrainte ; enfin toute cette musique de paroles qui semble associer l'oreille aux plaisirs de l'esprit ? ingrat ! Et je reçois aujourd'hui ce prix de mes faveurs ! Pardonne, Polymnie. Je ne désavoue pas tes bienfaits, et je connais encore tous tes charmes. Je sais combien tu plais par les difficultés mêmes que tu surmontes ; que tu joins à l'effet naturel d'une pensée raisonnable, l'admiration de te la voir rendre avec succès, malgré les obstacles. Je sais que quelquefois le génie, heureusement forcé par l'inflexibilité de tes lois, découvre des trésors qu'il n'eût pas cherchés, s'il eût trouvé le chemin ouvert à ses premières saillies. Je connais l'empire que l'habitude t'a acquis sur l'oreille, et les obligations que t'a la mémoire, à qui tu prêtes, comme des époques secourables [1], la symétrie de tes mesures et le mariage des mêmes sons ; mais laisse-le-moi dire, puisque la vérité m'y force : tu ne saurais jamais commander au discours aussi souverainement que la libre éloquence.

Ode en faveur des vers
par M. de La Faye

Mauvais goût né de l'habitude,
Faux enchantement du lecteur ;
Rime, mesure, vaine étude,
Le peuple goth fut ton auteur.
Non, tu n'es point la poésie :
D'un plus beau feu l'âme saisie,
En prose s'énonce bien mieux :
Les vers, dans des siècles barbares,
Ont eu de nos aïeux ignares
Le nom de langage des dieux.

Tel est l'audacieux blasphème
Qu'on profère contre Apollon.

1. Des configurations astrales favorables.

Hé qui ? C'est La Motte lui-même,
Déserteur du sacré vallon :
Mais cette erreur qu'il nous propose,
En vain de sa subtile prose
Emprunte un éclat spécieux [...].

Art des vers, par quelle magie,
Au gré de tes sons enchanteurs,
L'emportes-tu sur l'énergie
Dont se vantent les orateurs ? [...]

Ami né de la symétrie,
L'homme en recherche l'agrément ;
Des merveilles de l'industrie,
Seule elle fait l'enchantement.
À notre oreille la musique
Offre un mouvement symétrique
Des tons dont l'ordre fait la loi.
L'impression plus délicate,
De cet ordre en beaux vers nous flatte,
Et sur l'esprit même a ses droits.

Mais cet art frivole et pénible
Est, dit-on, mécanique en soi :
De plus d'un obstacle invincible
Souvent l'esprit subit la loi.
La cadence ou le sens vous gêne ;
Quelquefois la recherche est vaine
D'un mot qui les serve tous deux ;
La rime à cet autre s'oppose ;
D'un autre qui plairait en prose
Le choix ne serait pas heureux.

[...] De la contrainte rigoureuse
Où l'esprit semble resserré,
Il acquiert cette force heureuse
Qui l'élève au plus haut degré.
Telle dans des canaux pressée,
Avec plus de force élancée,
L'onde s'élève dans les airs ;

Et la règle qui semble austère
N'est qu'un art plus certain de plaire,
Inséparable des beaux vers.

L'Ode de Monsieur de la Faye mise en prose par Houdar de La Motte

[...] Les comparaisons pèchent toujours par quelque endroit : mais on peut dire qu'en vers elles pèchent par plus d'endroits et plus impunément qu'en prose. L'agrément de la rime et de la mesure, joint à la beauté de l'image, distrait l'esprit de l'attention qu'il ferait sans cela à la justesse des rapports. Il suppose aisément que les ressemblances y sont, dès que les grâces s'y trouvent, et il fait, pour ainsi dire, en cette matière, ce raisonnement du médecin de la comédie : *Quand Monsieur ne serait pas malade, il faudrait qu'il le devînt, pour la beauté du raisonnement que vous venez de faire.*

Telle est la comparaison du jet d'eau avec les vers :

Telle dans des canaux pressée,
Avec plus de force élancée,
L'onde s'élève dans les airs.

L'image est gracieuse et précise, mais elle est dépourvue de toute similitude avec l'objet auquel on la compare. Ce ne sont pas les canaux seuls qui font que l'eau s'élève, c'est la hauteur du lieu d'où elle tombe qui fait la mesure de son élévation au sortir des canaux qui la resserrent. Or où trouvera-t-on dans les vers, plutôt que dans la prose, cette première hauteur des pensées qui doit faire leur sublimité, quand elles seront exprimées ? Si les canaux étroits y faisaient quelque chose, avec quelle force les pensées jailliraient-elles des vers de trois syllabes, où on n'a encore pu dire que des riens ? Je dirai même, sans vouloir faire le savant, que les canaux en tant qu'étroits, nuisent plutôt qu'ils ne servent, puisque les frottements ralentissent d'autant la vitesse de l'eau.

De plus, les canaux et l'eau qu'ils renferment sont deux choses toutes différentes : l'eau demeure cachée, tant qu'elle coule dans les canaux ; et ce n'est que quand elle en sort qu'elle s'élève ; au lieu que dans les vers le canal et la pensée c'est la même chose, puisque les mots sont des signes qui présentent les pensées et non pas des canaux qui les cachent ; de manière que dans le vers le plus exact la pensée demeure précisément ce qu'elle est, ou rampante ou sublime, sans rien emprunter, comme pensée, de la mesure qui la renferme.

Mais quand on voudrait bien faire grâce à l'image de toutes ces différences, qu'en résulterait-il pour la préférence des vers ? Ne puis-je pas comparer à mon tour la libre Éloquence à un fleuve majestueux qui, descendant du haut des montagnes, s'ouvre un chemin à travers les plaines, et qui, se grossissant des torrents et des ruisseaux qu'il trouve sur sa route, fertilise les campagnes qu'il traverse, et devient entre les hommes le lien du commerce et de la société ? À qui alors du jet d'eau ou du fleuve donnera-t-on l'avantage ? […]

Faire passer de loin des grains de millet par le trou d'une aiguille était sans doute le fruit d'un exercice opiniâtre ; et cependant la merveille, à cause de sa puérilité, ne mérita point à son auteur d'autre récompense qu'un boisseau de millet, pour pouvoir continuer son badinage. C'est cette estime folle de la difficulté qui inventa les bouts rimés et les acrostiches. On a senti bientôt que ce n'était pas là l'occupation des gens raisonnables ; et l'on s'est moqué de ces assujettissements qui coûtent trop et qui ne laissent pas un champ libre à la raison.

Qu'on y prenne garde, nos vers retiennent beaucoup de ce défaut. La rime et la mesure sont toujours des entraves pour la justesse ; et le meilleur succès qu'on puisse attendre en s'y assujettissant, c'est de paraître n'avoir pas été gêné. Ne vaudrait-il pas autant ne pas l'être en effet, et dire aussi bien avec moins de peine ? Nous ressemblons en cela aux enfants qui aiment courir auprès des précipices, et qui n'en attendent d'autre gloire que de ne s'être pas blessés.

Voici en un mot ce qui décide. Le travail est louable, quand il nous met en état de dire toujours les choses de la meilleure manière qu'elles puissent être dites ; il est condamnable au contraire, quand il nous ôte la liberté de ce choix […]. Encourageons les versificateurs ; attachons la gloire à la peine qu'ils se donnent, pour leur en cacher la puérilité ; enfin ayons des vers, puisqu'ils font plaisir à bien des gens ; mais comme il y en a d'autres à qui ce plaisir n'est pas si nécessaire, et qui au contraire sont blessés de la contrainte et de la monotonie de la versification, laissons à la prose la liberté de tous les genres, afin de multiplier les bons ouvrages et de contenter tous les goûts.

XXXV

VIDA

ÉLOGE DE LA FIGURE

Marco Girolamo Vida, *Art poétique* [1527], in *Les Quatre Poétiques [...] avec les traductions et des remarques par M. l'abbé Batteux*, Paris, Saillant et Nyon, 1771, t. II, p. 137-185.

Dans son *Art poétique*, rédigé en vers latins, l'Italien Vida (1485-1566) adresse aux apprentis poètes des conseils d'écriture. C'est l'occasion de traiter notamment des figures, cette manière indirecte de désigner les choses, et de célébrer la satisfaction qu'elles procurent au lecteur. Elles renouvellent le parler, plaisir de la variété. Elles offrent une densité excitante, que Vida compare à l'effet que nous procure la double vision de la surface de l'eau et des objets qui s'y reflètent. Elles peignent un monde revêtu d'une « parure » insolite, et elles nous rendent sensibles à des correspondances inattendues entre ses éléments, de sorte que la poésie offre une *illumination* : elle décore la parole et elle éclaire le lecteur (c'est pourquoi Vida proscrit les formules trop obscures ou ridicules).

Vida montre ainsi la valeur cognitive des figures : il appartient à une époque préclassique où, selon une formule de Roland Barthes, « l'ornement n'est pas encore rituel, mais constitue en soi un procédé d'investigation appliqué à toute l'étendue du monde » (*Le Degré zéro de l'écriture*, in *Œuvres complètes*, éd. citée, p. 169). Cette dynamique de liaison entre les choses rapproche aussi le monde et la matière verbale. Pour Vida, les figures donnent au texte poétique une plasticité qui lui permet d'imiter mieux que tout autre discours les êtres qu'il évoque. Par ses sons (ce que la tradition nomme la recherche de l'*harmonie imitative*), et plus largement par sa structure, le poème semble emprunter certaines des qualités de ses référents. Il nous offre ainsi les fragments d'un langage qui ressemblerait aux objets dont il traite : décrire un géant passe par une « large » énumération, parler du chant d'un oiseau se fait en reprenant ses sons, etc.

Vida a toutefois soin de souligner que les figures apparaissent dans tous nos actes de parole, jusqu'au parler le plus spontané. La poésie n'est donc pas caractérisée par ces tours de langage, mais plutôt par l'importance qu'elle leur donne, et par sa capacité à en inventer sans cesse de nouveaux exemples – une vitalité et une fertilité qu'elle donne en spectacle à ses lecteurs, et qui la rattachent aux origines les plus vives de la langue. La modernité prolongera cette idée. Pour Valéry, on trouve « un *homme très ancien* en tout poète véritable : il boit encore aux sources du langage ; il invente des "vers", – à peu près comme les primitifs les mieux doués devaient créer des "mots", ou des ancêtres de mots » (« Je disais quelquefois à Stéphane Mallarmé », *Œuvres complètes*, éd. citée, t. I, p. 651).

Votre premier soin sera d'éviter l'obscurité. Qui le croirait ! On a vu des écrivains qui fuyaient la lumière et s'enveloppaient de nuages, tant ils aimaient la nuit et les ténèbres. Pour moi, mon premier vœu serait de demander aux Muses des vers clairs par eux-mêmes, et qui n'eussent besoin d'aucune lumière étrangère. Et pour cela, il n'est pas même nécessaire de fatiguer les cieux. On le peut par soi-même, si on le veut. Il y a tant de manières, tant de tours, tant de couleurs dans l'art de parler, qu'il n'est pas difficile de bien rendre les pensées de l'esprit et les sentiments du cœur. Si la lumière se refuse d'un côté, essayez de la tirer d'un autre : tournez, retournez votre expression jusqu'à ce que la lumière paraisse, et que le ciel brille sans nuage. Si vous n'êtes pas trop resserré par les bornes de votre matière, et qu'il se présente à vous mille expressions, mille tours, employez mille tours, mille expressions, tantôt l'une, tantôt l'autre, variant à tout moment les figures et les formes : cette variété charme l'oreille et se fait sentir jusqu'à l'âme du lecteur. Car les poètes doivent se faire une loi d'éviter la répétition des figures, à l'exemple de la Nature qui donne des traits différents à tout ce qu'elle produit, aux hommes, aux bêtes, aux poissons, aux oiseaux, à tout ce qui respire.

Voyez avec quelle grâce ils ôtent aux choses leurs vrais noms pour leur en donner d'autres qui sont empruntés ailleurs. Ainsi revêtues, elles sont surprises de cette parure étrangère, de cet éclat nouveau, de ces couleurs insolites dont elles ignorent la cause, et qu'elles préfèrent à leurs dénominations accoutumées. Si le Poète veut chanter les combats, on croit voir un incendie, ou les ondes rapides d'un déluge qui ravage les campagnes. S'il peint un incendie qui déploie ses fureurs dans les champs embrasés, c'est avec les couleurs qui sont propres aux combats du dieu Mars. Il peint avec ces mêmes couleurs les vents furieux qui se déchaînent sur les mers, et les flots amoncelés qui combattent contre les flots, tant les objets semblent se plaire à changer entre eux leurs décorations et leurs titres, à s'aider mutuellement, et à se prêter leurs habillements et leurs traits ! Le lecteur ne se plaît pas moins à voir plusieurs images qui se présentent sous un même mot. Semblable au voyageur qui, assis sur le rocher voisin, regarde l'onde claire et paisible, et dans l'onde les vertes forêts, les prairies émaillées que le cristal liquide lui répète fidèlement, il est charmé de cette variété. Le Poète se fait de même un plaisir, pour écarter l'ennui, de porter l'esprit de son lecteur sur des objets divers. Il trouve le moyen d'exprimer les plus petites choses en les revêtant d'une lumière étrangère, qui tout à la fois enrichit le discours, le relève et l'abrège.

Ce langage, si l'on en croit la Renommée, est celui dont usent les Dieux dans les demeures célestes, d'où les neuf Muses l'apportèrent sur la Terre et l'enseignèrent aux mortels. Car on dit que les Muses célèbrent dans le palais de Jupiter leurs danses avec les Dieux, qu'elles y chantent leurs vers alternativement en deux chœurs, qu'elles y jouissent de l'entretien de Phébus, et que c'est de là qu'elles inspirent les Poètes. Toutefois ce langage n'appartient pas aux Poètes seuls. Il est connu des Orateurs savants dans l'art de parler, qui l'emploient, soit qu'ils veulent effrayer le crime par la sévérité des lois, ou défendre les jours d'un ami contre la calomnie, ou rendre à la vie les morts illustres. Le laboureur même en sent les charmes, lorsqu'il parle de ses prairies *riantes*, des *pleurs* de la vigne, lorsqu'il dit que ses champs *altérés s'abreuvent de rosée*, et qu'ils lui *promettent* une riche moisson.

Ce fut d'abord la disette qui employa cet art comme une ressource nécessaire. Faute de mots propres, il fut permis de faire des emprunts dans des genres voisins. Mais bientôt ces emprunts furent multipliés par le goût : on donne aujourd'hui à l'agrément ce qu'on accordait autrefois au besoin. C'est ainsi que les premiers humains appuyaient des toits de chaume sur une frêle enceinte d'argile, pour se défendre de la pluie et des vents ; aujourd'hui, ce sont des colonnes de [marbre de] Paros qui soutiennent des poutres dorées et des palais pompeux dont le faîte touche le ciel. Cependant les autres genres doivent user de la métaphore plus sobrement que la Poésie. La Prose se promène dans un champ libre ; la Poésie, contrainte par les dures lois de la versification, est resserrée étroitement, et a droit de se dédommager par quelque licence. [...] Mais quoique ces licences et tant d'autres soient accordées aux Poètes, il est bon de voir quelquefois s'il ne serait pas mieux d'employer le terme propre, ne fût-ce que pour éviter l'affectation et l'excès des ornements. Il y en a qui usent de violence, qui dépouillent les choses de leurs vrais noms, malgré elles-mêmes, et qui leur en font prendre d'autres qui leur répugnent. J'aimerais autant qu'on revêtît un enfant d'un habit de géant, que d'entendre dire que les écuries sont *les Lares chevalins*, et les herbes menues, *les cheveux de la mère Cybèle*. Il vaut bien mieux laisser à la chose sa dénomination accoutumée, pourvu qu'elle ne soit pas indigne des Muses, que de vouloir la décorer de cette manière [...].

On ne décrit point en vers doux les pointes hérissées d'un rocher. Si les idées sont gaies, le vers sera léger, et les expressions riantes : c'est une verte prairie qui fleurit au printemps, ce sont les portes de l'Olympe qui s'ouvrent d'elles-mêmes. Au contraire les idées tristes se revêtent de couleurs tristes : c'est un oiseau funèbre qui traîne son cri aigre et sinistre sur les tombeaux antiques, ou sur les ruines abandonnées.

Les petits objets veulent des sons maigres et petits ; les grands demandent des mots sonores et majestueux. Tout est grand dans un géant : il a une face large, une large poitrine, de grands membres, de grands os, de longs bras. Si quelque chose se fait avec des efforts pénibles, que votre marche soit laborieuse, que les mots paresseux arrivent avec peine ; c'est le laboureur qui brise avec effort de lourdes mottes, ou le matelot qui retourne d'un autre sens les antennes de son vaisseau. Mais si le moindre retard est dangereux, si une vipère mortelle a montré la tête, vite, des pierres, des traits, du feu, des armes, pour repousser l'ennemi. Le vers tombe et se précipite, si c'est le voile de la nuit qui tombe, et s'étend sur le vaste Océan, ou si c'est le bœuf assené qui s'abat sous le coup.

Si le Poète peint le repos, vous verrez le vers suspendu au milieu de sa course. Si la mer est calme, si les vents sont apaisés, le vers coule doucement, et s'arrête sans bruit. Un vieillard lance d'une main faible un trait inutile ; le vers languit, se traîne débilement ; il n'a ni nerf, ni sang dans les veines. [...]

Le grand art des Poètes est de savoir se tenir serrés, ou se développer selon les objets. Tantôt parlant à peine, leur expression est menue, déliée ; ce n'est qu'un fil. Tantôt leur verve pleine, riche, surabondante, roule à pleins bords. Ils se répandent, ils regorgent : les mots tombent avec abondance, comme les neiges d'hiver qui couvrent en un moment la cime des Alpes. D'autres fois, ils soutiennent les rênes ; ni trop simples, ni trop sublimes, ils voguent entre les deux rives, sans les toucher, et entrent avec joie dans le port.

XXXVI

ROUSSEAU

LANGUE POÉTIQUE, LANGUE DES ORIGINES

Jean-Jacques Rousseau, *Essai sur l'origine des langues* [1781], chap. II-IV, éd. C. Kintzler, GF-Flammarion, 1993, p. 61-66 et 102-103.

De nombreux auteurs ont lié la poésie aux origines mêmes de la parole humaine. Ainsi, pour le philosophe italien Giambattista Vico, la première humanité fut « poétique » au sens où elle construisit une sagesse fondée sur l'imagination et les personnifications, et, surtout, parce qu'elle eut à fonder la langue. Contre ceux qui « prétendent que le langage des poètes est impropre et qu'il a succédé au langage des prosateurs », Vico explique que les figures qui y abondent « n'ont pas été, comme on l'a voulu jusqu'ici, de spirituelles inventions des écrivains, mais seulement des *manières nécessaires de s'exprimer* dont toutes les premières nations poétiques ont fait usage » (*La Science nouvelle* [1725], trad. C. Trivulzio, Gallimard, « Tel », 1993, p. 149). Rousseau, dans son *Essai sur l'origine des langues*, publié après sa mort et composé vers 1758-1761, défend une thèse proche, sans qu'on mesure bien sa connaissance de l'œuvre de l'Italien. Comme le note Jean Starobinski, Rousseau s'impose ici de « reconstruire une genèse des pratiques humaines à partir d'une situation où l'activité de pensée, le raisonnement tel que nous l'exerçons, étaient encore inexistants » (préface à *Essai sur l'origine des langues*, Gallimard, « Folio », 1990, p. 24). Rousseau lie en effet l'apparition de la parole, cette « première institution so-

ciale », à l'expression naturelle des passions, loin de tout dessein rationnel. Or il trouve dans l'usage poétique contemporain de la langue – et singulièrement dans la poésie lyrique – un modèle pour concevoir *a posteriori* la dynamique de cette hypothétique langue originelle.
Conséquence de cette projection, le poète, « faiseur » de texte par excellence, semble reproduire à l'échelle individuelle l'ancienne fabrique collective du code linguistique, et les écarts qui différencient l'usage poétique de la langue sont interprétés comme autant de manifestations du fonctionnement spécifique de la langue mère, par opposition à celui des langues modernes. En somme, Rousseau invite ainsi à voir la poésie comme le site privilégié où, selon Vico, le langage original, avec sa logique, se prolongerait « bien avant dans les temps historiques, semblable en cela à ces fleuves grands et rapides qui gardent encore, longtemps après s'être jetés dans la mer, la douceur de leurs eaux, que la violence de leurs cours sert à préserver de tout mélange » (*La Science nouvelle*, éd. citée, p. 140).
Réciproquement, Rousseau reproche à la langue moderne usuelle d'accuser une dégénérescence, rendue sensible par un manque d'énergie, une perte de musicalité et un excès de rationalisme qui menacent, *in fine*, la possibilité même de l'employer poétiquement : la puissance du chant premier ne serait plus pour nous qu'un mythe. On pourra lui opposer sur ce point la réflexion d'un auteur comme August Schlegel. « Puisque la poésie habite originellement le langage, celui-ci ne peut jamais être dépoétisé au point de ne pas laisser subsister partout en lui une foule d'éléments poétiques épars, même dans l'emploi le plus arbitraire et le plus froid que l'entendement peut faire des signes linguistiques, et bien plus encore dans la vie courante », explique-t-il dans ses *Leçons sur l'art et la littérature* (1801-1802), ajoutant qu'« on peut dire sans exagération qu'à proprement parler toute poésie est poésie de la poésie ; car elle présuppose déjà le langage, dont l'invention relève bien de l'aptitude poétique, et qui est lui-même un poème du genre humain tout entier, un poème en perpétuel devenir, en perpétuelle métamorphose, jamais achevé » (J.-L. Nancy et P. Lacoue-Labarthe, *L'Absolu littéraire*, éd. citée, p. 350-351).

Il est donc à croire que les besoins dictèrent les premiers gestes et que les passions arrachèrent les premières voix [1]. En suivant avec ces distinctions la trace des faits, peut-être faudrait-il raisonner sur l'origine des langues tout autrement

1. Comprendre « voix » au sens de « signe oral » et, plus spécifiquement, de « son vocalique » : Rousseau a expliqué dans le chapitre précédent que les gestes pouvaient suffire à l'expression des besoins physiques.

qu'on n'a fait jusqu'ici. Le génie des langues orientales, les plus anciennes qui nous soient connues, dément absolument la marche didactique qu'on imagine dans leur composition. Ces langues n'ont rien de méthodique et de raisonné ; elles sont vives et figurées. On nous fait du langage des premiers hommes des langues de géomètres, et nous voyons que ce furent des langues de poètes.

Cela dut être. On ne commença pas par raisonner, mais par sentir. On prétend que les hommes inventèrent la parole pour exprimer leurs besoins ; cette opinion me paraît insoutenable. L'effet naturel des premiers besoins fut d'écarter les hommes et non de les rapprocher. Il le fallait ainsi pour que l'espèce vînt à s'étendre et que la terre se peuplât promptement, sans quoi le genre humain se fût entassé dans un coin du monde, et tout le reste fût demeuré désert.

De cela seul il suit avec évidence que l'origine des langues n'est point due aux premiers besoins des hommes ; il serait absurde que de la cause qui les écarte vînt le moyen qui les unit. D'où peut donc venir cette origine ? Des besoins moraux, des passions. Toutes les passions rapprochent les hommes que la nécessité de chercher à vivre force à se fuir. Ce n'est ni la faim, ni la soif, mais l'amour, la haine, la pitié, la colère, qui leur ont arraché les premières voix. Les fruits ne se dérobent point à nos mains, on peut s'en nourrir sans parler ; on poursuit en silence la proie dont on veut se repaître ; mais pour émouvoir un jeune cœur, pour repousser un agresseur injuste, la nature dicte des accents, des cris, des plaintes : voilà les plus anciens mots inventés, et voilà pourquoi les premières langues furent chantantes et passionnées avant d'être simples et méthodiques. [...]

Comme les premiers motifs qui firent parler l'homme furent des passions, ses premières expressions furent des tropes. Le langage figuré fut le premier à naître, le sens propre fut trouvé le dernier. On n'appela les choses de leur vrai nom que quand on les vit sous leur véritable forme. D'abord on ne parla qu'en poésie ; on ne s'avisa de raisonner que longtemps après. [...]

Je ne doute point qu'indépendamment du vocabulaire et de la syntaxe, la première langue, si elle existait encore, n'eût gardé des caractères originaux qui la distingueraient de toutes les autres. Non seulement tous les tours de cette langue devraient être en images, en sentiments, en figures ; mais dans sa partie mécanique, elle devrait répondre à son premier objet, et présenter au sens ainsi qu'à l'entendement les impressions presque inévitables de la passion qui cherche à se communiquer.

Comme les voix naturelles sont inarticulées, les mots auraient peu d'articulations ; quelques consonnes interposées, effaçant l'hiatus des voyelles [1], suffiraient pour les rendre coulantes et faciles à prononcer. En revanche les sons seraient très variés, et la diversité des accents multiplierait les mêmes voix : la quantité, le rythme, seraient de nouvelles sources de combinaisons ; en sorte que les voix, les sons, l'accent, le nombre, qui sont de la nature, laissant peu de choses à faire aux articulations qui sont de convention, l'on chanterait au lieu de parler ; la plupart des mots radicaux seraient des sons imitatifs, ou de l'accent des passions, ou de l'effet des objets sensibles : l'onomatopée s'y ferait sentir continuellement.

Cette langue aurait beaucoup de synonymes pour exprimer le même être par ses différents rapports [2] ; elle aurait peu d'adverbes et de mots abstraits pour exprimer ces mêmes rapports. Elle aurait beaucoup d'augmentatifs, de diminutifs, de mots composés, de particules explétives pour donner de la cadence aux périodes et de la rondeur aux phrases ; elle aurait beaucoup d'irrégularités et d'anomalies, elle négligerait l'analogie grammaticale pour s'attacher à l'euphonie, au nombre, à l'harmonie et à la beauté des sons ; au lieu d'arguments elle aurait des sentences, elle persuaderait sans convaincre et peindrait sans raisonner [...].

Les premières histoires, les premières harangues, les premières lois furent en vers ; la poésie fut trouvée avant la prose ; cela devait être, puisque les passions parlèrent avant la raison. Il en fut de même de la musique ; il n'y eut point d'abord d'autre musique que la mélodie, ni d'autre mélodie que le son varié de la parole ; les accents formaient le chant, les quantités formaient la mesure, et l'on parlait autant par les sons et par

---

1. Heurt de deux sons vocaliques à la fin d'un mot et au début du suivant, proscrit dans la versification classique ; ici, succession de voyelles.

2. N.d.A. : On dit que l'arabe a plus de mille mots différents pour dire un *chameau*, plus de cent pour dire un *glaive*, etc.

les rythmes que par les articulations et les voix. Dire et chanter étaient autrefois la même chose, dit Strabon, ce qui montre, ajoute-t-il, que la poésie est la source de l'éloquence [1]. Il fallait dire que l'une et l'autre eurent la même source et ne furent d'abord que la même chose. Sur la manière dont se lièrent les premières sociétés, était-il étonnant qu'on mît en vers les premières histoires, et qu'on chantât les premières lois ? Était-il étonnant que les premiers grammairiens soumissent leur art à la musique, et fussent à la fois professeurs de l'un et de l'autre [2] ?

Une langue qui n'a que des articulations et des voix n'a donc que la moitié de sa richesse ; elle rend des idées, il est vrai, mais pour rendre des sentiments, des images, il lui faut encore un rythme et des sons, c'est-à-dire une mélodie : voilà ce qu'avait la langue grecque, et qui manque à la nôtre.

Nous sommes toujours dans l'étonnement sur les effets prodigieux de l'éloquence, de la poésie et de la musique parmi les Grecs. Ces effets ne s'arrangent point dans nos têtes, parce que nous n'en éprouvons plus de pareils ; et tout ce que nous pouvons gagner sur nous, en les voyant si bien attestés, est de faire semblant de les croire par complaisance pour nos savants [3].

---

1. N.d.A. : *Géographie*, livre I.

2. N.d.A. : « *Archytas atque Aristoxenes etiam subjectam grammaticem musicæ puteverunt, et eosdem utriusque rei præcetores fuisse*... [...] » Quintil., lib. I, cap. 10 [Archytas et Evenus ont même considéré la grammaire comme subordonnée à la musique, et les mêmes maîtres ont enseigné les deux disciplines », Quintilien, *Institution oratoire*, I, 11, trad. J. Cousin, Paris, Les Belles Lettres, 1975, p. 135].

3. N.d.A. : Sans doute il faut faire en toute chose déduction de l'exagération grecque, mais c'est aussi trop donner au préjugé moderne que de pousser ces déductions jusqu'à faire évanouir toutes les différences. « Quand la musique des Grecs, dit l'abbé Terrasson, du temps d'Amphion et d'Orphée, en était au point où elle est aujourd'hui dans les villes les plus éloignées de la capitale, c'est alors qu'elle suspendait le cours des fleuves, qu'elle attirait les chênes, et qu'elle faisait mouvoir les rochers. Aujourd'hui qu'elle est arrivée à un très haut point de perfection, on l'aime beaucoup, on en pénètre même les beautés, mais elle laisse tout à sa place. Il en a été ainsi des vers d'Homère, poète né dans les temps qui se ressentaient encore de l'enfance de l'esprit humain, en comparaison de ceux qui l'ont suivi. On s'est extasié sur ses vers, et l'on se contente aujourd'hui de goûter et d'estimer ceux des bons poètes. » On ne peut nier que l'abbé Terrasson n'eût quelquefois de la philosophie, mais ce n'est sûrement pas dans ce passage qu'il en a montré.

XXXVII

CLAUDEL

LE COSMOS COMME MODÈLE

Paul Claudel, « Connaissance du temps » [1903], *Art poétique*, in *Œuvre poétique*, © Gallimard, « Bibliothèque de la Pléiade », 1967, p. 143.

Claudel (1868-1955) fait de l'image poétique – présentée comme l'affirmation de l'« existence conjointe » des choses – un acte cognitif à part entière. Il en propose une double justification, qu'on pourrait dire *phénoménologique* et *écologique*. Pour lui, la manière dont la poésie conteste les distinctions entre des notions ou des référents réputés séparés imite notre propre expérience. Les choses ne nous apparaissent pas isolées : elles se présentent les unes sur le fond des autres, et les unes en fonction des autres, dans un agencement (une « syntaxe ») qui varie en fonction de notre position. Des figures comme la métaphore ou la métonymie, et plus largement l'ensemble des échos et rythmes qui traversent le texte poétique, rétablissent des relations similaires entre des êtres que l'ordre du langage nous oblige à représenter séparément, et corrigent donc en quelque sorte ce cloisonnement.
Cette structure imite et révèle l'organisation du monde lui-même : la parole poétique le donne à saisir comme un système mouvant d'interrelations, où notre point de vue mobile fabrique sans cesse des cohérences insoupçonnées. Nous ne *connaissons* ces rapports qu'à condition d'accepter de leur *co-naître* à chaque moment : loin d'être intempestive, notre subjectivité participe à leur déploiement, et le travail de l'expression, qui rend la langue à son devenir, accompagne leur mouvement. « Chaque image à chaque coup, écrira Aragon dans *Le Paysan de Paris*, vous force à réviser tout l'univers » (éd. citée, p. 82).

Jadis au Japon, comme je montais de Nikkô à Chuzenji, je vis, quoique grandement distants, juxtaposés par l'alignement de mon œil, la verdure d'un érable combler l'accord proposé par un pin. Les présentes pages commentent ce texte forestier, l'énonciation arborescente, par Juin, d'un nouvel Art poétique [1] de l'Univers, d'une nouvelle Logique. L'ancienne avait le syllogisme pour organe, celle-ci a la métaphore, le mot nouveau, l'opération qui résulte de la seule existence conjointe et simultanée de deux choses différentes. La

1. N.d.A. : *Poïeïn* – faire.

première a pour point de départ une affirmation générale et absolue, l'attribution, une fois pour toutes, au sujet, d'une qualité, d'un caractère. Sans précision de temps, ou de lieu, *le soleil brille, la somme des angles d'un triangle est égale à deux droits.* Elle crée, en les *définissant*, les individus abstraits, elle établit entre eux des séries invariables. Son procédé est une nomination. Tous ces termes une fois arrêtés, classés par genres et par espèces aux colonnes de son répertoire, par l'analyse un par un, elle les applique à tout sujet qui lui est proposé. Je compare cette logique à la première partie de la grammaire qui détermine la nature et la fonction des différents mots. La seconde logique en est comme la syntaxe qui enseigne l'art de les assembler, et celle-ci est pratiquée devant nos yeux par la nature même. Il n'est de science que du général, il n'est création que du particulier. La métaphore [1], l'iambe fondamental ou rapport d'une grave et d'une aiguë, ne se joue pas qu'aux feuilles de nos livres : elle est l'art autochtone employé par tout ce qui naît. Et ne parlez pas de hasard. La plantation de ce bouquet de fleurs, la forme de cette montagne, n'en sont pas plus l'effet que le Parthénon ou ce diamant sur qui vieillit le lapidaire à l'user, mais le produit d'un trésor de desseins certes plus riche et plus savant. J'allègue maintes preuves de géologie et de climat, d'histoire naturelle et humaine ; nos œuvres et leurs moyens ne diffèrent pas de ceux de la nature. Je comprends que chaque chose ne subsiste pas sur elle seule, mais dans un rapport infini avec toutes les autres.

1. N.d.A. : Avec ses transpositions dans les autres arts : « valeurs », « harmonies », « proportions ».

XXXVIII

BRETON

DÉCONCERTER L'ESPRIT

André Breton, *Manifestes du surréalisme*,
© Jean-Jacques Pauvert, 1962, p. 51-55.

Les détracteurs de la poésie reprochent souvent à ses images une absence de pertinence face aux données de la réalité. Pourtant, la vertu évocatoire et cognitive de tels rapprochements est louée par de nombreux auteurs. Pour le philosophe Alain, « c'est bien la description, qui ne part pas de la chose, qui au contraire finit par la faire paraître, à force de faire sonner les mots » (*Commentaires de Charmes de Paul Valéry*, Éditions de la NRF, 1929, p. 4). Pour Shelley, la poésie, parce qu'elle « diffère de la logique en ce qu'elle n'est pas soumise au contrôle des facultés actives de l'esprit », arrache du monde « le voile de la familiarité » et « libère notre vue intérieure de la pellicule de l'habitude qui nous rend obscure la merveille de notre être » (*Défense de la poésie*, éd. citée, p. 40-42) – une posture à rapprocher de l'éloge kantien de l'imagination (voir texte VIII).

Le surréalisme a poussé cette logique à l'extrême. En 1918, dans la revue *Nord-Sud*, Pierre Reverdy avait écrit : « L'image est une création pure de l'esprit. Elle ne peut naître d'une comparaison mais du rapprochement de deux réalités plus ou moins éloignées. / Plus les rapports de deux réalités rapprochées seront lointains et justes, plus l'image sera forte – plus elle aura de puissance émotive et de réalité poétique. / Deux réalités qui n'ont aucun rapport ne peuvent se rapprocher utilement. Il n'y a pas création d'image. Pas davantage si l'on compare deux réalités identiques » (*Le Gant de crin*, Flammarion, 1968, p. 30-31). Dans le premier *Manifeste du surréalisme* (1924), Breton (1896-1966) reprend ces thèses, mais, non sans évoquer la théorie psychanalytique des associations libres, il veut voir dans ces alliances le travail involontaire d'un esprit affranchi de la raison consciente. Ainsi conçue, l'image est proche des résultats obtenus dans les tentatives d'écriture automatique, cette composition sans correction ni retour du scripteur sur son texte.

Le rapprochement inattendu sollicite *in fine* une raison lectrice, mais il n'émane pas d'elle. Il y gagne, loin des habitudes et prévisions, une fulgurance qui le constitue en technique privilégiée d'investigation et de création pour un courant que Breton définit ainsi : « *Surréalisme*, n.m. : Automatisme psychique pur par lequel on se propose d'exprimer, soit verbalement, soit par écrit, soit de toute autre manière, le fonctionnement réel de la pensée. Dictée de la pensée, en l'absence de tout contrôle exercé par la raison, en dehors de toute préoccupation esthétique ou morale » (*Manifestes du surréalisme*, éd. citée, p. 36).

Il en va des images surréalistes comme de ces images de l'opium que l'homme n'évoque plus, mais qui « s'offrent à lui, spontanément, despotiquement. Il ne peut pas les congédier ; car la volonté n'a plus de force et ne gouverne plus les facultés [1] ». Reste à savoir si l'on a jamais « évoqué » les images. Si l'on s'en tient, comme je le fais, à la définition de Reverdy, il ne semble pas possible de rapprocher volontairement ce qu'il appelle « deux réalités distantes ». Le rapprochement se fait ou ne se fait pas, voilà tout. Je nie, pour ma part, de la façon la plus formelle, que chez Reverdy des images telles que :

Dans le ruisseau il y a une chanson qui coule

ou :

Le jour s'est déplié comme une nappe blanche

ou :

Le monde entre dans un sac

offrent le moindre degré de préméditation. Il est faux, selon moi, de prétendre que « l'esprit a saisi les rapports » des deux réalités en présence. Il n'a, pour commencer, rien saisi consciemment. C'est du rapprochement en quelque sorte fortuit des deux termes qu'a jailli une lumière particulière, lumière de l'image, à laquelle nous nous montrons infiniment sensibles. La valeur de l'image dépend de la beauté de l'étincelle obtenue ; elle est, par conséquent, fonction de la différence de potentiel entre les deux conducteurs. Lorsque cette différence de potentiel existe à peine comme dans la comparaison [2], l'étincelle ne se produit pas. Or, il n'est pas, à mon sens, au pouvoir de l'homme de concerter le rapprochement de deux réalités si distantes. Le principe d'association des idées, tel qu'il nous apparaît, s'y oppose. Ou bien faudrait-il en revenir à un art elliptique, que Reverdy condamne comme moi. Force est donc bien d'admettre que les deux termes de l'image ne

1. N.d.A. : Baudelaire [*Les Paradis artificiels*].
2. N.d.A. : Cf. l'image chez Jules Renard.

sont pas déduits l'un de l'autre par l'esprit *en vue* de l'étincelle à produire, qu'ils sont les produits simultanés de l'activité que j'appelle surréaliste, la raison se bornant à constater, et à apprécier le phénomène lumineux.

Et de même que la longueur de l'étincelle gagne à ce que celle-ci se produise à travers des gaz raréfiés, l'atmosphère surréaliste créée par l'écriture mécanique, que j'ai tenu à mettre à la portée de tous, se prête particulièrement à la production des plus belles images. On peut même dire que les images apparaissent, dans cette course vertigineuse, comme les seuls guidons de l'esprit. L'esprit se convainc peu à peu de la réalité suprême de ces images. Se bornant d'abord à les subir, il s'aperçoit bientôt qu'elles flattent sa raison, augmentent d'autant sa connaissance. Il prend conscience des étendues illimitées où se manifestent ses désirs, où le pour et le contre se réduisent sans cesse, où son obscurité ne le trahit pas. Il va, porté par ces images qui le ravissent, qui lui laissent à peine le temps de souffler sur le feu de ses doigts. C'est la plus belle des nuits, *la nuit des éclairs* : le jour, auprès d'elle, est la nuit.

Les types innombrables d'images surréalistes appelleraient une classification que, pour aujourd'hui, je ne me propose pas de tenter. Les grouper selon leurs affinités particulières m'entraînerait trop loin ; je veux tenir compte, essentiellement, de leur commune vertu. Pour moi, la plus forte est celle qui présente le degré d'arbitraire le plus élevé, je ne le cache pas ; celle qu'on met le plus longtemps à traduire en langage pratique, soit qu'elle recèle une dose énorme de contradiction apparente, soit que l'un de ses termes en soit curieusement dérobé, soit que s'annonçant sensationnelle, elle ait l'air de se dénouer faiblement (qu'elle ferme brusquement l'angle de son compas), soit qu'elle tire d'elle-même une justification *formelle* dérisoire, soit qu'elle soit d'ordre hallucinatoire, soit qu'elle prête très naturellement à l'abstrait le masque du concret, ou inversement, soit qu'elle implique la négation de quelque propriété physique élémentaire, soit qu'elle déchaîne le rire. En voici, dans l'ordre, quelques exemples :

Le rubis du champagne. Lautréamont.

Beau comme la loi de l'arrêt du développement de la poitrine chez les adultes dont la propension à la croissance n'est pas en rapport avec la quantité de molécules que leur organisme s'assimile. Lautréamont.

Une église se dressait éclatante comme une cloche. Philippe Soupault [1].

Dans le sommeil de Rrose Sélavy il y a un nain sorti d'un puits qui vient manger son pain la nuit. Robert Desnos [2].

Sur le pont la rosée à tête de chatte se berçait. André Breton.

Un peu à gauche, dans mon firmament deviné, j'aperçois – mais sans doute n'est-ce qu'une vapeur de sang et de meurtre – le brillant dépoli des perturbations de la liberté. Louis Aragon.

Dans la forêt incendiée,
Les lions étaient frais. Roger Vitrac [3].

La couleur des bas d'une femme n'est pas forcément à l'image de ses yeux, ce qui a fait dire à un philosophe qu'il est inutile de nommer : « Les céphalopodes ont plus de raison que les quadrupèdes de haïr le progrès. » Max Morise [4].

Qu'on le veuille ou non, il y a là de quoi satisfaire à plusieurs exigences de l'esprit. Toutes ces images semblent témoigner que l'esprit est mûr pour autre chose que les bénignes joies qu'en général il s'accorde. [...] Ces images lui donnent la mesure de sa dissipation ordinaire et des inconvénients qu'elle offre pour lui. Il n'est pas mauvais qu'elles le déconcertent finalement, car déconcerter l'esprit c'est le mettre dans son tort. Les phrases que je cite y pourvoient grandement. Mais l'esprit qui les savoure en tire la certitude de se trouver dans le *droit chemin* ; pour lui-même, il ne saurait se rendre coupable d'argutie ; il n'a rien à craindre puisqu'en outre il se fait fort de tout cerner.

---

1. Soupault (1897-1990) rédigea avec Breton *Les Champs magnétiques* (1920), une expérience d'écriture automatique souvent considérée comme le premier texte surréaliste.
2. Desnos (1900-1945) participa aux expériences surréalistes jusqu'en 1929, une activité dont le recueil *Corps et biens* (1930) offre le bilan poétique.
3. Poète et dramaturge, Vitrac (1899-1952) fit partie du groupe surréaliste jusqu'en 1925.
4. Écrivain, artiste, traducteur et comédien, Morise (1900-1973) joua notamment dans *Drôle de drame* et *Le Crime de Monsieur Lange*.

XXXIX

GENETTE

UN ÉCART RELATIF

Gérard Genette, « Figures », *Figures I* [1966], © Seuil, « Points Essais », 1976, p. 207-220.

On associe volontiers la poésie à un emploi particulier du langage, distinct de l'usage courant. Pour les spécialistes de rhétorique des XVIIe, XVIIIe et XIXe siècles, comme Fontanier (*Les Figures du discours*, 1821-1830) ou Domairon (*Rhétorique française*, 1804), cet écart est un fait de style : outre le vers, ils considèrent la figure comme son moyen privilégié, et comme un outil pour le mesurer, en confrontant l'expression poétique à une hypothétique formulation littérale des idées qu'elle véhicule. Cependant, nombre de poètes s'élèvent contre cette forme de traduction, qu'ils assimilent à une réduction sémantique et esthétique du texte : pour bien des modernes, la figure n'est pas une simple manière de parler, mais une manière de penser (voir Hegel, texte XXXI, et Claudel, texte XXXVII). Critique et théoricien littéraire, Genette confronte les deux postures pour montrer la complexité du concept de figure et remettre en cause, sur ce point, la spécificité du discours poétique. Comme Vida (texte XXXV), il souligne la présence des figures hors du champ poétique et littéraire et, par voie de conséquence, l'impossibilité de définir une norme de discours apte à servir de repère pour mesurer un écart. Mais il rattache le langage figuré à une tentative de motivation des signifiants, voire, plus largement, à un signal de poéticité en soi. La figure (jusque dans son apparent évitement, chez certains contemporains) opère moins une dissemblance qu'elle n'inscrit le texte dans une logique générique de ressemblance et de filiation avec d'autres œuvres.

L'esprit de la rhétorique est tout entier dans cette construction d'un hiatus possible entre le langage réel (celui du poète) et un langage virtuel (celui qu'aurait employé *l'expression simple et commune*) qu'il suffit de rétablir par la pensée pour délimiter un espace de figure. Cet espace n'est pas vide : il contient à chaque fois un certain mode de l'éloquence ou de la poésie. [...] Le statut de la figure n'a pourtant pas toujours été clair dans l'esprit de la tradition rhétorique. Depuis l'Antiquité, celle-ci définit les figures comme des *manières de parler éloignées de celles qui sont naturelles et ordinaires*, ou encore (on vient de le voir chez Fontanier), *simples et communes* ; mais en même temps elle avoue que rien n'est plus commun et ordinaire que l'usage des figures, et, pour reprendre la formule classique, qu'*il se fait plus de figures un jour de marché à la Halle qu'il ne s'en fait en plusieurs jours d'assemblées académiques*. La figure est un écart par rapport à l'usage, lequel écart est pourtant dans l'usage : voilà le paradoxe de la rhétorique. [...]

Reste une question essentielle : pourquoi la figure signifie-t-elle davantage que l'expression littérale ? D'où lui vient son surplus de sens, et, par exemple, qu'elle puisse désigner non seulement un objet, un fait, une pensée, mais aussi leur valeur affective ou leur dignité littéraire ? La technique de ces impositions de sens peut se ramener à ce que la sémiologie moderne appelle une *connotation*. Lorsque j'emploie le mot *voile* pour désigner une voile, cette signification est arbitraire (aucun rapport naturel entre le mot et la chose, liés par une pure convention sociale), abstraite (le mot désigne non une chose mais un concept) et univoque (ce concept est désigné sans ambiguïté) : on a là une simple dénotation. Mais si j'emploie le même mot *voile* pour désigner, par synecdoque (la partie pour le tout), un navire, cette signification est beaucoup plus riche et plus complexe : elle est ambiguë puisqu'elle vise à la fois, littéralement, la voile, et par figure, le navire, et donc le tout *à travers* la partie ; elle est concrète et motivée, puisqu'elle choisit de désigner le navire par un détail matériel, une « idée accessoire », et non par l'idée principale, et puisqu'elle choisit encore tel détail (la voile) plutôt que tel autre (la coque ou le mât). Cette motivation, différente dans chaque type de figure (par un détail dans la synecdoque, par une ressemblance dans la métaphore, par une atténuation dans la litote, par une exagération dans l'hyperbole, etc.), est l'âme même de la figure, et sa présence est une signification seconde imposée par l'emploi de cette figure. En disant *voile* pour navire, je dénote le navire, mais en même temps je connote la motivation par le détail, le détour sensible imprimé à la signification, et donc une certaine modalité de vision ou d'intention. Cette modalité sensible est pour la rhétorique le propre de l'expression poétique. « Les poètes, dit Lamy [1], n'emploient que les expressions qui forment dans l'imagina-

1. Bernard Lamy (1640-1715) : auteur de *L'Art de parler*.

tion une peinture sensible, et c'est pour cette même raison que les Métaphores, qui rendent toutes choses sensibles, sont si fréquentes dans leur style. » Et même lorsqu'une figure poétique a passé dans l'usage littéraire au point d'avoir perdu tout pouvoir d'évocation concrète, ce qui est évidemment le cas pour la plupart des tropes de la poésie classique (*voile* pour navire, *fer* pour épée, *flamme* pour amour, etc.), sa valeur connotative ne s'évanouit pas pour autant, car elle garde pour tâche, par sa seule présence et par une vertu toute conventionnelle, de signifier la Poésie.

C'est ici qu'intervient le code de la rhétorique, chargé d'inventorier le répertoire des figures et d'assigner à chacune sa valeur de connotation. Une fois sortie de la parole vivante de l'invention personnelle et entrée dans le code de la tradition, chaque figure n'a plus pour fonction que d'intimer, à sa manière, la qualité poétique du discours qui la porte.

V

TRAVAIL ET TROUVAILLE

XL

PLATON

LA CHAÎNE DIVINE

Platon, *Ion* (*ca.* 399-390 av. J.-C.), 533d-536b, trad. M. Canto, GF-Flammarion, 1989, p. 99-107.

Qu'elles ouvrent l'*Iliade* (« Chante, déesse, la colère d'Achille ») ou l'*Énéide* (« Muse, rappelle-moi pourquoi… »), plusieurs invocations célèbres font des grands poèmes antiques la restitution d'un texte proféré par un énonciateur surhumain. De telles formules situent la poésie à proximité du sacré : elles constituent une manière de marquer d'altérité un « haut langage », et elles font de son apparition, comme de son efficacité, le résultat d'une opération mystérieuse, que la postérité nommera « inspiration » (du latin *in-spirare*, « souffler dans »).

Platon en décrit les modalités dans un dialogue composé au début du IVe siècle av. J.-C., qui met en scène Socrate et Ion. Ion est un rhapsode, un interprète spécialisé dans la récitation des vers d'Homère. Mais Socrate lui démontre que l'excellence poétique n'est pas le produit d'un art (*technè*). Si tel était le cas, le poète devrait être capable de traiter tous les sujets avec autant de réussite. Le charme résulte plutôt d'un *don divin* (*theia moira*) : le poète est possédé par une déité qui parle à travers lui, et la diversité des tons vient de la variété des entités qui s'expriment ainsi aux hommes. Sur ce point, le texte de Platon trouve de nombreux échos dans les rites de possession qu'un poète comme Michel Leiris, par exemple, pourra observer jusque dans les années 1930 en Afrique (voir *La Possession et ses aspects théâtraux chez les Éthiopiens de Gondar*, Fata Morgana, 1989).

Une telle théorie fait du poète un simple véhicule. Instrument d'une volonté transcendante, qui suppose l'abdication de sa propre raison, il semble trouver son texte sans travail – ce que de nombreux auteurs s'emploieront par la suite à contester. Surtout, séparant rime et raison, Socrate disqualifie le poète en tant que penseur. Il en fait une « chose légère, ailée, sacrée ». Cependant l'approche est flatteuse, car elle place le poète, entre tous les écrivains, dans un rapport d'élection avec le divin. Enfin, elle a l'avantage de prendre en compte l'ensemble de la relation poétique. Platon propose en effet l'une des premières théories de la réception. Tel un aimant, le dieu qui parle exerce à travers le poète une force qu'il communique au récitant, puis aux auditeurs. Le verbe poétique est une puissance d'entraînement et de saisissement ; parole à part, mais aussi parole de cohésion, il réunit hommes et dieux en une même chaîne.

Ce n'est pas un art – je l'ai dit à l'instant – qui se trouve en toi et te rend capable de bien parler d'Homère. Non, c'est une puissance divine qui te met en mouvement, comme cela se produit dans la pierre qu'Euripide a nommée Magnétis, et que la plupart des gens appellent Héraclée. Car, en réalité, cette pierre n'attire pas seulement les anneaux qui sont eux-mêmes en fer, mais elle fait aussi passer en ces anneaux une force qui leur donne le pouvoir d'exercer à leur tour le même pouvoir que la pierre. En sorte qu'il se forme parfois une très longue chaîne, une chaîne d'anneaux de fer, suspendus les uns aux autres. Mais c'est de cette pierre, à laquelle ils sont suspendus, que dépend la force mise en tous ces anneaux.

C'est de la même façon que la Muse, à elle seule, transforme les hommes en inspirés du dieu. Et quand par l'intermédiaire de ces êtres inspirés, d'autres hommes reçoivent l'inspiration du dieu, eux aussi se suspendent à la chaîne ! En effet, tous les poètes, auteurs de vers épiques – je parle des bons poètes –, ne sont pas tels par l'effet d'un art, mais c'est inspirés par le dieu et possédés par lui qu'ils profèrent tous ces beaux poèmes. La même chose se produit aussi chez les poètes lyriques, chez ceux qui sont bons. Comme les Corybantes [1] qui se mettent à danser dès qu'ils ne sont plus en possession de leur raison, ainsi font les poètes lyriques : c'est quand ils n'ont plus leur raison qu'ils se mettent à composer ces beaux poèmes lyriques. Davantage, dès qu'ils ont mis le pied dans l'harmonie et le rythme, aussitôt ils sont pris de transports

1. Prêtres de la déesse Cybèle.

bachiques [1] et se trouvent possédés. Tout comme les Bacchantes qui vont puiser aux fleuves du miel et du lait quand elles sont possédées du dieu, mais non plus quand elles ont recouvré leur raison. C'est bien ce que fait aussi l'âme des poètes lyriques, comme ils le disent eux-mêmes. Car les poètes nous disent à nous – tout le monde sait cela – que, puisant à des sources de miel alors qu'ils butinent sur certains jalons et jardins des Muses, ils nous en rapportent leurs poèmes lyriques et, comme les abeilles, voilà que eux aussi se mettent à voltiger. Là, ils disent la vérité [2]. Car c'est chose légère que le poète, ailée, sacrée ; il n'est pas en état de composer avant de se sentir inspiré par le dieu, d'avoir perdu la raison et d'être dépossédé de l'intelligence qui est en lui. Mais aussi longtemps qu'il garde cette possession-là, il n'y a pas un homme qui soit capable de composer une poésie ou de chanter des oracles.

Or comme ce n'est pas grâce à un art que les poètes composent et énoncent tant de beautés sur les sujets dont ils traitent – non plus que toi quand tu parles d'Homère – mais que c'est par une faveur divine, chaque poète ne peut faire une belle composition que dans la voie où la Muse l'a poussé : tel poète, dans les dithyrambes, tel autre, dans les éloges, celui-ci dans les chants de danse, celui-là dans les vers épiques, un dernier, dans les iambes. Autrement, quand ces poètes s'essaient à composer dans les autres genres poétiques, voilà que chacun d'eux redevient un poète médiocre. Car ce n'est pas grâce à un art que les poètes profèrent leurs poèmes, mais grâce à une puissance divine. En effet, si c'était grâce à un art qu'ils savaient bien parler dans un certain style, ils sauraient bien parler dans tous les autres styles aussi.

Mais la raison pour laquelle le dieu, ayant ravi leur raison, les emploie comme des serviteurs, pour faire d'eux des chanteurs d'oracles ou des devins inspirés des dieux, est la suivante : c'est pour que nous, qui les écoutons, sachions que ce ne sont pas les poètes, qui n'ont plus leur raison, qui disent

1. Transports similaires à ceux éprouvés par les adeptes de Dyonisos-Bacchus, et notamment par les femmes possédées par le dieu, les Ménades ou Bacchantes (voir Ovide, texte IV).

2. On trouve en effet des formules proches chez Pindare (*Olympiques* IX, 26-27) et Aristophane (*Les Oiseaux*, 748-751).

ces choses d'une si grande valeur, mais que c'est le dieu lui-même qui parle et qui, par l'intermédiaire de ces hommes, nous fait entendre sa voix. La preuve la plus décisive à l'appui de ce que je dis, c'est Tynnichos de Chalcis : lui, il n'a jamais composé aucun autre poème dont on estimerait devoir se souvenir que le péan que tout le monde chante, et qui est, pour ainsi dire, le plus beau de tous les poèmes lyriques, vraiment « une découverte des Muses », comme il l'appelle lui-même [1]. Voilà, c'est, à mon sens, surtout dans un exemple comme celui-là que le dieu nous montre – afin que nous n'ayons plus aucun doute à ce sujet – que ces beaux poèmes ne sont pas œuvres humaines, qu'ils ne viennent pas non plus des hommes, mais qu'ils sont œuvres divines et viennent des dieux. Les poètes ne sont rien que les interprètes des dieux, et chacun d'eux est possédé par le dieu qui s'empare de lui. C'est pour montrer cela que le dieu a fait chanter à dessein le plus beau poème lyrique par le poète le plus médiocre. [...] Sais-tu donc que le spectateur [ému] est le dernier de ces anneaux dont je disais qu'ils tirent leur puissance de la pierre d'Héraclée et se la transmettent les uns aux autres ? L'anneau du milieu, c'est toi, le rhapsode et l'acteur. Le premier anneau, c'est le poète lui-même. Mais par l'intermédiaire de tous ces anneaux, c'est le dieu qui tire l'âme des hommes jusqu'où il veut, car c'est bien sa puissance qui passe au travers de tous ces anneaux, c'est le dieu qui tire l'âme des hommes jusqu'où il veut [...]. En fait, tel poète dépend de telle Muse, tel autre d'une autre Muse – nous disons alors que le poète « est possédé », ce qui est tout près de la vérité, puisqu'il est tenu par sa Muse.

1. Ce péan (chant d'honneur) est aujourd'hui perdu, comme le reste de l'œuvre de ce poète.

XLI

RONSARD

UN RAVISSEMENT D'ÂME

Pierre de Ronsard, « La lyre »,
Les Poèmes de Pierre de Ronsard, gentilhomme vandomois,
éd. J. Galland *et al.*, Paris, Nicolas Buon, 1604,
t. VIII, p. 49-51 (orthographe modernisée).

À Florence, Marsile Ficin propose, à partir de 1483, des traductions latines et des commentaires de Platon qui font procéder l'inspiration de Jupiter, assimilé au Dieu chrétien – c'est ce qu'on appelle le *néoplatonisme*. À sa suite, les auteurs de la Renaissance présentent la création comme le résultat d'un état de transe, proche du délire, et nomment *fureur* ce « ravissement d'âme » sans lequel nulle œuvre de valeur ne peut exister. Le poète est prophète ; Vida loue Virgile en écrivant : « Son âme, sa voix, est l'âme, est la voix d'un Dieu [...]. Ses vers sont d'un or pur : c'est le langage des Immortels » (*Art poétique*, éd. citée, p. 25).

En 1569, dans « La lyre », Ronsard (1524-1585) témoigne de son expérience de cet enlèvement du sujet à lui-même. Davantage, la fureur – même si elle provient de l'amour ou du vin – fait selon lui les « Poètes saints », en les entraînant loin de la prison du corps et en les élevant (« Ode à Michel de L'Hospital »). Et il conseille de s'y préparer « par oraison, par jeûne et pénitence » (« Hymne de l'automne »).

Les allusions à des déités anciennes comme Apollon ou les Muses sont ainsi adaptées par une civilisation dans laquelle la conception de la transcendance a changé. En 1581, dans *La Semaine*, une épopée biblique racontant la Genèse, le protestant Du Bartas réclame pour son poème l'appui des anges ou d'une muse à la voix « saintement éloquente » (*La Semaine ou Création du monde*, Société des textes français modernes, 1992, p. 146), et en 1803, l'Anglais William Blake explique encore : « je ne prétends pas être autre chose qu'un secrétaire, les auteurs sont dans l'éternité ». La poésie chrétienne, adressant des demandes de soutien à Dieu et cherchant à attirer à lui ses lecteurs, associe donc modèle platonicien et théologie pour solliciter « la Muse qui est la grâce » – selon un titre de Claudel.

Car comme dit ce grand Platon, ce sage,
Quatre fureurs brûlent notre courage,
Bacchus, Amour, les Muses, Apollon,
Qui dans nos cœurs laissent un aiguillon
Comme frelons, et d'une ardeur secrète

Font soudain l'homme et Poète et Prophète [1].
 Je vois par là que Poète je suis
Plein de fureur : car faire je ne puis
Un trait de vers, soit qu'un Prince commande,
Soit qu'une Dame ou l'Ami m'en demande,
Et à tous coups la verve ne me prend :
Je bée en vain, et mon esprit attend
Tantôt six mois, tantôt un an sans faire
Vers qui me puisse ou plaire ou satisfaire.
 J'attends venir (certes je n'en mens point),
Cette fureur qui la Sibylle espoint [2] ;
Mais aussitôt que par long intervalle
Dedans mon cœur du Ciel elle dévale,
Colère, ardent, furieux, agité,
Je tremble tout dessous la Déité.
 Or comme on voit ces torrents qui descendent
Du haut des monts, et flot sur flot se rendent
À gros bouillons en la vallée, et font
D'une rivière une corne à leur front,
(Et c'est pourquoi les Peintres qui les feignent
Fleuves-taureaux, au front cornu les peignent)
Fumeux, bruyants, écumeux, et venteux,
Et de leur Mufle ouvrant au-devant d'eux
Un chemin d'eau sans que rien les empêche,
Pour s'emboucher ou dans la rive fraîche
D'un prochain fleuve, ou au bord reculé
Du vieil Neptune au rivage salé,
 Ainsi je cours à course débridée
Lorsque la verve en moi s'est débordée,
Impétueux sans raison ni conseil [3].
 Elle me dure ou le tour d'un Soleil,
Quelquefois deux, quelquefois trois, puis morte
Elle languit en moi de telle sorte
Qu'une herbe fait, languissant pour un temps :
Puis dessus terre elle vit au Printemps,
Par son déclin prenant force et croissance,

1. Allusion à Platon, *Phèdre*, 244a-145b.
2. « Qui envahit la Sibylle » (cf. Virgile, *Énéide*, VI, v. 77 *sq.*).
3. La comparaison entre poète et torrent se trouve déjà chez Horace, qui l'applique à Pindare (*Odes*, IV, 2).

Et de sa mort une jeune naissance.
Quand la faveur me laisse, tout soudain
Plume et papier me tombent de la main :
Du tout je semble à la forte Commère,
Laquelle ayant d'une tranchée amère
Jeté son Part, fuit de son lit [1] : ainsi
Je fuis la chambre, oubliant le souci
De cette ardeur qui me tenait en serre,
Et lors du Ciel je dévale en la terre,
Ah ! et en lieu de vivre entre les Dieux
Je deviens homme à moi-même odieux.
Mais quand du tout cette ardeur se retire,
Je ne saurais ni penser ni redire
Les vers écrits et ne m'en souviens plus.
Je ne suis rien qu'un corps mort et perclus
Dont l'âme vole autre part ébranlée,
Laissant son hôte aussi froid que gelée,
Et m'ébahis de ceux auxquels il est
Prompt de verser des vers quand il leur plaît.

XLII

POPE

UNE TITILLATION DE LA FACULTÉ GÉNÉRATIVE DU CERVEAU

[Alexander Pope], *Péri bathous ou l'anti-sublime, c'est-à-dire, l'art de ramper en poësie*, par Martin Scribler, in *Traité des dissensions entre les nobles et le peuple dans les républiques d'Athènes et de Rome, etc., traduit de l'anglois de Monsieur Swift*, à Alethobathopseudopolis, chez Bold Truth, rue du Mock, 1733, p. 178-181 (orthographe modernisée).

Suffit-il de ne pouvoir vivre sans composer pour faire un bon poète, et comment être sûr de la qualité de la muse qui vous visite ? Horace met en garde les apprentis : ils doivent exceller, ou renoncer. Il leur suggère de « renferme[r] neuf ans [leur] parchemin » avant d'oser le publier, car les poètes « n'ont pas le droit

1. Ronsard se compare à une accouchée vigoureuse (une parturiente), qui se remet rapidement et ne garde pas le lit.

d'être médiocres ; il leur est refusé par les dieux, par les hommes » (*Épître aux Pisons*, in *Œuvres*, éd. citée, p. 268-269). Mais le conseil n'est pas forcément suivi, et la figure du poète est dès lors autant un objet d'admiration – quand il s'élève – qu'une cible – quand il échoue. Rabelais se moque ainsi des théories de la fureur, quand, dans son *Cinquième Livre* (chap. XLVI), il montre Panurge et Frère Jean parler soudain en mauvais vers sous l'effet de l'oracle de la « dive bouteille » – c'est-à-dire du vin. De même, s'agaçant de la production de ses contemporains, l'Anglais Pope, quoique poète, fait mine de s'opposer à Horace pour mieux railler ceux qui, se croyant visités et pressés par la Muse, publient des textes faibles. Pope se réfugie derrière un pseudonyme (que l'on a parfois, comme dans l'édition citée, attribué à un autre auteur, Jonathan Swift), pour publier une parodie du *Traité sur le sublime* de Longin. Dans ce portrait-charge entièrement ironique, qui souligne les limites de la théorie de l'inspiration, le poème devient une « humeur peccante », c'est-à-dire une sécrétion viciée, à « évacuer » de temps à autre.

Il y aurait trop de cruauté à vouloir ôter entièrement la liberté d'écrire à tous les auteurs [de poésie] qui ne peuvent pas écrire dans un autre genre. J'oppose à cette injuste prétention un argument que je tire d'un principe de physique qui me paraît incontestable, qui est que la poésie peut être regardée comme une *sécrétion* ou *purgation naturelle des humeurs peccantes du cerveau*. De même donc que je ne voudrais pas tout d'un coup arrêter à mon voisin un rhume de cerveau, ou tout autre écoulement d'humeurs, je ne voudrais pas non plus l'empêcher d'écrire, parce que c'est dans lui un mal nécessaire, et qu'il faut que cette humeur peccante ait son cours. On peut assurer avec vérité que dans tout l'univers on trouverait à peine un seul homme hors de l'enfance, qui n'ait eu, soit dans un temps, soit dans un autre, quelque évacuation poétique ; et il n'y a point de doute que cette évacuation n'ait produit des effets merveilleux pour sa santé ; tant il est vrai que nous naissons poètes, *nascimur poetæ* ! Ainsi l'envie d'écrire s'appelle proprement *pruritus* ou *démangeaison*, parce que c'est en effet une *titillation de la faculté générative du cerveau* ; et en parlant de celui qui a cette envie, on dit qu'il *conçoit*, doit *enfanter*. J'ai connu un homme qui après avoir été pensif, rêveur, et mélancolique pendant plusieurs jours, devint tout d'un coup sociable, enjoué, gai ; et cela par un heureux débordement d'humeurs peccantes et de bile poétique, qui lui déchargea le cerveau. Je ne doute nullement que la plupart des morts subites et prématurées ne viennent d'une trop grande plénitude des humeurs qui produisent cette fougueuse passion, et qui ne peuvent se dissiper par une évacuation louable ; j'ose même dire que les pauvres poètes qui n'ont pas de quoi se donner leur nécessaire meurent, hélas ! d'une mort précipitée, faute de plumes, d'encre et de papier. De là il s'ensuit que la suppression de la plus mauvaise poésie est d'une dangereuse conséquence pour l'État. Nous voyons par l'expérience, que les mêmes humeurs qui dans l'été s'évacuent d'elles-mêmes en *ballades* et en *sonnets*, sont condensées par le froid de l'hiver, et ne produisent que des libelles, des brochures, des discours, des harangues pour ou contre le ministère [...]. Il est donc manifeste qu'il faut tolérer la médiocrité, et qu'on doit même la permettre aux bons sujets d'Angleterre.

XLIII

PELETIER

DE LA NATURE ET DE L'EXERCICE

Jacques Peletier, *Art poétique* [1555],
in *Traités de poétique et de rhétorique de la Renaissance*,
éd. F. Goyet, Le Livre de poche, 1990, p. 227-228
(orthographe modernisée).

Si Platon refuse de voir en la poésie un art, le développement des arts poétiques, à la suite d'Aristote et d'Horace, confronte auteurs et théoriciens à l'existence d'un savoir-faire, que les poètes se transmettent et modifient au cours du temps. Par une sorte de compromis, la réflexion maintient l'idée d'un « don » originaire, un génie propre à chaque genre poétique, mais elle appelle à cultiver cette aptitude. Nuançant l'adage latin *nascuntur poetae, fiunt oratores* (« on naît poète, on devient orateur »), les conseils d'écriture articulent donc inspiration ou talent inné et apprentissage : « Est-ce à la nature, est-ce à l'art que la poésie doit son mérite ? On se l'est demandé. Pour moi, note sagement Horace, je ne vois pas ce que pourrait l'effort sans une fertile veine, ni le génie sans culture ; l'un a besoin de l'autre » (*Art poétique*, éd. citée, p. 269-270).

En 1674 encore, Boileau débutera son *Art poétique* en affirmant que le talent poétique est inné : « C'est en vain qu'au Parnasse un téméraire auteur / Pense de l'art des vers atteindre la hauteur : / S'il ne sent point du ciel l'influence secrète / Si son astre en naissant ne l'a formé poète, / Dans son génie étroit il est toujours captif ; / Pour lui Phébus est sourd, et Pégase est rétif » (I, v. 1-6). Pourtant, là encore, il en appelle à un véritable artisanat de la composition : « Hâtez-vous lentement, et, sans perdre courage, / Cent fois sur le métier remettez votre ouvrage : / Polissez-le sans cesse et le repolissez ; / Ajoutez quelquefois, et souvent effacez » (I, v. 171-174).

En 1555, Peletier insiste sur le conflit des valeurs attribuées à l'immédiat et au travail, pour résoudre à sa manière le dilemme. Distinguant deux moments dans la création (l'invention, ou choix d'une « matière », et l'opération, ou mise en « forme »), il entend doter le poète de préceptes lui permettant de ne pas rester « interdit », faute de moyens, quand l'enthousiasme le pressera. *Bien né*, le poète doit donc encore se doter d'*adresse* – et il peut se prévaloir simultanément d'une parfaite maîtrise technique, d'un génie naturel et d'un rapport électif au divin. Claudel le résumera d'une formule : « Avant de l'enfourcher je promène longtemps Pégase par la bride dans le paddock » (*Journal*, mars 1934). Même le cheval ailé mythique, symbole de l'inspiration, doit être entraîné au sol avant de s'envoler.

La question est bien ancienne, si le Poète est plus à priser pour le naturel, que pour l'étude et artifice. Démocrite en Horace appelle la Nature heureuse, et l'Art misérable [1]. Et semble que Platon soit de cet avis quand il estime tant cette fureur : qui est une certaine inspiration et impétuosité, assaillant l'esprit de l'homme : Comme s'il voulait prendre la Poésie pour une prophétie : en laquelle, quand il y a de l'artifice, cela sent son humanité, c'est-à-dire, sa curiosité et son affectation. Et de là est sailli ce mot vulgaire [2], qui dit que nous naissons Poètes, et nous nous faisons Orateurs. Mais certes qui voudrait [3] prendre ici Nature amplement ; pour cette grande Ouvrière, qui agit universellement sur tout ce

1. Cf. « Pour Démocrite, l'homme de génie est plus favorisé du sort que le malheureux qui peine à devenir habile, et l'Hélicon [domaine des Muses] n'est pas fait pour les poètes raisonnables » (Horace, *Œuvres*, éd. citée, p. 267).

2. Courant, répandu.

3. « Qui voudrait » : si on voulait, à condition de…

qui est au monde, et sur tout ce qui tombe en la cogitation des hommes : et qui comprend même les choses que nous appelons contre nature, et encore que les supernaturelles : lors il n'y aurait que la Nature au Poète, quand il n'y aurait que la Nature au Monde. Et en cette façon l'artifice même aura sa nature : Comme quand on dit l'ordre naturel et le parler naturel. Mais si nous entendons plus étroitement Nature, comme ce qui est imposé en nous, sans notre peine et sans notre première intention : [...] bref, si nous voulons reconnaître que nous pouvons acquérir quelques choses de dehors par accoutumance, imitation et étude : certes nous trouverons que l'Art endroit [1] le Poète, a puissance grande. Vrai est que le Naturel est à l'homme une grande maîtrise : Car nous voyons ès uns [2] provenir tout de gré les dons et les vertus, que les autres ne gagnent que par grand labeur. [...] Cicéron en l'oraison pour Archias Poète [3], a plus attribué à la Nature : puis ailleurs il a dit que l'Art était plus sûr guide. Mais c'était un Orateur, qui faisait venir toute opinion à son point : sinon que chacune des deux se défende, en disant que Nature ouvre le chemin, et le montre au doigt : l'Art conduit, et garde de se dévoyer : Nature donne la disposition, et comme une matière : l'Art donne l'opération, et comme la forme. En somme, la Nature bien demande le secours et la main artisane : Et l'Art ne peut rien sans le naturel. Car les Muses ne se veulent point avoir par force : il faut attendre le Dieu à venir : il faut épier cette sainte chaleur. Combien de fois se trouvera le Poète tout interdit, tout dépourvu, tout mal à son commandement : bref, tout autre que soi-même ? Encore qu'il n'ait faute de matière, qu'il ait sa besogne, ce lui semble, toute taillée. Il faut donc que le

1. « Endroit » : sur.
2. Chez les uns.
3. L'*Oratio pro Archia* date de 61 av. J.-C. Cicéron y défend les droits civiques du poète Archias, en rappelant notamment qu'un poète ne doit rien qu'à la nature, qu'il s'élève par la force même de son génie et que c'est comme un souffle divin qui l'inspire. Cicéron, pour insister sur la gloire qu'apportent en outre les poètes, attribue à Alexandre le Grand, face au tombeau d'Achille, la phrase « Que tu es heureux ! jeune héros, d'avoir trouvé un Homère pour chanter ta valeur ! », et commente : « Il disait vrai ; car, sans l'*Iliade*, le même tombeau aurait enseveli ses cendres et sa renommée. »

Poète soit imitateur de la Nature et qu'il ait ses saisons. Son étude, sera son hiver : son invention, sera son Printemps : la composition, son Été : sa réputation, son Automne : et chacune, toute l'Année. Ainsi Nature sera diffuse par tout son ouvrage : et l'Art mêlé par toute sa nature. Nous avons ici entrepris d'enseigner la puissance de l'Art : et de donner adresse au jeune homme bien né, par les préceptes que nous en écrirons.

XLIV

TZARA

AVEC QUOI FAIRE UN POÈME ?

Tristan Tzara, *Dada est tatou. Tout est dada*,
éd. H. Béhar, GF-Flammarion, 1996, p. 186.

Né à Zurich durant la Première Guerre mondiale, le courant dada a jeté le doute sur les valeurs esthétiques et morales des sociétés qui s'y sont déchirées. Dada attaque « le langage en tant qu'agent de communication entre les individus et la logique qui en était le ciment », explique l'un de ses principaux acteurs, Tristan Tzara (*Dada est tatou. Tout est dada*, *ibid.*, p. 346).
Tzara (1896-1963) renvoie dos à dos tenants de l'inspiration et partisans du travail. Il offre une recette de fabrication par montage, qui prend le contre-pied des arts poétiques traditionnels comme ceux de la posture lyrique romantique, et défend une pratique de collage qui pose à la critique les mêmes problèmes que les *ready-made* de Marcel Duchamp – ces sculptures qui se réduisent à des objets triviaux et déjà fabriqués, que l'artiste propose comme des œuvres (comme le célèbre urinoir baptisé *Fontaine*). Dans « Pour faire un poème dadaïste », fragment d'un manifeste de 1920, il explique : « Prenez un journal. / Prenez des ciseaux. / Choisissez dans ce journal un article ayant la longueur que vous comptez donner à votre poème. / Découpez l'article. / Découpez ensuite avec soin chacun des mots qui forment cet article et mettez-les dans un sac. / Agitez doucement. / Sortez ensuite chaque coupure l'une après l'autre. / Copiez consciencieusement / dans l'ordre où elles ont quitté le sac / Le poème vous res-

semblera. / Et vous voilà un écrivain infiniment original et d'une sensibilité charmante, encore incomprise du vulgaire » (*ibid.*, p. 228-229). Une telle posture met en cause radicalement les différences entre poétique et non poétique.

Mais la provocation et l'apparent refus de l'invention individuelle ne doivent pas masquer la dynamique expérimentale d'un mouvement qui ne cessa d'explorer des formes nouvelles de production et d'expression. Ainsi les daïstes multiplièrent-ils des performances orales qui portaient à son paroxysme la dimension sonore de la parole – parfois jusqu'au bruit ou à l'onomatopée. Autre moyen d'élargir les matériaux utilisables « pour faire un poème », ils exploitèrent fortement, à l'inverse, la valeur visuelle de l'imprimé. La première section de « Boxe », extrait du recueil *De nos oiseaux* (1922), en offre un exemple complexe, où travail pictural et effet de collage polyphonique se croisent. Mimant le brouhaha d'un spectacle de sport, Tzara utilise la typographie pour marquer des différences entre locuteurs, ou entre niveaux sonores, mais aussi pour relier visuellement certains mots (indiquant par exemple une rime entre « effet » et « reflet »). Il intègre un pictogramme qui renforce le soulignement, en gras, du mot « attention ». Ailleurs enfin, la mise en forme laisse au lecteur le soin de motiver sa présence, comme pour l'alternance des lettres en gras de « surprises réservées ».

Conçu pour être regardé autant que lu, un tel texte, sans cesser d'être un montage, témoigne de la manière dont, au XXe siècle, à la suite d'*Un coup de dés jamais n'abolira le hasard*, de Mallarmé, ou des *Calligrammes* d'Apollinaire, la poésie a exploré les possibilités offertes par la mise en page des mots, en dépassant les définitions strictement langagières du travail littéraire, et en donnant au lecteur une part active dans l'organisation des fragments du texte.

Boxe (section I)

les bancs craquent regarde le milieu le tapis
viens patience passez 14 merci
☞ **ATTENTION** c'est la plaie que je sonde
Une lampe tumeur nacrée
craie cramoisie
Tout à coup un coin qui tombe
quelques cartes bousculent les artères dans l'ombre
tambour aux poings de cuir tendu
grelots suspendus agrandis roulent sous la loupe
spécialisée sur la
lenteur aggravée
surprises réservées supprimées pour cette
représentation
(La Direction)
le grotesque professionnel
: préfacent l'ambiguïté lasse
qu'ils pratiquent
LE SIFFLET
Quoi ?
croire les yeux de fiel **effet**
ont oublié le ciel
reflet
– *Moi je ne crois pas*
– **Ils sont d'ailleurs de bons amis**

XLV

RIMBAUD

VOLEUR DE FEU

Arthur Rimbaud, lettre à Paul Demeny, 15 mai 1871, in *Poésies*, éd. J.-L. Steinmetz, GF-Flammarion, 1989, p. 141-147.

Rimbaud reprend le thème traditionnel du poète-mage pour lui redonner toute sa force imaginaire. Il n'est pas question d'attendre passivement le don de l'inspiration mais, « voleur de feu » comme Prométhée, de « *se faire* voyant ». Pour Rimbaud, le *moi* créateur n'est donc pas fixé ni donné avant l'œuvre. Pluriel, malléable et capable de se surprendre soi-même, le sujet peut *dérégler* son « développement naturel » pour orchestrer son propre dépassement. En se produisant comme cette transformation même, et en devenant ainsi la matière de son œuvre, le poète qu'imagine cette lettre ne serait plus un homme visité par le surhumain, mais un être capable de se rendre surhumain.

Pour témoigner des « visions » auxquelles un tel état lui donne accès, le créateur rimbaldien livre la langue commune à un dérèglement, car « les inventions d'inconnu réclament des formes nouvelles ». Et cette innovation, parallèle à sa propre altération, fait espérer l'apparition d'une langue supérieure et parfaite, qui serait « de l'âme pour l'âme ». « Multiplicateur de progrès », le poète emmènerait toute la communauté humaine vers son avenir et son destin.

Adoptant un ton prophétique, louant des mutations que lui-même a multipliées dans sa poésie, Rimbaud semble dresser son propre programme. Pourtant on sait qu'il renoncera peu après à toute écriture poétique et quittera la France. Faut-il voir dans cette rupture un aveu d'échec, ou le début du voyage d'autodissolution d'un « grand maudit » ? Cette seconde des lettres dites « du voyant » a légué à la modernité un projet d'une extrême ambition éthique et esthétique, porteur de destruction et de promesse, en assignant au poète un travail de création portant tout à la fois sur la langue, sur l'avenir de la société et sur son propre être.

– Voici de la prose sur l'avenir de la poésie –

Toute poésie antique aboutit à la poésie grecque ; Vie harmonieuse. – De la Grèce au mouvement romantique, – moyen âge, – il y a des lettrés, des versificateurs. D'Ennius à Théroldus, de Théroldus à Casimir Delavigne [1], tout est prose rimée, un

1. Ennius : poète latin (239-169), auteur d'*Annales* et non pas d'*Origines*, comme il est dit par la suite ; Théroldus : Turoldus, auteur présumé

jeu, avachissement et gloire d'innombrables générations idiotes : Racine est le pur, le fort, le grand. – On eût soufflé sur ses rimes, brouillé ses hémistiches, que le Divin Sot serait aujourd'hui aussi ignoré que le premier venu auteur d'*Origines*. – Après Racine, le jeu moisit. Il a duré deux mille ans !

Ni plaisanterie, ni paradoxe. La raison m'inspire plus de certitudes sur le sujet que n'aurait jamais eu de colères un jeune-France [1]. Du reste, libre aux *nouveaux !* d'exécrer les ancêtres : on est chez soi et l'on a le temps.

On n'a jamais bien jugé le romantisme ; qui l'aurait jugé ? Les critiques ! ! Les romantiques, qui prouvent si bien que la chanson est si peu souvent l'œuvre, c'est-à-dire la pensée chantée *et comprise* du chanteur ?

Car Je est un autre. Si le cuivre s'éveille clairon, il n'y a rien de sa faute. Cela m'est évident : j'assiste à l'éclosion de ma pensée : je la regarde, je l'écoute : je lance un coup d'archet : la symphonie fait son remuement dans les profondeurs, ou vient d'un bond sur la scène.

Si les vieux imbéciles n'avaient pas trouvé du Moi que la signification fausse, nous n'aurions pas à balayer ces millions de squelettes qui, depuis un temps infini, ! ont accumulé les produits de leur intelligence borgnesse, en s'en clamant les auteurs !

En Grèce, ai-je dit, vers et lyres *rhythment l'Action*. Après, musique et rimes sont jeux, délassements. L'étude de ce passé charme les curieux : plusieurs s'éjouissent à renouveler ces antiquités : – c'est pour eux. L'intelligence universelle a toujours jeté ses idées, naturellement ; les hommes ramassaient une partie de ces fruits du cerveau : on agissait par, on en écrivait des livres : telle allait la marche, l'homme ne se travaillant pas, n'étant pas encore éveillé, ou pas encore dans la plénitude du grand songe. Des fonctionnaires, des écrivains : auteur, créateur, poète, cet homme n'a jamais existé !

La première étude de l'homme qui veut être poète est sa propre connaissance, entière ; il cherche son âme, il l'inspecte, il la tente, l'apprend. Dès qu'il la sait, il doit la cultiver ; cela semble simple : en tout cerveau s'accomplit un développe-

---

de la *Chanson de Roland* (v. 1080) ; Delavigne (1793-1843) : poète et dramaturge, auteur des *Vêpres siciliennes*.

1. Jeunes-France : jeunes partisans du romantisme, dans les années 1830.

ment naturel ; tant d'*égoïstes* se proclament auteurs ; il en est bien d'autres qui s'attribuent leur progrès intellectuel ! – Mais il s'agit de faire l'âme monstrueuse : à l'instar des comprachicos [1], quoi ! Imaginez un homme s'implantant et se cultivant des verrues sur le visage.

Je dis qu'il faut être *voyant*, se faire *voyant*.

Le Poète se fait *voyant* par un long, immense et raisonné *dérèglement* de *tous les sens*. Toutes les formes d'amour, de souffrance, de folie ; il cherche lui-même, il épuise en lui tous les poisons, pour n'en garder que les quintessences. Ineffable torture où il a besoin de toute la foi, de toute la force surhumaine, où il devient entre tous le grand malade, le grand criminel, le grand maudit, – et le suprême Savant ! – Car il arrive à l'*inconnu* ! Puisqu'il a cultivé son âme, déjà riche, plus qu'aucun ! Il arrive à l'*inconnu*, et quand, affolé, il finirait par perdre l'intelligence de ses visions, il les a vues ! Qu'il crève dans son bondissement par les choses inouïes et innommables : viendront d'autres horribles travailleurs ; ils commenceront par les horizons où l'autre s'est affaissé !

[...] Donc le poète est vraiment voleur de feu.

Il est chargé de l'humanité, des *animaux* même ; il devra faire sentir, palper, écouter ses inventions ; si ce qu'il rapporte *de là-bas* a forme, il donne forme ; si c'est informe, il donne de l'informe. Trouver une langue ;

– Du reste, toute parole étant idée, le temps d'un langage universel viendra ! Il faut être académicien, – plus mort qu'un fossile, – pour parfaire un dictionnaire, de quelque langue que ce soit. Des faibles se mettraient *à penser* sur la première lettre de l'alphabet, qui pourraient vite ruer dans la folie ! –

Cette langue sera de l'âme pour l'âme, résumant tout, parfums, sons, couleurs, de la pensée accrochant la pensée et tirant. Le poète définirait la quantité d'inconnu s'éveillant en son temps dans l'âme universelle : il donnerait plus – que la formule de sa pensée, que la notation *de sa marche au* Progrès ! Énormité devenant norme, absorbée par tous, il serait vraiment *un multiplicateur de progrès !*

Cet avenir sera matérialiste, vous le voyez. – Toujours pleins du *Nombre* et de l'*Harmonie*, ces poèmes seront faits

1. Brigands qui défiguraient et mutilaient les enfants pour les exhiber ou les faire mendier, évoqués dans *L'Homme qui rit* de Hugo (1869).

pour rester. – Au fond, ce serait encore un peu la Poésie grecque.

L'art éternel aurait ses fonctions ; comme les poètes sont citoyens. La Poésie ne rythmera plus l'action ; elle *sera en avant*.

Ces poètes seront ! Quand sera brisé l'infini servage de la femme, quand elle vivra pour elle et par elle, l'homme, – jusqu'ici abominable, – lui ayant donné son renvoi, elle sera poète, elle aussi ! La femme trouvera de l'inconnu ! Ses mondes d'idées différeront-ils des nôtres ? – Elle trouvera des choses étranges, insondables, repoussantes, délicieuses ; nous les prendrons, nous les comprendrons.

En attendant, demandons aux *poètes* du *nouveau*, – idées et formes. Tous les habiles croiraient bientôt avoir satisfait à cette demande. – Ce n'est pas cela !

Les premiers romantiques ont été *voyants* sans trop bien s'en rendre compte : la culture de leurs âmes s'est commencée aux accidents : locomotives abandonnées, mais brûlantes, que prennent quelque temps les rails. – Lamartine est quelquefois voyant, mais étranglé par la forme vieille. – Hugo, *trop cabochard* [1], *a bien du vu* dans les derniers volumes : *Les Misérables* sont un vrai *poème*. J'ai *Les Châtiments* sous la main ; *Stella* donne à peu près la mesure de la *vue* de Hugo. Trop de Belmontet et de Lamennais [2], de Jéhovahs et de colonnes, vieilles énormités crevées.

Musset est quatorze fois exécrable pour nous, générations douloureuses et prises de visions, – que sa paresse d'ange a insultées ! Ô ! les contes et les proverbes fadasses ! Ô les nuits ! Ô Rolla, Ô Namouna, Ô la Coupe [3] ! Tout est français, c'est-à-dire haïssable au suprême degré ; français, pas parisien ! Encore une œuvre de cet odieux génie qui a inspiré Rabelais, Voltaire, Jean La Fontaine, commenté par M. Taine ! Printanier, l'esprit de Musset ! Charmant, son amour ! En voilà, de la peinture à l'émail, de la poésie solide ! On savourera longtemps la poésie *française*, mais en France. Tout

1. Cabochard : cérébral.

2. Belmontet (1798-1879) : homme politique et poète qualifié par Rimbaud d'« archétype Parnassien », auteur des *Chants de guerre* ; Lamennais (1782-1854) : penseur catholique libéral, auteur de l'*Essai sur l'indifférence en matière de religion*.

3. *Rolla*, *Namouna*, *La Coupe et les Lèvres*, etc. sont des titres de poèmes dramatiques ou narratifs de Musset (1810-1857).

garçon épicier est en mesure de débobiner une apostrophe Rollaque, tout séminariste en porte les cinq cents rimes dans le secret d'un carnet. À quinze ans, ces élans de passion mettent les jeunes en rut ; à seize ans, ils se contentent déjà de les réciter avec *cœur* ; à dix-huit ans, à dix-sept même, tout collégien qui a le moyen, fait le Rolla, écrit un Rolla ! Quelques-uns en meurent peut-être encore. Musset n'a rien su faire : il y avait des visions derrière la gaze des rideaux : il a fermé les yeux. Français, Panadif [1], traîné de l'estaminet au pupitre de collège, le beau mort est mort, et, désormais, ne nous donnons même plus la peine de le réveiller par nos abominations !

Les seconds romantiques sont très *voyants* : Th. Gautier, Lec[onte] de Lisle, Th. de Banville. Mais inspecter l'invisible et entendre l'inouï étant autre chose que reprendre l'esprit des choses mortes, Baudelaire est le premier voyant, roi des poètes, *un vrai Dieu*. Encore a-t-il vécu dans un milieu trop artiste ; et la forme si vantée en lui est mesquine : les inventions d'inconnu réclament des formes nouvelles.

XLVI

VALÉRY

LA MUSE, AUTEUR IMPOSSIBLE

Paul Valéry, *Cahiers* [1918-1919], éd. J. Robinson,
© Gallimard, « Bibliothèque de la Pléiade »,
1974, t. II, p. 1007.

Rappelant la notion rhétorique d'*éthos* (le caractère que l'orateur doit tâcher de se donner au fil de son discours, pour *paraître*, par exemple, ému ou sûr de lui), Valéry distingue l'écrivain réel et la figure que nous en construisons à partir de la lecture. « Le personnage de l'auteur, écrit-il en 1925, est l'œuvre de ses œuvres » (*Cahiers*, Gallimard, « Bibliothèque de la Pléiade », 1973, t. I, p. 261) : nous le déduisons du texte final.

Or un autre passage des *Cahiers* rattache la figure de la Muse à ce phénomène. La perfection formelle du poème, à mesure qu'elle éloigne l'usage de la langue de son régime usuel, favorise son attribution à un énonciateur « surnaturel », car seul un être d'exception paraît capable d'avoir formulé dans l'instant un tel texte.

1. « Panadif » : mot sans doute inventé par Rimbaud, de « panade » (« misère »), ou « se panader » (« poser avec vanité »).

Le poète emploie « tous [s]es artifices » à susciter ce sentiment, mais l'hypothèse de l'inspiration ou, comme chez Rimbaud, d'un dérèglement essentiel (voir texte XLV) s'avère inutile dès qu'on cesse d'occulter le travail de l'écriture.

À la manière dont des dominos s'écroulent en quelques secondes après une longue mise en place, l'intensité du poème lu résulte de l'extension temporelle de sa composition, particulièrement minutieuse. Le foudroiement ou l'enchantement est donc moins subi, à l'origine du texte, par le scripteur, que ressenti, à son terme, par le lecteur. « Les dieux gracieusement nous donnent *pour rien* tel premier vers ; mais c'est à nous de façonner le second », écrit encore Valéry (« Au sujet d'*Adonis* », *Œuvres*, t. I, éd. citée, p. 482). À sa suite, Francis Ponge, récusant l'illusion d'une « trouvaille » immédiate du texte entier, exposera l'atelier du poète en publiant l'ensemble des brouillons successifs de certains de ses textes (voir texte XVII).

L'objet du poème est de paraître venir de plus haut que son auteur. Au service de cette idée naïve et primitive, et peut-être vraie /non fausse/, tous les artifices, labeurs, sacrifices – de cet homme.

On peut avoir remarqué sur soi-même l'accident d'une belle situation ou attitude ou image ou d'une production heureuse du langage.

Par le travail et par l'art, cet auteur que l'on a présumé d'être ou de posséder parfois, on le fait devenir comme surnaturel. Art et travail s'emploient à constituer un langage que nul homme réel ne saurait improviser ni soutenir, et l'apparence de couler d'une source est donnée à un discours plus riche, plus réglé, plus composé /relié/ que la nature immédiate ne peut offrir de tel. C'est à un tel discours que se donne le qualificatif d'inspiré. Un discours qui a demandé trois mois de tâtonnements, de dépouillements, de rectifications, de refus, de tirages au sort – est apprécié, lu en trente minutes par un individu autre. Celui-ci reconstitue, comme cause de ce discours, un auteur tel qu'il lui soit possible de parler ainsi – c'est-à-dire un auteur impossible. On appelait Muse cet auteur.

De même, un édifice vu d'un coup d'œil présente d'une façon foudroyante, les longueurs des architectes et des maçons. Et même l'action des siècles, des usures – et de plus les contrastes de civilisation, de goûts accumulés depuis sa fondation – Etc. Un coup d'œil suffit à prendre quelque chose de tout cela, comme une cuillerée d'une mixture.

VADE-MECUM

CIRCONSTANCE

On appelle « poésie de circonstance » un texte lié à une situation sociale particulière, évoquée au sein du poème comme son origine et sa motivation. De nombreux auteurs se sont prêtés à cet exercice, livrant ou offrant des textes à l'occasion de mariages (épithalame), de fêtes (toasts), de deuils (péans, épitaphes), de visites (poèmes pour éventails ou pour albums), de dédicaces, ou encore de conflits, de polémiques, de catastrophes, etc.

Liée à une commande, composée rapidement ou par jeu, cette production a pu être dévalorisée en raison de son ton parfois complaisant, de sa qualité inégale, ou d'une légèreté assumée par le genre lui-même, le XVIIIe siècle parlant par exemple de « poésie fugitive » au sujet des très nombreux vers composés dans ce cadre. Ancrée dans une situation temporelle précise, cette poésie a aussi subi les critiques d'une modernité qui aura voulu, pour une part, ramener l'exercice poétique à une réflexion de la langue sur elle-même, hors de toute référence au monde.

Pourtant, la conciliation d'une telle visée n'est nullement incompatible avec la mise en mots de la sphère sociale, d'autant que la frontière entre occasion réelle et pose fictionnelle est souvent incertaine. Ainsi est-il malaisé de trancher entre une lecture référentielle ou métapoétique de nombreux sonnets lyriques, où la beauté évoquée peut aussi bien renvoyer à la personne aimée qu'à une quête esthétique. De même, la tradition des poèmes sur éventail est liée en France au champ social des salons, mais l'emploi de ce support prend un autre sens en Orient, et Claudel, par exemple, a composé un recueil, *Cent phrases pour éventail*, qui relève de ce second usage en donnant une gravité particulière à la mise en mouvement de ce support (voir Michel Truffet, *Édition critique et commentée de Cent phrases pour éventail de Paul Claudel*, Les Belles Lettres, 1985).

En outre, ces œuvres obligent à s'interroger sur les fonctions sociales associées au poète et à ses textes, ainsi que sur la valeur d'échange attribuée à ces derniers, selon les époques. Rompant avec l'utilisation du terme pour un type précis de poèmes, Aragon s'insurge contre le procès intenté au genre et affirme : « Il n'y a pas de poésie, si lointaine qu'on la prétende des *cir-*

constances, qui ne tienne des circonstances sa force, sa naissance et son prolongement » (*Chroniques du Bel Canto*, éd. citée, p. 24). Le concept de circonstance (du latin *circumstare*, « être autour ») peut en effet retrouver une actualité théorique capitale au sein des réflexions qui étudient l'ensemble de la relation esthétique, qu'il s'agisse de la critique génétique (analysant le travail de l'écrivain en amont de la publication des textes), de l'étude de la réception (en aval de la parution), ou enfin des critiques abordant les dispositifs qui, dans certaines productions contemporaines à la frontière de la littérature, de la performance et des arts visuels, tendent à associer le texte à une présentation matérielle et à un espace précis. C'est le cas quand le poème prend la forme d'une inscription sur un mur ou dans la nature (ainsi, le Belge Christian Dotremont a composé une série de textes calligraphiés à même la neige, et ne subsistant que sous la forme de traces photographiques), ou quand, improvisé ou non, il ne se donne à entendre que dans une transmission orale directe.

CLARTÉ

Cf. Opacité.

DIDACTIQUE (POÉSIE)

La poésie didactique, vouée à la transmission d'un savoir, a bénéficié du modèle prestigieux des *Géorgiques* de Virgile, qui résume ainsi le contenu agricole de ce traité en vers : « Quel art fait les grasses moissons ; sous quel astre [...] il convient de retourner la terre et de marier aux ormeaux les vignes ; quels soins il faut donner aux bœufs, quelle sollicitude apporter à l'élevage des troupeaux ; quelle expérience à celle des abeilles économes, voilà ce que maintenant je veux chanter » (*Les Géorgiques*, trad. M. Rat, GF-Flammarion, 1967, p. 97). Cette fonction pédagogique est liée au rôle que la poésie a joué dans l'archivage des savoirs non écrits, mais elle tire surtout sa légitimité de l'aptitude du poème à rendre plaisant un enseignement qu'il *fait passer*, au double sens d'une facilitation et d'une transmission. Lucrèce compare ainsi la forme poétique à un miel adoucissant l'aridité de ses leçons (voir texte II), tandis que La Fontaine évoque l'effet séducteur des fictions : « Une morale nue apporte de l'ennui ; / Le conte fait passer le précepte avec lui. / En ces sortes de feinte il faut instruire et plaire » (« Le pâtre et le lion », *Fables*, VI, 1). On peut distinguer thématiquement quatre principaux genres de poésie didactique : une poésie *philosophique* ou *théologique*, largement illustrée au Moyen Âge, et peuplée d'allégories (voir par exemple la « consolation » de Boèce, texte XXXII), dont on retrouve des traces dans l'écriture de certains philosophes modernes, comme le Nietzsche d'*Ainsi parlait Zarathoustra* ; une poésie à visée *morale*, présente par exemple chez La Fontaine, et reposant sur l'usage de brefs récits assortis de moralités, les fables ou apologues ; une poésie *scientifique*, qui s'est particulièrement développée du XVIe au XVIIIe siècle, suite à la redécouverte de Lucrèce, et qui mêla exposé des savoirs et louange des héros de la science ; enfin, l'ensemble des poèmes exposant préceptes, règles ou réflexions sur la poésie, sur le modèle de l'*Art poétique* d'Horace.

Longtemps rangée parmi les trois genres majeurs, avec les textes lyriques et épiques, dont elle peut d'ailleurs recroiser les critères, cette tradition didactique s'est effondrée rapidement après 1750, sous l'effet conjugué de plusieurs facteurs. D'une part, le contenu non fictionnel des textes tendait de longue date à les exclure de la poésie entendue comme libre jeu de l'imaginaire, dans une perspective héritée d'Aristote (voir texte XI). D'autre part, les Lumières ont accusé les contraintes métriques, stylistiques et sonores de gêner l'emploi du mot juste, et dénoncé la part faite à l'invention et aux effets, qui semble privilégier la recherche du merveilleux au détriment de l'exposé des causes. En 1721, Montesquieu présente les poètes (terme incluant les auteurs épiques, dramatiques ou lyriques, mais aussi les romanciers) comme « ces auteurs dont le métier est de mettre des entraves au bon sens et d'accabler la raison sous les agréments, comme on ensevelissait autrefois les femmes sous leurs ornements et leurs parures » (*Lettres persanes*, CXXXVII), et le naturaliste Buffon reprend l'image de l'entrave pour dénoncer « ce genre, où la raison ne porte que des fers » (Héraut de Seychelles, *Visite à Buffon* [1785], in Buffon, *Discours sur le style*, Climats, 1992, p. 68).

Enfin, la promotion romantique du lyrisme a incité des auteurs comme Poe ou Mme de Staël à déclasser les textes didactiques, jugés étrangers à l'essence de la poésie (voir textes XIX et XX), de sorte que c'est à la prose que s'est vue assignée la tâche de vulgariser des sciences elles-mêmes de plus en plus liées à des formulations mathématiques ou graphiques éloignées du langage verbal. Seuls les arts poétiques ont été préservés par leur visée autoréférentielle. On peut également estimer, avec T.S. Eliot, que la tradition satirique, dans ses formes polémiques, a poursuivi cette tradition par son contenu factuel, « la poésie didactique [se voyant] graduellement limitée à une poésie d'exhortation morale ou à une poésie cherchant à *persuader* le lecteur de la justesse du point de vue de son auteur » (*On Poetry and Poets*, éd. citée, p. 16).

Les rares tentatives récentes pour renouer avec cette tradition disparue constituent moins des œuvres proprement pédagogiques que des jeux avec les formes du discours savant, avec le savoir acquis, ou enfin avec ces modèles littéraires anciens. Ainsi, dans la *Cosmogonie* de Raymond Queneau, l'apparition des espèces sexuées entraîne le commentaire burlesque : « Y a beaucoup à parier que l'unicellulaire / n'avait pas dû prévoir que le métazoaire / prendrait tant de plaisir à grimper sa moitié », tandis que l'histoire de l'humanité est réduite à deux vers moqueurs : « Le singe (ou son cousin) le singe devint l'homme/lequel un peu plus tard désagrégea l'atome » (*Petite cosmogonie portative* [1950], in *Chêne et chien*, Gallimard, « Poésie », 1969, p. 140 et 162).

DRAMATIQUE (POÉSIE)

On a longtemps nommé *poésie dramatique* le théâtre en vers, tel que l'illustrent les œuvres antiques, les pièces de Shakespeare, les tragédies classiques françaises, ou encore certains drames romantiques. Conçue comme une partie intégrante de la poésie, cette écriture théâtrale occupe une place majeure dans des traités comme la *Poétique* d'Aristote ou l'*Art poétique* de Boileau ; et Corneille, par exemple, qualifie *Le Cid* d'« heureux poème » (*Théâtre II*, éd. J. Maurens, GF-Flammarion, 1980, p. 202). À mesure que le répertoire s'est tourné davantage vers la prose, cette appellation a cessé de s'employer, et poésie et théâtre en sont venus à apparaître comme deux champs distincts.

Un ensemble important d'œuvres demeure cependant à la jonction des deux domaines. D'une part, des auteurs comme Paul Claudel ou Aimé Césaire ont composé des pièces en versets, marquées par de nombreuses images, et le théâtre en prose a continué à inclure fréquemment des passages en vers, à l'occasion de chansons (comme chez Brecht, pour qui le vers est un des moyens d'assurer une prise de distance du spectateur face à la fiction représentée), ou lors de parodies des grands modèles classiques (comme dans *Du vent dans les branches de sassafras*, de René de Obaldia, un « western » facétieux qui inclut une longue scène en alexandrins). D'autre part, une tradition durable a amené les poètes à prendre en charge de manière privilégiée la rédaction de livrets d'opéras ou de ballets (voir Hélène Laplace-Claverie, *Écrire pour la danse. Les livrets de ballet de Théophile Gautier à Jean Cocteau (1870-1914)*, Champion, 2001).

Par ailleurs, dans un rapport intergénérique plus polémique, de nombreux poètes, à partir du symbolisme, ont composé des textes dialogués au statut incertain, signant une forme de théâtre poétique fondée sur la complexité langagière et, souvent, sur un refus des contraintes de la représentation. Le texte tend alors à proposer au lecteur un « théâtre mental », dans lequel l'emploi des figures de style ou la mise en page revendiquent, à eux seuls, une capacité à susciter chez le lecteur des images équivalant, selon Mallarmé, à « quelque mise en scène spirituelle exacte » (« Observation relative à *Un coup de dés jamais n'abolira le hasard* » [1897], *Œuvres complètes*, éd. citée, t. II, p. 191).

Certaines de ces œuvres restent destinées à la scène, comme *Le Drame de la vie* (1984) de Valère Novarina, joué malgré ses 2 587 personnages et sa publication dans la collection « Poésie Gallimard » ; d'autres se dérobent résolument à la représentation, comme les « drames en suspens » publiés par Henri Michaux dans *Affrontements* (1981) – brèves pièces que le poète oppose à l'« omnivore spectacle » contemporain, et qu'il accompagne de la mention « Lectures sans voix. Prière aux comédiens de s'abstenir » (*Affrontements* [1981], Gallimard, 1986, p. 114).

Enfin, dans un mouvement inverse de rencontre avec la scène, les liens tenaces entre oralité et poésie associent cette dernière à des formes de théâtralité sans personnage, à travers des performances ou des lectures publiques.

Cf. Oralité.

ÉPOPÉE

La poésie épique a formé le plus prestigieux des genres traditionnels. Elle inclut certains des textes les plus anciens et les plus importants de la culture mondiale, comme l'histoire babylonienne de *Gilgamesh*, l'*Iliade* et l'*Odyssée* d'Homère, l'*Énéide* de Virgile, le *Ramayana* et le *Mahabharata* indiens, le *Livre des rois* persan, ou l'ensemble des chansons de geste médiévales.

Long poème en vers, continu ou discontinu, l'épopée relate les aventures d'un peuple ou d'un héros emblématique. Elle associe à cette dimension narrative une thématique guerrière, dans laquelle les combats humains sont souvent le reflet d'un conflit métaphysique engageant la sphère du divin ; la tension peut toutefois prendre d'autres formes que le combat proprement dit, notamment dans les récits axés sur les efforts du héros pour mener à bien un voyage, comme *La Divine Comédie*. Fable des origines et récit global, son contenu doit être d'« un intérêt public » (Marmontel, *Éléments de littérature*, éd. citée, p. 513). L'épopée raconte un épisode « lié au monde en lui-même total d'une nation ou d'une époque », dont elle constitue « les véritables fondations de la conscience » (Hegel, *Cours d'esthétique*, éd. citée, t. III, p. 309-310). À ce titre, elle relève d'une antériorité oscillant entre mythe et histoire. Ses personnages, héroïques, tendent à être marqués par la démesure et le merveilleux, et elle ne saurait mettre en scène un État déjà policé : elle se déroule sur un « sol ouvert en lui-même à des conflits entre des nations entières » (*ibid.*, p. 331).

Selon Roman Jakobson, l'épopée, « centrée sur la troisième personne, met fortement à contribution la fonction référentielle » (voir texte XXV). Longtemps transmise oralement (le terme vient du grec *épopeia*, de *épos*, « parole », et *poiein*), sa composition tend à adopter des structures récurrentes, facilitant à la fois la restitution des textes et la création de variantes lors de chaque performance. Au niveau phrastique, des *formules*, c'est-à-dire des groupes de mots identiques employés pour exprimer une même idée, réapparaissent : l'*Iliade* et l'*Odyssée* associent ainsi fréquemment au nom de chaque personnage des compléments appelés « épithètes homériques », tels que « Achille aux pieds légers ». De même, on retrouve d'une épopée à l'autre la présence de scènes typiques, appelées « motifs épiques », telles que le duel, le panorama (présentation de la bataille depuis un point de vue élevé), le *topos* du *locus amœnus* (évocation d'un lieu naturel agréable en marge des combats), ou la description des armements. Ces traits ont été conservés lors de la transcription des récits, et constituent des signaux génériques de l'épopée.

Malgré son prestige passé, cette dernière constitue, en Occident, un genre éteint. Si *La Jérusalem délivrée* du Tasse ou *Le Paradis perdu* de Milton ont renouvelé le genre en se déplaçant sur le terrain du sacré chrétien, l'époque moderne, en France notamment, a échoué à produire des poèmes comparables aux modèles antérieurs. Célébration des exploits individuels et de leur impact sur le devenir collectif, l'épopée a pâti des relations étroites qu'elle entretenait avec la sphère politique constituée, soit qu'elle visât explicitement à intervenir dans les débats, comme *La Henriade* de Voltaire – dénonciation de l'intolérance religieuse –, soit que la conscience moderne se refusât à l'héroïsation du pouvoir. Par ailleurs, la poésie épique « dépasse la dichotomie courante entre chant et récit, pris comme équivalents de la poésie et de la prose » (Dell Hymes, *Now I know only so far. Essays in Ethnopoetics*, Lincoln, University of Nebraska Press, 2003, p. 28). Aussi a-t-elle été victime de la dissociation entre poème et narrativité qui est intervenue au XIXe siècle, date à laquelle elle s'est vu relayer, en prose, par le roman, qualifié d'« épopée bourgeoise moderne » par Hegel (*Cours d'esthétique*, éd. citée, t. III, p. 368).

Dans ses dernières formes, la tradition épique a abouti à des textes procédant à sa dégradation burlesque (dans la tradition du *Virgile travesti* de Scarron ou du *Lutrin* de Boileau), à une fragmentation du récit (comme dans *La Légende des siècles* de Hugo, somme de « petites épopées »), ou à une rupture entre héros et société (comme dans le *Don Juan* de Byron, personnage sans communauté possible).

Cf. *Récit.*

ETHNOPOÉTIQUE

L'ethnopoétique analyse et compare d'une culture à l'autre les différentes formes de création verbale, en privilégiant souvent des traditions orales anciennes, qui relèvent de la poésie entendue comme présence de récurrences structurelles à valeur mnémotechnique. Or une telle étude, quand elle porte sur les théories associées à cette production, se fait *poétique comparée*, et montre que les peuples ont développé des approches à la fois concurrentes et parentes de la poésie, comme le prouve l'analyse des termes qui servent à désigner cette notion à travers le monde, et que l'on peut classer grossièrement en quatre champs notionnels.

Le premier ensemble lexical renvoie à l'idée de création. Un rapide examen montre en effet que, dans la culture indo-européenne, et ailleurs, « un poète fait exister ; les choses prennent naissance dans son chant » (E. Benveniste, *Vocabulaire des institutions indo-européennes*, Minuit, 1969, t. II, p. 40). En grec, le verbe *poiein*, d'où viennent « poème », « poète » et « poésie » et leurs équivalents dans la plupart des langues occidentales actuelles, signifie « fabriquer, créer, produire », en parlant d'objets ou d'œuvres de pensée, et, plus largement, « causer, agir » (de même, l'écossais nomme le barde *makar*, soit l'équivalent de l'anglais *maker*, « faiseur »). La composition de textes n'est qu'un des emplois possibles du terme grec, comme en témoignent encore certains mots savants, comme pharma*copée* ou hémato*poïèse* (production des cellules sanguines dans le corps). Or *poiein* se rattache au sanskrit *cinóti*, « arranger », « entasser », un trait à rapprocher des mythes qui assimilent le poète à un bâtisseur de remparts – ainsi la légende d'Amphion le montre-t-elle soulevant des rocs grâce à son chant. L'allemand *Dichtung* (« poésie »), dérivé du latin *dictare*, via un verbe, *ti(c)hten* – « travailler », « inventer », « mettre en ordre » –, renvoie à un processus de construction proche. Artisan d'*harmonie*, un substantif dont l'étymologie grecque désigne là encore la jointure ou l'assemblage en maçonnerie, le poète donne ordre et cohésion aux mots et aux choses. On retrouve cette alliance entre construction et invention dans les désignations qui soulignent le travail formel de l'expression : ainsi « troubadour » et « trouvère » viennent de *tropus*, la figure de rhétorique, comme notre verbe « trouver » (l'invention poétique servant ainsi de modèle général à la découverte), avec peut-être une influence de l'arabe *tarab*, « chanter ».

Cette dimension créatrice et fondatrice conduit à un deuxième groupe lexical, qui rappelle que, selon une formule de Jerome Rothenberg, les poètes, « shamans » auteurs d'une « parole chargée », furent longtemps des techniciens du sacré (*Technicians of the Sacred* [1968], Berkeley, California University Press, 1985). Soulignant les liens entre fonction performative et forme poétique, le latin *carmen* désigne à la fois le chant et le charme magique, l'incantation. Le poète oral irlandais, le *fili*, est littéralement un « voyant », qui semble avoir cumulé à l'origine un pouvoir occulte, judiciaire et esthétique. En sanskrit, le *kavi* est un sage, un penseur, un devin, un prophète, autant qu'un poète. Les rois indiens et leur entourage n'ont d'ailleurs pas dédaigné d'asseoir leur pouvoir en revendiquant ce titre, car dans cette tradition le poète, qui combine au plus haut point le double don de l'intuition et de l'expression, surpasse même les pouvoirs de création divins en n'ayant à soumettre ses visions à aucune loi physique, et l'exercice de la poésie constitue l'une des voies vers la vérité (J. Bhattacharya et N. Sarkar, *Encyclopaedic Dictionary of Sanskrit Literature*, Delhi, Global Vision, 2004, p. 682-683 et 700).

Plus largement, de nombreux échos aux théories de l'inspiration (voir Platon, texte XL, et Ronsard, texte XLI) traversent le lexique : la racine *vat*, « souffler », se retrouve dans le nom de *Wotan*, le dieu germanique de la poésie, comme dans celui du *vates* latin, un terme utilisé pour insister sur les qualités d'inspiré du poète ; l'inuit *anerca* désigne indifféremment le souffle, l'esprit ou le chant ; et l'arabe *sha'ir* signifie à la fois le poète et le devin. Tous ces termes associent poésie et relation à une puissance supérieure, et sont relayés par de nombreuses légendes grecques : ainsi, Pausanias fait état de témoignages attribuant à Hésiode un traité de divination, la *Mantica* (*Description de la Grèce*, IX, XXXI, 5). Comme chez Platon, le poète ainsi conçu conjoint hommes et au-delà, et cette relation au sacré peut justifier son emploi d'une langue inhumaine, elle-même séparée de l'emploi usuel.

Ailleurs, la musique (mot lui-même parent de « muse ») se voit donner un rôle prépondérant, dans des termes qui font écho aux conditions des premières récitations poétiques. Comme le poète lyrique, le *guslar*, poète épique serbo-croate, tire son nom de son instrument à corde, *gusle* ; en langue hausa, au Niger, *waka* désigne le chant comme la composition des vers ; et notre *aède*, du grec *aiodos*, « chanteur », se rattache à *audê* – la voix humaine (par opposition à *phonê*, qui peut aussi s'appliquer à l'animal), et par extension, le chant, l'oracle.

Enfin, d'autres langues insistent sur les sensations qui accompagnent cette création verbale. Le mot japonais employé pour qualifier la poésie, prononcé *uta* ou *ka*, s'écrit avec trois caractères signifiant la joie, l'homme, et le souffle ou l'esprit, incitant à voir dans cette activité « le summum de la joie pour l'esprit de l'homme ou pour l'homme d'esprit, ou bien la parole qui apporte la joie à l'homme » (Claude Durix, *L'Âme poétique du Japon*, Les Belles Lettres, 2002, p. 12). Quant à son équivalent chinois *shih*, conformément à certaines définitions anciennes qui font de la poésie de l'Empire du milieu une extension de la pensée intérieure et un discours composé dans un moment d'émotion, il s'écrit en combinant une marque renvoyant à la parole et un caractère qui, employé seul, constitue une simple interjection, une exclamation expressive proche de notre *Ah !* (*The Columbia History of Chinese Literature*, éd. V. Mair, Columbia University Press, 2001, p. 108). Une telle étymologie rappelle les conceptions occidentales modernes du lyrisme : la poésie serait exclamation, débordement émotif.

FORMES FIXES

Le texte poétique se plie souvent à un ensemble de règles, de nombre et de nature variables, qui commandent sa composition globale en s'ajoutant à celles qui régissent la composition des vers, et qu'étudient la versification, la prosodie, et la métrique. On parle de « formes fixes » quand de telles combinaisons sont adoptées par suffisamment d'auteurs pour intégrer un répertoire commun, et pour permettre au lecteur de reconnaître leur emploi.

Le plus illustre de ces modèles est sans doute le *sonnet* (voir Labé, texte III, et Marbeuf, texte XXVI). Né en Sicile et importé d'Italie à la Renaissance, sous l'influence de Pétrarque, il se compose de deux quatrains (strophes de quatre vers) et d'un sizain divisé typographiquement en deux tercets (strophes de trois vers). Ses rimes suivent l'ordre ABBA ABBA CCD EED (sonnet dit « italien ») ou CCD EDE (sonnet dit « français »). À ce schéma s'ajoutent des règles sémantiques : un changement de ton intervient après les quatrains, et le dernier vers est le lieu d'une *pointe*, tournure incisive ou conclusion du texte.

De nombreux autres patrons existent, recensés et décrits dans les dictionnaires de poétique. L'ode grecque, le *haïku* japonais, les rondeaux médiévaux, les structures liées à des modèles mathématiques explorés après 1950 par les poètes de l'Ouvroir de littérature potentielle (Oulipo), en sont autant d'exemples. Toutefois, les traits associés à chaque forme fixe

peuvent être diversement actualisés sans remettre en cause son identification. Ainsi, il existe des sonnets en prose, ou encore des poèmes ne suivant qu'une partie de ces règles, comme le « Sonnet boiteux » de Verlaine.
Les formes fixes tendent à s'associer à des tonalités particulières (le sonnet, par exemple, connote souvent une posture lyrique, le *haïku* une attitude descriptive, etc.), à des lieux (le *pantoum*, fondé sur la répétition intégrale de certains vers d'une strophe à l'autre, est une forme malaise adoptée par les poètes romantiques et par là associée à un certain exotisme), ou à des époques (la *ballade*, fortement utilisée au Moyen Âge, continue à y faire écho). Mais elles ne doivent pas être confondues avec des genres poétiques : schémas d'organisation formelle, elles peuvent se prêter à des projets très variés et leur usage traverse les frontières génériques. En 1986, l'écrivain indien Vikhram Seth a ainsi publié *The Golden Gate*, un roman en vers, à l'intrigue contemporaine, entièrement composé de sonnets, dédicace et table des matières comprises.
En tant qu'outils partagés, les formes fixes doivent en revanche s'appréhender simultanément comme l'une des expressions les plus évidentes de la complexité des contraintes d'organisation que la poésie tend à s'imposer, aux niveaux micro et macrostructural, et comme un espace de compétition entre les auteurs. Chacun cherchant, en les employant, à se mesurer, de manière plus ou moins forte, à ses prédécesseurs, elles obéissent par excellence à la logique des règles : s'il les adopte, « l'auteur n'est pas celui qui invente mais celui qui est capable de couler sa subjectivité linguistique dans un moule historique, et c'est cette capacité que, entre autres choses, le lecteur va apprécier dans sa lecture » (Jean-Pierre Balpe, « Règles, contraintes, programmes », *Formules*, n° 10, 2006, p. 60).

LYRISME

La poésie lyrique, au sens moderne, se caractérise par une certaine quête de musicalité, par l'usage de la première personne, et par l'expression des affects du locuteur. Ignorée par la *Poétique* d'Aristote, elle constitue pourtant un genre majeur, qui a tendu à s'imposer comme la forme poétique par excellence à partir du XIXe siècle. Cette évolution est retracée dans l'introduction (p. 22-23), aussi trouvera-t-on ici des compléments relatifs à l'expression lyrique en tant que telle, et non dans ses rapports aux autres types de poésie.
Le lyrisme offre une grande diversité de sous-genres, organisés thématiquement. Il inclut notamment l'*élégie* (consacrée à l'expression douloureuse d'un manque ou d'une perte), des textes de célébration tels que le

dithyrambe (éloge enthousiaste) ou l'*épithalame* (chant de mariage), et de multiples types de textes amoureux, comme le *madrigal* (bref poème galant). Sa variété formelle est liée à la subjectivité passionnelle du discours : que le poète exprime un état réel ou imite sa spontanéité, cet ancrage affectif tend à désordonner les structures du poème et de la langue.

Pour Hegel, l'organisation de l'œuvre lyrique traduit un conflit entre désir d'épanchement et limites de la parole. Cette tension se signale par « l'élan et la hardiesse des images, le côté apparemment déréglé de la structure et du déroulement internes, les digressions, les lacunes, les transitions subites, etc. » (*Cours d'esthétique*, éd. citée, t. III, p. 428) – au point que « même le *tralala*, le chant et le bourdonnement pratiqués pour le seul plaisir de chanter s'avèrent être une satisfaction authentiquement lyrique du cœur » (*ibid.*, p. 404). Pour Emil Staiger, la cohérence du poème lyrique est donc avant tout assurée par « le caractère unitaire de la tonalité affective » (en allemand *Stimmung*, c'est-à-dire l'émotion dominante), car « la connexion dont nous escomptons habituellement la présence en toute expression langagière ne s'y marque souvent que de façon imprécise, et parfois même pas du tout » (*Les Concepts fondamentaux de la poétique* [1946], trad. R. Célis et M. Gennart, Lebeer Hossmann, 1990, p. 31). Réciproquement, partout « où le ruban de la phrase se dénoue, nous nous sentons en présence du lyrique » (*ibid.*, p. 36).

Mais ce conflit a également pu conduire à taxer le texte lyrique de fausseté. Dès les Lumières, des voix ont contesté la possibilité de concilier un témoignage personnel authentique et la forme complexe du vers, un reproche que Stendhal condense en une formule : « Le cri du cœur n'admet point l'inversion » (*Racine et Shakespeare* [1825], II, 8). Davantage, la simple sensation d'un travail littéraire paraît mettre en péril la croyance du lecteur dans le désordre des passions peintes. Le « cancer du lyrisme » (formule attribuée à Flaubert par Maxime du Camp, dans ses *Souvenirs littéraires*, Hachette, 1892, t. I, p. 317) est alors dénoncé comme un sentimentalisme emphatique et joué. Littré, dans son dictionnaire (1863-1877), associe le terme à des textes marqués par « un transport plus vif » que le reste de la poésie, mais il signale aussi un emploi péjoratif, dans lequel le lyrisme désigne une « affectation déplacée ». Enfin, de nombreux poètes, comme Ponge, ont rejeté l'« idéologie patheuse » du lyrisme en dénonçant toute écriture de soi comme une illusion, « l'infidélité des moyens d'expression » rendant impossible « non seulement de s'exprimer, mais d'exprimer n'importe quoi » (*Proêmes* [1948], in

Le Parti pris des choses, Gallimard, « Poésie », 1967, p. 181 et 186). Aussi a-t-on pu parler, au XXe siècle notamment, de stratégies anti-lyriques. Selon Christian Prigent, Georges Perec, par exemple, a trouvé dans les contraintes de l'Oulipo une « discipline » telle que « celui qui écrit et l'intimité du réel qui le pousse à écrire tendent à s'effacer dans une discrétion modeste, atone, dégagée, diraiton, de l'injonction d'avoir à *se* dire (à dire son drame et à faire langue de l'excentricité de se dire) » (*Ceux qui merdRent*, POL, 1991, p. 145).

La pratique et la théorisation du lyrisme ont dû se rénover pour répondre à ces critiques et à cette menace de désaffection. Selon Jean-Michel Maulpoix, la poésie française contemporaine a développé un « lyrisme critique », conscient de ses apories : elle « est élégie de la poésie elle-même, tombeau du poète, dépouillement de sa précarité », et le locuteur lyrique « y vérifie l'impossible réunification, dans le langage même, des pièces mal ajointées qui le constituent » (*La Poésie comme l'amour*, Mercure de France, 1998, p. 146-147).

Surtout, le statut particulier du « je » lyrique a été discuté. Non seulement son identification avec l'auteur a été contestée (voir Introduction), mais sa porosité a été mise en évidence et valorisée. Si le locuteur lyrique « est tendre », note Emil Staiger, c'est au sens où « les contours du soi, de la présence propre ne sont pas fermes » (*Concepts fondamentaux de la poétique*, éd. citée, p. 57).

Les frontières séparant le sujet du monde s'estompent : il se vit comme une circulation entre intimité et réalité extérieure, selon une formule qu'illustre Marceline Desbordes-Valmore, quand elle écrit : « Chaque objet me pénètre et répand sa couleur / Sur le sentiment qui m'oppresse » (*Œuvres poétiques*, éd. M. Bertrand, Presses universitaires de Grenoble, 1973, t. I, p. 26). Le critique anglais John Ruskin, dans *Modern Painters* (1856), a dénoncé cette projection du moi sur le monde comme une « falsification pathétique » (*pathetic fallacy*). En attribuant des sentiments humains aux êtres inanimés, la plupart des textes lyriques modernes offriraient une représentation erronée et narcissique d'un monde dont l'altérité serait ignorée. Mais si le sujet lyrique produit des images qui, explique Nietzsche, « ne sont autre chose que lui-même, et, en quelque sorte, seulement des objectivations diverses de lui-même », pour cette même raison, son moi devient impersonnel. Il « s'identifie d'une façon absolue avec l'Un primordial, avec sa souffrance et ses contradictions, et produit l'image fidèle de cette unité primordiale sous forme musicale [...] Le "je" du poète lyrique résonne donc du fond de l'abîme de l'Être ; sa "subjectivité", au sens des esthéticiens modernes, est purement imaginaire » (*La Naissance de la tragédie* [1872], trad. J. Marnold, J. Morland et J. Le Rider, *Œuvres*, Robert Laffont, « Bouquins », 1993, t. I, p. 49-50). Plus récemment, cette construction du sujet a été rapprochée de l'approche phénoménologique de l'expérience humaine. Influencé par la philosophie de Merleau-Ponty, Michel Collot, par exemple, rattache l'expérience lyrique à « la redéfinition moderne des rapports entre la conscience et le monde, envisagés non plus comme deux substances séparées, [...] mais comme les termes d'une relation [où] le monde n'existe que pour un sujet, qui s'espace tandis que le monde s'intériorise en paysage » (*Paysage et poésie du romantisme à nos jours*, José Corti, 2005, p. 44).

Par ailleurs, on a souligné la manière dont les limites entre le moi et les autres sujets étaient également remises en cause. Fondée sur la volonté d'émouvoir ses récepteurs, l'expérience lyrique n'est paradoxalement intime qu'à condition d'être commune : comme chez Baudelaire, le sujet lyrique a besoin de trouver dans le lecteur un « semblable », qui rend sa parole échangeable. Dans la préface des *Contemplations* (1856), Hugo note ainsi : « quand je vous parle de moi, je vous parle de vous. Comment ne le sentez-vous pas ? »

Enfin, le locuteur se dédouble volontiers en personnages auxquels il prête la parole pour explorer sa propre identité, tandis que l'origine même de ses affects est renvoyée à l'inconscient ou à une instance étrangère – qui prend les traits de la Muse ou, de nouveau, comme chez Lamartine, de la nature (voir texte I).

Comme le résume Yves Vadé, le sujet lyrique est donc le produit de trois tensions qui le fragmentent : « je suis toi », « je suis tout », « je est un autre ». Cette structure rend sa parole polyphonique et clivée : « loin que la priorité nouvelle donnée à l'intime conduise, selon l'idée reçue, à une hypertrophie du moi, la poésie [lyrique] ne cesse de jouer avec une liberté inconnue jusque-là, d'énonciateurs variables et d'allocutaires multiples » (« L'émergence du sujet lyrique à l'époque romantique », in *Figures du sujet lyrique*, éd. citée, p. 20).

MÉTAPHORE

La métaphore, au sens strict, consiste en une comparaison établie sans l'usage d'outils de comparaison. Quand l'objet comparé (ou *thème*) reste mentionné au côté de son comparant (ou *phore*), on parle de métaphore *in præsentia* : André Breton peint ainsi « [s]a femme aux seins de creuset de rubis / Aux seins de spectre de la rose sous la rosée » (*L'Union libre*, in

Clair de terre, Gallimard, « Poésie », 1966, p. 93). Quand au contraire seul le phore est indiqué, on parle de métaphore *in absentia* : Ronsard, évoquant les lèvres de Cassandre, écrit : « De ses coraux en voûte repliés / Naît le doux ris qui mes soucis efface » (*Les Amours*, éd. F. Joukovsky, Gallimard, « Poésie », 1974, p. 44). La figure opère donc un rapprochement qui signale l'existence d'une qualité partagée entre thème et phore, tissant sur cette base analogique une relation d'équivalence qui s'inscrit dans l'étymologie même du terme « métaphore », signifiant « transport, déplacement ».

Or cette fonction de jonction a pu être proposée comme un trait fondamental de l'écriture poétique, de telle sorte que la métaphore s'est imposée comme une sorte de figure par excellence pour la théorie critique. « On pourrait dire presque hardiment que la poésie n'a pas d'autre élément que la métaphore, que poésie et métaphore sont une seule et même chose », note par exemple Pierre Leroux dans *Le Globe*, en 1829, en précisant « que le poète est un artiste qui saisit des rapports » (cité in J.-L. Cabanès et G. Larroux, *Critique et théorie littéraires en France (1800-2000)*, Belin, 2005, p. 46). La métaphore serait ainsi, explique Paul Ricœur, un « poème en miniature » (*La Métaphore vive* [1975], Seuil, « Points Essais », 1997, p. 121). Dans cet important essai, le philosophe montre que la métaphore ne peut se réduire à la substitution d'un mot figuré à un terme propre, mais qu'elle opère au niveau de la phrase tout entière : elle s'avère à ce titre exemplaire de la densité poétique. Ricœur souligne également que la métaphore ne saurait se réduire à un ornement : elle incarne « la puissance de détection ontologique de la poésie » (*ibid.*, p. 61), car elle développe un « pouvoir de réorganiser la vision des choses » (*ibid.*, p. 297) : elle produit un énoncé sur le monde et, davantage, lie réalité et acte de perception, de telle sorte qu'ici, « l'excellence esthétique est une excellence cognitive » (*ibid.*, p. 291).

Aussi l'emploi des métaphores peut-il être revendiqué comme un outil de découverte. Pour Claudel, « comme le raisonnement, [elle] rassemble, mais de plus loin » (*Journal*, Gallimard, « Bibliothèque de la Pléiade », 1968, t. I, p. 42), et Baudelaire demande : « Qu'est-ce qu'un poète (je prends le mot dans son acception la plus large), si ce n'est un traducteur, un déchiffreur ? Chez les excellents poètes, il n'y a pas de métaphore, de comparaison ou d'épithète qui ne soit une adaptation mathématiquement exacte de la circonstance actuelle, parce que ces comparaisons, ces métaphores et ces épithètes sont puisées dans l'inépuisable fonds de *l'universelle analogie* » (« Victor

Hugo », *L'Art romantique*, éd. citée, p. 307).

La métaphore assure dès lors la nomination de réalités nouvelles : elle donne lieu à des *catachrèses* quand le tour figuré s'impose comme une désignation propre (comme dans l'emploi du mot « souris » en informatique). Mais elle produit simultanément une critique du lexique : pour Michel Deguy, si la figure ouvre « l'échelle de la comparaison comme mode de la comparution », où deux objets paraissent simultanément (« Le corps de Jeanne (remarques sur le corps poétique des *Fleurs du Mal*) », *Poétique*, n° 3, 1970, p. 334-335), elle ne produit pas pour autant une indistinction entre les choses ; elle signale au contraire les limites de ces généralisations que sont les mots, face à ce que Baudelaire nomme « la circonstance actuelle ».

MÉTRIQUE

Cf. Rythme et *Versification.*

MUSES

Divinités grecques, les Muses sont si souvent évoquées en poésie qu'il est utile de connaître leur histoire et leurs fonctions. Leur nom, *mousa* (« chant »), dérive d'un radical indo-européen *men-*, associé à la mémoire et à l'intellect. Ce lien est aussi attesté par la mythologie, puisqu'elles sont filles de Zeus et de Mnémosyne, la mémoire. Elles président aux différents arts, accompagnent Apollon et sont les inspiratrices des poètes. Selon les auteurs, leur nombre et leurs attributions varient. Dans sa *Description de la Grèce* (IX, XXIX, 2-3), Pausanias explique qu'elles ne furent d'abord que trois : Aiodè (« voix », « chant »), Meletè (« pratique ») et Mnemè (« mémoire »). Mais on retient généralement une liste, plus tardive, de neuf déesses. Calliope (« celle qui a une belle voix »), mère d'Orphée, est la Muse de l'éloquence et de la poésie épique. Clio (de *cleo*, « célébrer ») est la Muse de l'histoire ; on la représente souvent portant dans les mains le laurier et la trompette de la renommée. Érato (« l'aimable », de *eraô*, « être épris ») est la Muse de la poésie lyrique amoureuse. Euterpe (de *eu*, « bien », et *terpô*, « réjouir ») préside aux mathématiques et à la musique à vent. Melpomène (la « chantante ») règne sur la tragédie. Polymnie (la « riche en hymnes ») inspire la poésie lyrique sacrée. Terpsichore (de *terpô*, « réjouir », et *choros*, « danse ») est la Muse de la danse. Thalie (de *thallô*, « fleurir »), celle de la comédie. Enfin Uranie (la « céleste ») préside à l'astronomie et à l'astrologie. Élévatrices, les Muses résident elles-mêmes sur des monts, le Parnasse et l'Hélicon, où le cheval ailé Pégase fit jaillir d'un coup de sabot la source Hippocrène, à laquelle s'abreuvent les poètes (aussi disait-on qu'aux mo-

ments d'inspiration, ils « enfourchaient Pégase »).
La figure de la Muse a été conservée par toute la tradition occidentale, quand bien même cette dernière rejetait ou nuançait l'interprétation platonicienne de l'inspiration (voir Platon, texte XL). Elle sert à nommer l'origine mystérieuse de toute création, et a pu être assimilée tour à tour à l'Esprit saint, à l'inconscient, ou encore à un effet résultant du long travail de préparation du poème, Valéry parlant d'elle comme de l'« auteur impossible » qui pourrait concevoir en une seule impulsion le poème achevé (voir texte XLVI).

OPACITÉ

Quel lecteur de poèmes n'a pas connu un jour la perplexité de Céleste, l'un des personnages de Proust, quand elle découvre les « poèmes admirables mais obscurs » de Saint-John Perse ? « Céleste lut quelques pages et me dit : "Mais vous êtes bien sûr que ce sont des vers, est-ce que ce ne seraient pas plutôt des devinettes ?" » (*À la recherche du temps perdu*, éd. J.-Y. Tadié, Gallimard, « Bibliothèque de la Pléiade », 1988, t. III, p. 243).
Certes, l'opacité n'est pas présente au même degré dans toute la poésie, et elle n'est pas son apanage : quand Nerval admet que ses sonnets « perdraient de leur charme à être expliqués, si la chose était possible », c'est juste après avoir noté que ses textes « ne sont guère plus obscurs que la métaphysique de Hegel » (*Les Filles du feu* [1854], Le Livre de poche, 1985, p. 28). Cependant, la poésie dans son ensemble a pu être associée à une opacification de la langue, puisque, pour Sartre, les mots cessent d'y être transparents (voir texte XXVII). Que l'obscurité résulte de facteurs structuraux (tels que le primat du signifiant et la densité polysémique et syntaxique des textes), ou de stratégies volontaires, les poètes ont donc dû se défendre de l'employer gratuitement.
Une longue tradition poétique incite à préférer au mot d'usage une locution qu'il appartiendra au lecteur de décrypter, puisque, comme l'explique Ronsard, « les excellents poètes nomment peu souvent les choses par leur nom propre » (« Préface sur *La Franciade* », *Œuvres complètes*, éd. citée, t. I, p. 1162). Selon Michael Riffaterre, cette transformation n'intervient pas au seul niveau du lexique. Elle caractériserait l'ensemble du rapport de la poésie au sens. Riffaterre estime en effet qu'« un poème nous dit une chose et en signifie une autre », et il aborde le texte poétique comme le produit d'un processus de conversion et d'expansion d'un énoncé masqué, tel que le poème « résulte de la transformation [d'une] *matrice*, une phrase minimale et littérale, en une périphrase plus étendue, complexe et non littérale » (*Sémiotique de*

la poésie [1978], trad. J.-J. Thomas, Seuil, « Poétique », 1983, p. 11 et 33). Ce *détour* concourt à rendre incertains certains référents, et il appelle les mêmes analyses que les figures : source de réflexion et de surprise, l'expression renouvelle notre rapport au langage, inquiète notre confiance en la nomination, établit des relations entre des objets distincts, et introduit dans l'emploi de la langue un écart et une superposition de sens possibles qui peuvent valoir comme un signal de poéticité.

Autre facteur de difficulté, la poésie tend à éviter les connecteurs logiques et les subordinations syntaxiques, ce qui conduit Marmontel à remarquer que « dans un poème il est impossible de suivre de branche en branche la génération des idées » (*Éléments de littérature*, éd. citée, p. 938). Mais cette rapidité peut, elle aussi, se voir revendiquée positivement, comme un stimulus pour l'intellect, et comme l'inscription adéquate d'un rythme de pensée. Montaigne adopte dans ses *Essais* une « allure poétique, à sauts et à gambades » qu'il oppose à la « prosaïque » en expliquant : « J'entends que la matière se distingue soi-même. Elle montre assez où elle se change, où elle conclut, où elle commence, où elle se reprend, sans l'entrelacer de paroles, de liaisons et de coutures introduites pour le service des oreilles faibles et nonchalantes ». Il se réclame du modèle de Platon, lui-même « tout poétique », parce que ses dialogues présentent cette entraînante « vigueur et hardiesse », et parce qu'il montre qu'il n'est pas mauvais qu'un texte arrête l'attention « par [s]on embrouillure ». À ce jeu, « c'est l'indiligent lecteur qui perd mon sujet, non pas moi », note Montaigne : la difficulté est donc moins conçue comme un élément inhérent à « l'allure poétique » que comme le résultat d'une défaillance chez le récepteur (*Essais*, III, IX, éd. P. Villey, PUF, « Quadrige », 1988, p. 994-995).

Il arrive également que le caractère énigmatique du poème soit accentué volontairement. Il rappelle les liens entre poète et prophète (voir Platon, texte XL). Il répond à des facteurs ludiques, rébus et énigmes comptant d'ailleurs parmi les genres poétiques. Il peut servir, à travers l'ironie, l'allégorie, le calembour, l'emploi de codes ou d'autres procédés, à réserver une partie de son sens : au XVe siècle, Villon a ainsi composé des poèmes en « brief langaige », c'est-à-dire dans l'argot des prostitués (voir Villon, *Ballades en argot homosexuel*, éd. bilingue T. Martin, Mille et Une Nuits, 1998). Le détour peut traduire une recherche assumée de l'expression vague, propice à la rêverie : ce fut notamment une posture adoptée par le courant symboliste, sous l'égide de Mallarmé, pour qui « Nommer un objet, c'est supprimer les trois quarts de la jouissance du poème qui est faite de deviner peu à peu : le suggérer, voilà le rêve » (voir texte XXI). Enfin Boccace, qui renvoie au modèle de la Bible, voit dans l'opacité une forme de préservation : « quand les choses qui méritent mémoire et vénération sont exposées à tous les regards, [les poètes] doivent éviter que trop de familiarité ne les salisse, et donc les couvrir » (*La Généalogie des dieux païens* [1371], XIV, 12, trad. Y. Delègue, Presses universitaires de Strasbourg, 2001, p. 55).

Dans tous les cas, le poème implique un partenaire actif, qu'il transforme en chercheur. La difficulté exige un travail de réception qui peut être théorisé comme une réponse à l'investissement de l'auteur dans sa composition. Une telle position, donnant à l'opacité des textes une fonction de discrimination, structurait déjà la distinction établie par les troubadours entre un *trobar leu* ou *plan* (expression légère ou claire aisément accessible, malgré son éventuelle virtuosité), et un *trobar clus* (expression close, que son hermétisme réservait à quelques-uns). Mais une récompense attend le lecteur tenace : répondant aux détracteurs de Mallarmé, Valéry explique que celui « qui ne repoussait pas [s]es textes complexes se trouvait insensiblement engagé à réapprendre à lire. Vouloir leur donner un sens qui ne fût pas indigne de leur forme admirable [...] conduisait infailliblement à associer le travail de l'esprit et de ses forces combinatoires au délice poétique » (« Je disais quelquefois à Stéphane Mallarmé » [1931], *Œuvres*, éd. citée, t. I, p. 646). Loin d'exclure, l'opacité ouvre alors à un supplément de connaissance comme de jouissance, en gratifiant l'ensemble des facultés du récepteur.

Enfin, la résistance opposée par le texte peut servir une critique de la clarté, dénoncée comme la figure idéale d'une transparence étrangère à la plus large partie de notre expérience du monde et de nous-même – une lecture adoptée par exemple par Christian Prigent (voir texte XXIX). Dans son discours de réception du prix Nobel, Saint-John Perse répond tardivement au personnage de Proust, en expliquant que l'obscurité reprochée à la poésie « ne tient pas à sa nature propre, qui est d'éclairer, mais à la nuit même qu'elle explore et qu'elle se doit d'explorer : celle de l'âme elle-même et du mystère où baigne l'être humain » (« Poésie » [1950], éd. citée, p. 169-170). Et pour Umberto Eco, le poème nous ramène, par son trouble et sa labilité, à une expérience de l'existence que, précisément, la transparence apparente de l'expression nous masque : « Les Poètes, explique-t-il, font de l'ambiguïté substantielle du langage la matière même de leur travail. Ils cherchent à exploiter cette ambiguïté pour en faire sortir, non pas un surplus d'être, mais *un surplus d'interprétation.* La polyvocité substantielle de l'être nous impose d'habitude un effort pour donner forme à l'informe. Le poète rivalise avec l'être en en reproposant la viscosité. Il cherche à reconstruire l'informe originaire et nous pousse alors à refaire nos comptes avec l'être » (*Kant et l'ornythorinque* [1997], trad. J. Gayrard, Grasset, 1999, p. 38).

L'opacité est donc revendiquée comme une autre forme de lumière (voir Vida, texte XXXV), et la poésie, parole risquée en ce qu'elle court le danger de ne pas être comprise, n'équivaut nullement à un silence.

PROSODIE

Cf. Versification.

ORALITÉ

La poésie entretient une relation étroite avec la *performance* à voix haute, définie comme « l'action complexe par laquelle un message poétique est simultanément transmis et perçu, ici et maintenant [...] par la voix et l'ouïe » (Paul Zumthor, *Introduction à la poésie orale*, Seuil, « Poétique », 1973, p. 32-33). Ce lien est ancien et fondateur, car la poésie a précédé l'écriture et a longtemps été destinée à des récitations en musique. Mais il a retrouvé un grand dynamisme dans la création contemporaine, soucieuse d'explorer de nouveau une relation directe avec le public, ou d'employer les moyens d'archivage et de diffusion offerts par l'audiovisuel – au point qu'on peut parler d'une ré-oralisation de la poésie.

Travaillant non seulement les mots, mais leur rendu oral, de nombreux poètes ont cherché à fixer des codes précis pour indiquer la façon de restituer correctement leurs textes, quitte à inventer, comme Mallarmé ou Isidore Isou, des poèmes-partitions utilisant des systèmes particuliers de notation des intonations ou des bruits. Surtout, le XXe siècle a vu se développer une « poésie sonore » cherchant à exploiter la matière vocale pure, au fil de « vers sans mots » (Hugo Ball) ou de « motifs de son » (Edith Sitwell) d'où le lexique et la syntaxe peuvent être totalement exclus, au profit des souffles ou des cris. Ces créations sont présentées comme une libération par rapport aux contraintes de la langue, ou comme un enrichissement de ses ressources : en 1918, Apollinaire incite par exemple à trouver de « nouveaux sons » pour la poésie en employant le « bruit sourd de celui qui mange sans civilité » ou « le raclement aspiré du crachement » (« La victoire », *Calligrammes (1913-1916)*, Gallimard, « Poésie », 1995, p. 180).

Ces démarches renouent en partie avec les pratiques anciennes comme l'incantation ou le chant. Ces deux formes d'oralité donnent en effet une place importante à un corps qui est à la fois celui, « physiquement individualisé, de chacune des personnes engagées dans la performance, et celui, plus difficilement cernable mais bien réel, de la collectivité » (*Introduction à la poésie orale*, éd. citée, p. 82) : elles reposent sur l'exercice de la « puissance physiologique » complète de la voix, qui « ne tient pas de façon immédiate au sens [mais] prépare le milieu où il se dira » (*ibid.*, p. 27). L'œuvre « opère moins à l'aide de procédés de grammaticalisation (comme le fait, de manière presque exclusive, la poésie écrite), mais par le moyen d'une dramatisation du discours » (*ibid.*, p. 80). À ce titre, son évaluation esthétique doit dépasser le simple examen des textes ou des enregistrements, pour prendre en compte, comme au théâtre, l'ensemble de la performance.

RÉCIT

Une partie de la modernité, dans ses efforts pour distinguer la poésie des autres genres, a pu l'opposer au récit. Le rejet des longues narrations, tel qu'il apparaît chez Poe (voir texte XX), est radicalisé par Mallarmé (voir texte XXI), puis par Valéry et Breton, dont la critique vise essentiellement le roman, à la forme jugée moins exigeante, emplie de détails et fondée sur l'illusion. Mais, comme le fait valoir Dominique Combe, « loin de constituer un critère singulier de définition de la poésie, l'exclusion du récit participe d'une attitude globale de refus et de ségrégation », qui prive le poème de la capacité à raconter, « acte le plus fondamental de la littérature » (*Poésie et récit. Une rhétorique des genres*, José Corti, 1989, p. 23 et 20). De fait, ce jugement à double tranchant a été repris par Sartre pour réduire considérablement l'éventail des pratiques poétiques possibles : « Si le poète raconte, explique ou enseigne, la poésie devient prosaïque, il a perdu la partie », note-t-il (*Qu'est-ce que la littérature ?*, éd. citée, p. 48).

Cette exclusion, toute théorique, doit donc être nuancée à la lueur des pratiques effectives des poètes. Non seulement de nombreuses formes poétiques narratives, telles que l'épopée, la fable ou le théâtre en vers, ont existé dans la tradition littéraire, mais d'autres sont apparues récemment encore, puisque le XXe siècle a vu se développer un nouveau genre de poème narratif en prose : le *récit poétique*. « Forme du récit qui emprunte au poème ses moyens d'action et ses effets, si bien que son analyse doit tenir compte à la fois des techniques de description du roman et de celles du poème », ce dernier « est un phénomène de transition entre le roman et le poème » (Jean-Yves Tadié, *Le Récit poétique* [1978], Gallimard,

« Tel », 1994, p. 7). Il est représenté par des textes comme *Le Grand Meaulnes* d'Alain-Fournier, *Nadja* de Breton, ou encore *Le Rivage des Syrtes* de Gracq.

Cf. Épopée.

RYTHME

Au sens le plus général, le rythme est fondé sur la perception de la répétition d'éléments identiques ou homologues, dont la récurrence permet de déterminer à la fois des intervalles de durée dans le discours et des variations dans le traitement de ces éléments. À ce titre, tout texte déroule un rythme, qui s'inscrit par des pauses et par le retour de mots ou de tours proches.

On considère souvent que le rythme, en poésie, se distingue par sa régularité, particulièrement nette quand le recours au *mètre* impose au discours des pauses et des accents déterminés. Cette régularité a donc pu être avancée comme l'un des éléments définitoires de la poésie : ainsi Milton rejette-t-il la rime dans son *Paradise Lost*, en expliquant que l'emploi d'une cadence régulière suffit à instaurer les éléments de musicalité nécessaires au poème. Cependant, le développement de la poésie en prose et du vers libre a conduit à distinguer le mètre proprement dit, en tant que structure formelle récurrente, et le rythme, déploiement plus libre de la parole à l'intérieur ou en dehors de cette structure. Cette distinction ne met pas fondamentalement en cause le lien particulier que la poésie, parole comptée, entretient avec le rythme, et à travers lui, avec le nombre. En revanche, parce que le rythme ainsi entendu constitue un caractère commun au vers et aux autres formes poétiques, il s'est imposé comme un objet d'étude particulièrement important chez les théoriciens.

Émile Benveniste, s'appuyant sur une étude étymologique, montre que le terme *rythmòs* a d'abord désigné la *forme* saisie en tant qu'« arrangement toujours sujet à changer », « dans l'instant qu'elle est assumée par ce qui est mouvant, mobile, fluide ». C'est seulement dans un second temps, en danse, que le mot, employé pour parler des positions corporelles, a été associé à l'idée d'une mesure et d'une régularité (« La notion de rythme dans son expression linguistique », *Problèmes de linguistique générale*, Gallimard, « Tel », 1966, t. I, p. 333-334). Sur cette base, Henri Meschonnic insiste sur les rapports entre subjectivité et découpe rythmique du discours. « Gardien du corps dans le langage » (*Critique du rythme. Anthropologie historique du langage*, Lagrasse, Verdier, 1982, p. 651), le rythme y inscrit un fait physiologique personnel, perçu en tant que tel par le destinataire du texte – une approche qu'on retrouve chez Lamartine, qui compare le souvenir physique du poème à celui que la mer laisse au nageur (voir texte I). « Organisation ou configuration du sujet dans le discours », le rythme montre donc que le poème ne se réduit pas à des signes linguistiques, mais « englobe, avec l'énoncé, l'infra-notionnel, l'infra-linguistique ». Et il « remet au premier plan l'évidence empirique qu'il n'y a de sens que par et pour des sujets » (*Critique du rythme*, *ibid.*, p. 71-72).

D'autres auteurs, enfin, soulignent les liens que le phénomène rythmique tisse entre parole, corps et monde. À la « Mer des houles étendues », Walt Whitman déclare : « Je suis consubstantiel à toi, moi aussi je suis d'une seule phase et de toutes les phases. Je participe de l'influx et de l'efflux » (*Feuilles d'herbe* [1855], trad. L. Bazalgette, Mercure de France, 1922, t. I, p. 72), tandis que Rilke écrit : « Respiration, ô toi l'invisible poème ! Incessant échange de l'être en soi au sein du pur espace universel. Contre-balance en quoi rythmiquement je surviens à moi-même » (*Sonnets à Orphée* [1922], trad. A. Guerne, *Poésie*, Seuil, « Le Don des langues », 1972, p. 394).

Cf. Versification.

SATIRE

La satire (du latin *satira*, « mélange ») est un genre artistique qui articule polémique et dérision. De forme très variée, elle peut se développer en de longs textes, comme chez Mathurin Régnier (voir texte X), ou se réduire à quelques lignes, comme dans cette célèbre épigramme composée par Voltaire contre Fréron : « L'autre jour au fond d'un vallon, / Un serpent piqua Jean Fréron. / Que croyez-vous qu'il arriva ? / Ce fut le serpent qui creva. »

Flétrissant par le rire un comportement, une idée, une classe ou un individu, le satiriste met sa maîtrise du verbe au service de la dénonciation et de l'attaque, tout en justifiant sa vindicte par le désir d'obtenir une réforme des objets qu'il critique. Aussi la satire articule-t-elle colère et optimisme, un couple conceptuel auquel s'ajoute une autre tension inhérente au genre : quoique son ton, volontiers argumentatif, emprunte certains traits au discours raisonné, son emploi repose également sur une confiance dans les pouvoirs efficaces de la parole.

Sans être réservée à la poésie – ni même à la littérature, comme en témoigne un film comme *Le Dictateur* de Chaplin, vive moquerie de l'hitlérisme –, la satire s'y trouve donc abondamment illustrée. Héritière des imprécations magiques, elle a été assimilée à une arme dans certaines cultures et chantée comme telle lors de combats singuliers ou collectifs, et plusieurs poètes grecs, comme Archiloque et

Hipponax, sont réputés avoir écrit des textes si incisifs que leurs victimes ont préféré se pendre. Les satires en vers ont pu faire l'objet de censures, dont la plus célèbre fut l'édit d'interdiction totale promulgué en 1599 par l'Église anglaise. John Dryden répondit à ces critiques par un essai montrant que la satire, étroitement liée au ridicule, est avant tout crainte par « ceux qui souhaitent apparaître au monde autres qu'ils ne sont en leur for intérieur », mais constitue « un genre de poésie [...] inventé pour la purgation de nos pensées » (*Discours sur les origines et l'évolution de la satire*, 1693, § 72 et 109). Quant à Boileau, il considère que « L'ardeur de se montrer, et non pas de médire, / Arma la Vérité du vers de la satire » (*Art poétique*, éd. citée, p. 96).

UT PICTURA POESIS

Cette formule latine apparaît dans l'*Art poétique* d'Horace dans un sens restreint, à un moment où le poète réfléchit au rôle des détails formels : « *un poème*, note-t-il, *est comme un tableau* : tel plaira à être vu de près, un autre à être vu de loin » (éd. citée, p. 268). Mais, prise dans un sens beaucoup plus large, la comparaison a connu une fortune considérable dans la théorie esthétique, où elle a servi à poser un principe d'équivalence entre les deux activités « sœurs », la poésie devenant « peinture parlante » et la peinture « poésie muette ».

À la Renaissance puis à l'âge classique, cette relation permet de promouvoir l'activité picturale, en la rapprochant de l'exercice de la parole, et elle conduit à évaluer les images en important les critères de composition et de narration de la poétique. Faire de la poésie la rivale de la peinture suppose alors une confiance importante dans les capacités évocatoires du texte, et fait des descriptions des œuvres d'art, les *ekphrasis*, un lieu de concurrence entre image verbale et image visuelle (voir François Lecercle, *La Chimère de Zeuxis : portrait poétique et portrait peint en France et en Italie à la Renaissance*, Tübingen, Gunter Narr, 1987).

Au XVIIIe siècle, la comparaison entre les arts suscite cependant des critiques. Le *Laocoon* de Lessing montre que le texte, art du temps, se développe linéairement, tandis que la peinture offre une perception visuelle simultanée. Diderot, dans l'article « Encyclopédie » de l'*Encyclopédie*, souligne la difficulté qu'ont les mots, termes généraux, à représenter un objet singulier.

Toutefois, l'adage a retrouvé une actualité théorique avec le développement de poétiques exploitant les ressources visuelles des textes, qu'il s'agisse de l'emploi de calligrammes dont la disposition imite celle de certains objets, du recours à des jeux typographiques, comme chez Dada (voir Tzara, texte XLIV), de jeux sur le rapport entre blancs et mots, comme dans *Un coup de dés jamais n'abolira le hasard*, de Mallarmé, ou encore de l'inclusion d'illustrations dans les poèmes. Ces recherches ont amené la critique à prendre conscience que l'écriture, objet à voir autant qu'à lire, offre à la poésie un médium spatial, aux potentialités non moins visuelles que verbales, qui exige, pour être analysé pleinement, le recours à des outils issus des disciplines du regard (cf. *Poésure et peintrie : « D'un art l'autre »*, dir. Bernard Blistène, Musées de Marseille-RMN, 1993).

VERSIFICATION

Science de la composition en vers, la versification articule la métrique et la prosodie, tout en y ajoutant d'autres éléments, qui reflètent les contraintes particulières imposées à ce type de discours.

La métrique tire son nom du mètre (du grec *metron*, « mesure »), qui désigne la structure du vers entendue comme un agencement d'unités verbales de durée variable. Elle désigne à la fois l'étude des différents mètres, et leur usage dans un texte poétique donné, voire, en prose, l'étude des différents groupements rythmiques.

Cette relation au temps et au nombre est au cœur des relations entre musique et poésie. Dans les langues où existe une opposition entre syllabes brèves et longues (notées respectivement U et –), on admet par convention une équivalence entre deux brèves et une longue, si bien qu'il est possible d'inclure cette distinction dans l'analyse du mètre. Aussi emploie-t-on pour unités de décompte à la fois les syllabes, et les regroupements types dans lesquels elles entrent. Appelés *pieds*, ces agencements sont répertoriés en fonction de la durée et de l'ordre des syllabes qui les composent, et ils reçoivent des noms précis, comme le dactyle (suite – UU), ou l'iambe (suite U –).

Dans une langue comme le français, où la distinction entre longue et brève n'est pas sensible, ce niveau intermédiaire n'existe pas. On ne peut donc parler de pieds, et l'on compte simplement le nombre de *syllabes* prononcées. Ce calcul obéit toutefois à certaines règles, car la diction poétique classique diffère de l'usage normal, en raison de lois de prononciation propres : ainsi la prise en compte des *e* muets en fin de mot dépend-elle de leur position au sein du vers, tandis que certaines suites de voyelles peuvent être comptées comme deux syllabes alors qu'elles sont normalement prononcées d'une seule voix (phénomène appelé *diérèse*). Enfin, la définition du mètre ne se limite pas à un simple décompte : les vers dépassant huit syllabes ajoutent à ce critère numérique une exigence particulière de structuration interne, prévoyant une pause fixe nommée *césure*, placée par exemple, pour l'alexandrin, après la sixième syllabe.

Mais l'analyse des vers exige de combiner ce savoir métrique à une lecture prosodique. Du grec *prosodia*, « chant pour accompagner la lyre » ou « variation dans le niveau de la voix », la prosodie étudie et désigne les faits d'accentuation dans le texte poétique. Elle s'appuie donc sur les règles de la métrique (qui impose dans les vers longs et en fin de vers des pauses accentuées préétablies), mais aussi sur celles de la syntaxe (car en français, l'accent normal, mobile, frappe la dernière syllabe prononcée des groupes de mots) et, enfin, sur l'interprétation du texte (l'insistance sur certains termes entraînant leur accentuation expressive). La prosodie est ainsi un phénomène tout à la fois formel et sémantique, la variation d'intensité déterminant au fil du texte des positions d'insistance détachant des termes privilégiés.

À ces deux approches, la maîtrise de la versification ajoute l'étude de l'ensemble des contraintes proscrivant certaines suites phoniques, comme le *hiatus*, rencontre de deux phonèmes vocaliques à la fin d'un mot et au début du suivant. Enfin, elle s'étend également à l'organisation des vers au sein des strophes, à travers les codifications relatives aux rimes, et aux règles qui peuvent gouverner, dans le cas de formes comme le sonnet, la structure complète du poème.

Cf. Formes fixes.

BIBLIOGRAPHIE

Cette liste constitue une bibliographie complémentaire, à combiner aux références données au fil du volume.

ANTHOLOGIES DE POÈMES

BERCOT, M. *et al.*, *Anthologie de la poésie française*, Gallimard, « Bibliothèque de la Pléiade », 2000 [deux volumes denses, accompagnés de précieuses introductions pour chaque période].

DARBEAU, B., *Poésie et lyrisme*, Flammarion, « Étonnants classiques », 2004.

ROSENBERG, J., *Technicians of the Sacred* [1968], Berkeley, California University Press, 1985 [sélection commentée de textes « premiers » oscillant entre poésie, religion et magie].

DICTIONNAIRES

AQUIEN, M., et MOLINIÉ, G., *Dictionnaire de poétique et de rhétorique*, Le Livre de poche, 1996 [notices sur les formes, les procédés et les genres].

JARRETY, M. (dir.), *Dictionnaire de poésie de Baudelaire à nos jours*, PUF, 2001 [notices sur les auteurs, les revues et les mouvements].

BROGANT, T., et PREMINGER, A. (éd.), *The New Princeton Encyclopedia of Poetry and Poetics*, Princeton University Press, 1993 [usuel fondamental et complet].

ARTS POÉTIQUES ET ÉCRITS DE POÈTES

BONNEFOY, Y., *Entretiens sur la poésie (1972-1990)*, Mercure de France, 1992 [vingt-quatre dialogues ou conférences sur la vérité ou la liberté en poésie, l'ambiguïté, le haïku, etc.].

–, *L'Improbable et autres essais* [1980], Gallimard, « Folio Essais », 1992 [voir notamment, sur les rapports entre langue nationale et poésie, « La poésie française et le principe d'identité »].

CHARPIER, J., et SEGHERS, P., *L'Art poétique*, Seghers, « Melior », 1956 [anthologie de textes du monde entier].

DEGUY, M., *La Poésie n'est pas seule : court traité de poétique*, Seuil, 1987.

GLEIZE, J.-M., *La Poésie : textes critiques XIV-XXe siècle*, Larousse, « Textes essentiels », 1995 [imposante anthologie commentée, privilégiant un corpus francophone].

GOYET, F. (éd.), *Traités de poétique et de rhétorique de la Renaissance*, Le Livre de poche, 1990 [recueil commode des principaux traités de cette période, à l'exclusion de la *Défense et illustration de la langue française* de Du Bellay].

HUGO, V., *Œuvres complètes*, dir. J. Seebacher, Robert Laffont, « Bouquins », 1985-1989 [voir notamment les préfaces aux recueils de poésie, et le volume « Critique »].

NOËL, B. (dir.), *Qu'est-ce que la poésie ?*, Jean-Michel Place/Ville de Saint-Denis, 1995 [plus de cent contemporains répondent à cette question].

NOËL, B., *L'Espace du poème : entretiens avec Dominique Sampiero*, POL, 1998 [une réflexion originale sur le geste poétique].

PAZ, O., *L'Arc et la Lyre* [1956], trad. R. Munier, Gallimard, « Les essais », 1965 [Y a-t-il un dire poétique – le poème – irréductible à tout dire ?].

PRIGENT, C., *Une erreur de la nature*, POL, 1996 ; *Salut les anciens. Salut les modernes*, POL, 2001 [la poésie comme mise en crise de la langue].

RILKE, R.M., *Lettres à un jeune poète* [1929], trad. C. Porcell, GF-Flammarion, 1994 ; rééd. 2006 [méditation sur la vocation poétique].

VERLAINE, P., « Œuvres critiques », in *Œuvres en prose complètes*, éd. J. Borel, Gallimard, « Bibliothèque de la Pléiade », 1972 [contient notamment *Les Poètes maudits* (1884), texte clé sur la formation de cette figure du poète marginal].

ESSAIS GÉNÉRAUX

BLANCHOT, M., *L'Espace littéraire* [1955], Gallimard, « Folio Essais », 1988 [cette réflexion fait une large part à la question de la parole poétique].

COLLOT, M., *La Poésie moderne et la structure d'horizon*, PUF, « Écriture », 1989 [la poésie ne se limite pas à l'autoréférence, mais lie le « moi », les mots et le monde].

EMPSON, W., *Seven Types of Ambiguity* [1930], New York, New Directions Publishing, 1966 [brillante démonstration de la polysémie du poème].

ROUBAUD, J., *L'Invention du fils de Leoprepes*, Circé, 1993 [sur les liens entre poésie et mémoire].

APPROCHES FORMELLES

Versification et rythme

AQUIEN, M., *La Versification*, PUF, « Que sais-je ? », 1990 [initiation d'accès aisé].

CORNULIER, B. DE, *Théorie du vers : Rimbaud, Verlaine, Mallarmé*, Seuil, « Poétique », 1982.

–, *Art poétique : notions et problèmes de métrique*, Presses universitaires de Lyon, 1995.

GOUVARD, J.-M., *Critique du vers*, Champion, 2000 [sur l'évolution récente de l'analyse métrique].

MESCHONNIC, H., *Critique du rythme. Anthropologie historique du langage*, Lagrasse, Verdier, 1982 [comment définir le rythme, et pour quels enjeux humains ?].

MURAT, M. (dir.), *Le Vers français. Histoire, théorie, esthétique*, Champion, 2000.

Figures

FONTANIER, P., *Les Figures du discours* [1827-1830], Flammarion, 1977.

JENNY, L., *La Parole singulière*, Belin, « L'extrême contemporain », 1990 [dans la lignée des travaux de Paul Ricœur sur la métaphore, une étude du jeu des figures comme « événement »].

Le discours poétique

« Le discours de la poésie », *Poétique*, n° 28, 1976 [si le poème se distingue par le vers, peut-on lui découvrir d'autres caractéristiques linguistiques, à d'autres niveaux ?].

AGAMBEN, G., *La Fin du poème* [1996], trad. C. Walter, Circé, 2002 [l'étude qui donne son nom au volume définit la poésie par la possibilité de l'enjambement].

FRIEDRICH, H., *Structure de la poésie moderne* [1956], trad. M.-F. Demet, Le Livre de poche, 1999 [le rejet des formes codifiées n'empêche pas la poésie moderne de créer ses propres structures, dominées par l'emploi de dissonances].

GENETTE, G., et TODOROV, T. (dir.), *Sémantique de la poésie*, Seuil, « Points Essais », 1979 [cinq études sur la constitution du sens en poésie].

JAKOBSON, R., *Huit questions de poétique*, Seuil, « Points Essais », 1977 [inclut notamment une célèbre étude structuraliste des « Chats » de Baudelaire et un important complément à la théorie de la fonction poétique du langage, « La dominante » (voir texte XXV)].

KIBEDI VARGA, A., *Les Constantes du poème. Analyse du langage poétique*, Picard, 1977 [recherche d'une méthode d'étude transhistorique prenant pour objet le poème « actualisé » dans sa rencontre avec le lecteur].

SPIRE, A., *Plaisir poétique et plaisir musculaire* [1949], José Corti, 1986 [essai original reliant l'effet du poème à sa perception physiologique par le lecteur].

ÉTUDES GÉNÉRIQUES

Approche d'ensemble

JOUBERT, J.-L., *Genres et formes de la poésie*, Armand Colin, « U », 2003 [manuel efficace].

MACÉ, M., *Le Genre littéraire*, Flammarion, GF-Corpus, 2004.

Lyrisme

BRODA, M., *L'Amour du nom : essai sur le lyrisme et la lyrique amoureuse*, José Corti, « En lisant en écrivant », 1997 [plutôt que celle du « moi », le lyrisme pose la question du désir].

MAULPOIX, J.-M., *Du lyrisme*, José Corti, « En lisant en écrivant », 2000 [plaidoyer pour le lyrisme contemporain, autour, notamment, du mythe d'Orphée].

RABATÉ, D. (dir.), *Figures du sujet lyrique*, PUF, « Perspectives littéraires », 1996 [cet important colloque sur le je lyrique mérite une lecture complète].

Épopée

GREINER, F., et TERNAUX, J.-C., *L'Épopée et ses modèles de la Renaissance aux Lumières*, Champion, 2002 [actes de colloque].

LABARTHE, J., *L'Épopée*, Armand Colin, « U », 2007.

Poème en prose et prose poétique

BERNARD-GRIFFITHS, S., PICKERING, R., et VINCENT-MUNNIA, N. (dir.), *Aux origines du poème en prose français (1750-1850)*, Champion, 2002.

BERNARD, S., *Le Poème en prose de Baudelaire à nos jours* [1959], Nizet, 1988.

LEROY, C., *La Poésie en prose française du XVII*e *siècle à nos jours*, Champion, « Unichamp-Essentiel », 2001 [contre la réduction de la poésie en prose au seul « poème en prose »].

TADIÉ, J.-Y., *Le Récit poétique* [1978], Gallimard, « Tel », 1994 [étude d'un phénomène de « transition » entre roman et poésie].

VINCENT-MUNNIA, N., *Les Premiers Poèmes en prose : généalogie d'un genre dans la première moitié du XIX*e *siècle français*, Champion, 1996.

Poésies orales, sonores et visuelles

BERNSTEIN, C. (dir.), *Close Listening. Poetry and the Performed Word*, Oxford University Press, 1998 [études sur les pratiques contemporaines de performance en poésie].

BLISTÈNE, B. (dir.), *Poésure et peintrie : « D'un art l'autre »*, Musées de Marseille-RMN, 1993 [catalogue d'exposition sur les interactions récentes entre les deux domaines].

CHENG, F., *L'Écriture poétique chinoise* [1977], Seuil, « Points Essais », 1996.

CHOPIN, H., *Poésie sonore internationale*, Jean-Michel Place, 1979 [panorama des expérimentations sur la matière sonore en poésie, et sur les nouvelles technologies d'enregistrement et d'édition du son].

LAPACHERIE, J.-G., « Écriture et lecture du calligramme », *Poétique* n° 50, avril 1982, p. 194-206.

Autres genres poétiques

BERRANGER, M.-P., *Les Genres mineurs dans la poésie moderne*, PUF, « Perspectives littéraires », 2004.

CUSSET, C. (dir.), *Musa docta. Recherches sur la poésie scientifique dans l'Antiquité*, Publications de l'université de Saint-Étienne, 2006 [les origines d'un genre].

LAURENS, P., *L'Abeille dans l'ambre. Célébration de l'épigramme de l'époque alexandrine à la fin de la Renaissance*, Les Belles Lettres, « Les formes du discours », 1989.

MASSON, N., *La Poésie fugitive au XVIIIe siècle*, Champion, 2002 [cette enquête sur la vogue des « petits poèmes » de 1700 à la Révolution, complétée par une anthologie, délimite un genre tout en analysant la poésie de circonstance à partir des concepts d'éphémère, de sociabilité, et d'événement].

MATVEJEVITCH, P., *La Poésie de circonstance* [1971], in *Pour une poétique de l'événement*, UGE, « 10/18 », 1979 [histoire et théorisation du genre, dans le cadre d'un dialogue critique avec l'esthétique marxiste].

VAX, L., *La Poésie philosophique*, PUF, « Littératures modernes », 1985.

APPROCHES HISTORIQUES

AQUIEN, M., et HONORÉ, J.-P., *Le Renouvellement des formes poétiques au XIXe siècle*, Nathan, « 128 », 1997 [un parcours illustré d'exemples analysés].

BACKÈS, J.-L., *Le Poème narratif dans l'Europe romantique*, PUF, « Écriture », 2003 [sur l'émergence de formes narratives complémentaires de l'épopée].

BÉNICHOU, P., *Les Mages romantiques*, Gallimard, « Bibliothèque des idées », 1988 [un examen du rôle de prophète revendiqué par le poète romantique].

DÉCAUDIN, M., *La Crise des valeurs symbolistes. Vingt ans de poésie française. 1895-1914* [1960], Genève, Slatkine, 1981.

DÉTIENNE, M., *Les Maîtres de Vérité dans la Grèce archaïque* [1967], Le Livre de poche, « Références », 2006 [analyse de l'évolution du statut du poète en Grèce, d'une figure d'inspiré à celle d'un artisan des mots].

GALAND-HALLYN, P., et HALLYN, F. (dir.), *Poétiques de la Renaissance*, Genève, Droz, 2001 [étude des théorisations et des principaux débats dans le champ poétique renaissant].

GRIMAL, P., *La Littérature latine*, Fayard, 1994 [analyse du rôle de la poésie dans l'émergence de la littérature latine, et synthèse sur les genres et fonctions du poème antique].

JARRETY, M. (dir.), *La Poésie française des origines à nos jours*, PUF, « Premier cycle », 1998.

KIBEDI VARGA, A., *Les Poétiques du classicisme*, Aux amateurs de livres, 1990 [anthologie commentée de textes théoriques des XVIIe et XVIIIe siècles].

MENANT, S., *La Chute d'Icare. La crise de la poésie française (1700-1750)*, Genève, Droz, 1981 [la poésie a-t-elle disparu durant cette période ?].

ZUMTHOR, P., *Essai de poétique médiévale*, Seuil, « Poétique », 1972.

–, *Le Masque et la Lumière. La poétique des grands rhétoriqueurs*, Seuil, « Poétique », 1978.

LIRE LE POÈME

Manuels

GARDES-TAMINE, J., et MOLINO, J., *Introduction à l'analyse de la poésie*, PUF, « Linguistique nouvelle », 1988, 2 vol.

JOUBERT, J.-L., *La Poésie*, Armand Colin, « Cursus », 1988.

Essais critiques

GLEIZE, J.-M., *Poésie et figuration*, Seuil, « Pierres vives », 1983 [parcours insistant sur la négativité d'une modernité poétique fondée sur sa propre mise en cause].

GUILLAUME, D. (dir.), *Poétiques et poésies contemporaines*, Cognac, Le Temps qu'il fait, 2002 [cinq articles synthétiques et quatorze études d'auteurs utilisant des approches variées].

RICHARD, J.-P., *Poésie et profondeur* [1955], Seuil, « Points Essais », 1976.

–, *Onze études sur la poésie moderne* [1964], Seuil, « Points Essais », 1981 [approche phénoménologique de Verlaine, Reverdy et Perse].

REMERCIEMENTS

Si ces pages t'ont plu, or veuille aussi louer,
Où est sinon sa part ? Olivier Halévy,
À l'évidence ami, qui tout premier les vit,
Et vite en leur enfance osa les valider.

L'idée et l'expression, l'œil de Marc Escola
Colla sur leurs défauts sans ménager sa peine.
Ennemie aux longueurs, Charlotte von Essen
Sainement aux flots fous sut mettre le holà.

Last but not least, lecteur, Monsieur Kac Eduardo,
Donnant son texte bio, t'en a fait le cadeau.
À d'autres que Marchal pourtant n'impute pas,

Pataquès, maladresse, ou trop ou point d'hardiesse.
Dis et sache que seul il créa ces faiblesses.
Et soit dédié l'opus à maman et papa.

GF Flammarion

07/05/129459-V-2007 – Impr. MAURY Eurolivres, 45300 Manchecourt.
N° d'édition LO1EHPNFG3076N001. – juin 2007. – Printed in France.